MINISTÈRE DE L'INSTRUCTION PUBLIQUE

ANNALES
DU
MUSÉE GUIMET

BIBLIOTHÈQUE D'ÉTUDES
TOME TREIZIÈME

LE THÉATRE AU JAPON

CHALON-S-SAÔNE, IMPR. FRANÇAISE ET ORIENTALE E. BERTRAND

ALEXANDRE BÉNAZET

LE
THÉATRE AU JAPON

SES RAPPORTS
AVEC LES CULTES LOCAUX

PARIS
ERNEST LEROUX, ÉDITEUR
28, RUE BONAPARTE, 28

A Monsieur

Michel REVON

ANCIEN PROFESSEUR A LA FACULTÉ DE DROIT DE TŌKIŌ

ANCIEN CONSEILLER LÉGISTE DU GOUVERNEMENT JAPONAIS

CHARGÉ DE COURS A LA FACULTÉ DES LETTRES DE L'UNIVERSITÉ DE PARIS

LE THÉATRE AU JAPON

INTRODUCTION

Une loi générale de l'esprit humain attribue la naissance des arts et des littératures à la puissance créatrice des religions. Dès que l'homme s'est essayé à penser, l'idée religieuse a surgi. Les premières images des sculptures antiques expriment les conceptions des théogonies élémentaires, comme les poésies des temps primitifs célèbrent la majesté et chantent les louanges des dieux. La notion du divin, tel est le caractère commun aux ouvrages de la littérature et de la plastique anciennes. Les artistes et les poètes, animés d'un souffle surnaturel, semblent obéir à une pensée unique et suprême : l'idée de la divinité s'impose à leur inspiration, car l'être humain ne saurait être remué profondément sans se sentir atteint dans son sens religieux.

C'est pourquoi la littérature de tous les peuples reste unie à la religion par des liens étroits. Les poèmes d'Orphée, d'Hésiode et d'Homère nous font pénétrer plus avant dans la connaissance de l'ancien culte grec, de ses dogmes et de ses rites, que tous les ouvrages des mythologues. Dans l'Inde, les récits épiques du Mahābhārata et du Rāmāyana sont les véritables sources de la science liturgique. La religion, disait Fénelon, « a consacré la poésie à son usage dès l'origine du genre humain », parce que la religion répond aux aspirations les plus profondes de l'âme.

C'est surtout le théâtre qui a servi d'auxiliaire aux cultes et d'interprète aux dogmes. L'art dramatique, à ses débuts, tira sa substance et sa chaleur des cérémonies religieuses ; il emprunta aux liturgies solennelles le caractère scénique qui fit du drame un admirable instrument d'édification ; il enseigna aux fidèles le pouvoir des dieux, la sainteté des lois. La tragédie grecque, dit M. Croiset, est « une des formes du culte public ». Et en effet, l'union originelle de la religion et du théâtre est conforme aux règles universelles de l'histoire littéraire.

Les peuples asiatiques n'ont pas échappé à la loi générale qui fit du théâtre, à Athènes, une institution religieuse, autant que politique, de la cité. Dans l'Inde, en Perse, en Chine, au Japon, l'art de la scène s'est formé et a grandi dans les cérémonies du culte. L'étude du théâtre japonais, surtout, est inséparable de l'histoire religieuse. Au « Pays du Soleil Levant », si pieusement attaché aux traditions les plus lointaines, le souvenir de l'origine liturgique du drame s'est maintenu, à travers les siècles, avec une singulière persistance. Les peuples de l'Europe, au contraire, ont de bonne heure libéré leur scène de la tutelle ecclésiastique. Chez nous, le théâtre n'est-il pas le fils abandonné, ou peut-être le fils ingrat de l'Église? Aussitôt qu'il a pris conscience de ses forces, il s'est appliqué à traduire, non plus des symboles divins, mais des passions humaines.

Il a délaissé très tôt les miracles, les mystères et les moralités, ces jeux merveilleux d'une enfance qui s'écoula dévotement à l'ombre des cloîtres et des basiliques; il s'est affranchi rapidement de la tyrannie religieuse. La tragédie française, en effet, succède au drame chrétien sans lui rien emprunter; elle doit tout au génie souple et lumineux des écrivains de la Grèce et de Rome. De même, l'art de la Renaissance a retrouvé dans l'antiquité hellénique le secret de la vie, qui avait disparu des raides et sèches figures de l'imagerie scolastique. La civilisation grecque, voilà le fait capital qui nous sépare des peuples asiatiques. C'est elle qui émancipa notre esthétique, enfermée au moyen âge dans des limites étroites et arbitraires; c'est elle qui a libéré notre littérature théâtrale de la forme hiératique.

Mais l'Extrême-Orient n'a point connu de révolution comparable à la Renaissance. Les bouddhistes coréens et chinois, à la vérité, apportèrent une civilisation nouvelle au Japon. Mais sa vie intellectuelle a suivi son cours naturel, sans déviation sensible ni renoncement essentiel à son génie original. Sa littérature, née spontanément, si elle n'a pas grandi pure de tout mélange, s'est néanmoins épanouie sans contrainte. La poésie nationale, surtout, a opposé à la conquête chinoise une invincible résistance linguistique et esthétique : car c'est précisément la marque de l'esprit japonais de s'être assimilé les civilisations étrangères sans rien perdre de sa culture native. Les influences successives de la Corée, de la Chine et de l'Europe ont pu enrichir de notions nouvelles la race la plus souple qui fut jamais; elle n'a pas modifié profondément l'évolution normale de son âme héréditaire. Nisard aimait à dire que « ce qu'il y a en tout temps de plus vivant dans le présent, c'est le passé ». Rien n'est plus vrai pour le Japon, pour cette « terre des dieux » qui n'a jamais été conquise, et qui est gouvernée, — depuis vingt-six siècles, — par la prodigieuse lignée d'empereurs qui se nomme elle-même « la dynastie ininterrompue dans l'éternité des âges ».

Le peuple japonais, presque absolument isolé dans son archipel mystérieux, a pu garder et développer son individualité, à l'abri de la pénétration des races étrangères; et c'est pourquoi, dit M. Revon, « l'histoire du Japon nous montre un grand peuple en marche, une nation qu'on peut suivre dans son progrès normal, depuis ses premiers pas jusqu'à ses dernières conquêtes, à travers toutes les phases d'un avancement continu ». En aucun pays la persistance de la tradition ne se révèle plus nettement. La littérature du Nipon reflète fidèlement une race qui vit sur son antiquité, et qui, — malgré les apparences, — cherche toujours dans le passé des enseignements pour l'avenir. Elle a ce mérite exceptionnel, infiniment précieux pour l'historien, de dérouler devant nous l'évolution régulière et libre des genres littéraires. Elle en dessine la courbe par sa propre histoire. Elle est l'image véritable d'une vie mentale qui éclaire et dirige nos contemporains. C'est ainsi qu'une étude d'ensemble du théâtre japonais nous découvre en raccourci l'histoire générale du genre scénique, et vérifie les lois qui président à son développement chez tous les peuples. Car le drame japonais nous apparaît comme un organisme qui s'est développé spontanément, par sa seule force intime, et qui garde, sous les formes transitoires des œuvres, son existence propre et continue. Il offre au critique un ensemble complet par lui-même, dont l'analyse découvrira l'évolution nécessaire, plus ou moins modifiée par le mouvement des idées, par le progrès social, par le contact des races étrangères.

On verra que l'art dramatique national a conservé ses caractères essentiels, constitutifs. Hiératique à l'origine, comme les autres arts du Japon, il est resté hiératique; c'est le drame sacré ou *nô*. A la vérité, un système romantique et populaire s'est formé au XVIIe siècle sous le nom de *shibaï:* c'est le drame profane. Mais l'antique théâtre religieux vit toujours, scrupuleusement conservé par la piété des lettrés. De véritables mystères sont représentés encore aujourd'hui dans les fêtes traditionnelles ou *matzouri*, qui contiennent sans doute les origines lointaines du théâtre. Tous ces genres ont visiblement conservé le caractère liturgique de leur origine. Et si, dans les littératures classiques, le nom de saint Grégoire de Nazianze, à la fois évêque et auteur dramatique, est symbolique de l'union du théâtre et du culte, les lettrés japonais attestent aussi que leur drame et leurs religions collaborent depuis des siècles et se prêtent un mutuel secours:

... alterius sic
Altera poscit opem res, et conjurat amice.

PREMIÈRE PARTIE

MATZOURI
et
MYSTÈRES

I

La Religion
et les
Spectacles populaires

    Tous les peuples ont connu, à l'origine, l'usage de processions religieuses, mêlées de divertissements, de danses, de pantomimes et parfois de chants dialogués. Les cultes les plus divers ont rehaussé la célébration de leurs fêtes par le déploiement scénique de ces théories, pompes et bacchanales, qui sont représentées sur le fronton des temples de la Grèce ou complaisamment décrites par les poètes de l'Inde ancienne. Dans ces spectacles primitifs se développa le goût naturel des hommes pour la mise en scène, la musique, la fiction dramatique. Les cérémonies de toutes les religions, souvent grandioses, toujours émouvantes, renferment, comme en puissance, les germes de l'art théâtral.

    Sans parler de la tragédie grecque, issue du dithyrambe bachique, « il est certain que, dans plusieurs sanctuaires helléniques, le culte local a donné lieu, dès la plus haute antiquité, à des représentations sacrées, dont on ne saurait contester le caractère dramatique(1) ». En Perse, les fêtes du Moharrem, qui commémorent le martyre de la famille d'Ali, ont donné naissance au drame national. Une représentation contemporaine, sur la scène persane, se présente, dans son ensemble, comme un acte religieux : elle s'ouvre et se termine par des prières, et son caractère apologétique est si évident, que le dogme s'y déploie largement, au détriment de l'action. La *Mort du Prophète* contient, sous une forme mystique, des conseils sur le sacrifice nécessaire de la vie et sur la soumission indispensable à la volonté céleste(2). M. Montet a observé que l'influence du culte sur le drame persan se manifeste, presque sous nos yeux, par l'apparition simultanée du babisme et d'un nouveau genre dramatique: une révolution religieuse s'accompagne d'une révolution théâtrale (3).

Comme l'islamisme schiite de la Perse, — religion sémitique, hostile par essence aux représentations dramatiques, — le krischnaïsme enfanta le théâtre indien. Mais le culte de Krischna rappelait ceux de l'Occident, « tout d'enthousiasme et d'imagination, ardent de foi et de passion, épris de musique, de chant et de danse(4) ». Le krischnaïsme devait, au moyen âge, ranimer le genre épuisé, et de nos jours,

---

1. A. et M. Croiset, *Histoire de la Littérature grecque*, Paris, 1891, t. III, p. 24.
2. Voir A. Chodzko, *Théâtre persan traduit*, Paris (Leroux, éd.).
3. « Les cantiques chantés pendant les dix premiers jours du Moharrem, tel était le terrain, vierge de toute action dramatique, d'où la tragédie allait sortir. Peu d'années après, on avait déjà diminué le nombre des cantiques pour intercaler des récits... puis on fit comparaître les martyrs qui venaient raconter eux-mêmes leurs souffrances ; dès lors les acteurs s'emparaient de la scène. » Édouard Montet: *La religion et le théâtre en Perse* (*Revue de l'histoire des religions*, t. XIX, pp. 277-290).
4. Sylvain Lévi, *Le Théâtre indien*, Paris, 1890, p. 316.

grâce à sa puissante vitalité, susciter un drame nouveau. Il n'est point surprenant, d'ailleurs, que l'Inde « ait eu, qu'elle ait encore des spectacles religieux qui lui appartiennent en propre »(1). Les Hindous n'attribuent-ils pas à l'auguste Brahma en personne l'invention de leur art dramatique, et les sûtras des Pâçupatas, secte civaïte, ne prescrivent-ils pas le chant et la danse comme deux des six offrandes régulières dues au Seigneur(2)? Au reste, le drame lui-même a pris naissance dans les hymnes védiques, qui sont parfois une sorte de spectacle dramatique(3), et Michelet a signalé dans la grande épopée religieuse, dans le *Rāmāyana*, un premier crayon du « brahme gourmand, bouffon de cour, qui sera plus tard dans le théâtre indien(4) ». A l'exemple du brahmanisme, le bouddhisme a encouragé le théâtre, lui a fourni des sujets et en a tiré parti pour l'édification du peuple. Les livres sacrés attribuaient d'ailleurs au Bouddha la connaissance des arts de la scène, et le Lalita Vistara appelle le sage de Kapilavastou, « le spectateur qui est entré voir la pièce de la grande Loi ». L'Inde aurait même possédé ses confrères de la Passion, car l'abbé Dubois mentionne, dans ses *Mœurs des peuples de l'Inde,* une troupe de comédiens qui parcouraient le Dekan en jouant les dix avatars. Actuellement, les monastères du Tibet ont consacré l'usage de représenter, deux fois par an, aux fêtes du printemps et de

---

1. E. SENART, *Le Théâtre indien (Revue des Deux-Mondes*,1891).
2. S. LÉVI, *La religion et les spectacles*, dans le *Théâtre indien, op. cit.*, p. 318.
3. Avant les travaux de Weber, Windisch, etc., le tour scénique de l'hymne, I, 165, frappait déjà MAX MÜLLER (*Transl. of the Rg-Veda*, vol. I, p. 173).
4. *La Bible de l'humanité*, Paris, 1885, p. 57.

l'automne, de véritables mystères. Ces pieux spectacles se retrouvent en Birmanie et à Ceylan.

Il en est de même en Chine. Les fêtes des dieux, suivant M. de Groot, sont accompagnées de processions avec tous les accessoires, bannières, lanternes, musique, parades populaires, et de représentations dramatiques (1). Les pièces de théâtre sont jouées dans les *yamenn* des mandarins, mais souvent aussi dans l'avant-cour des temples (2). Pour célébrer dignement la grande fête alimentaire des morts, « le jeu des acteurs est considéré par bien des personnes comme presque aussi indispensable que la présence des ministres du culte (3) ». Ainsi que dans l'Inde, la religion chinoise a établi sa domination sur le théâtre, « sous couleur d'améliorer les mœurs ». Une représentation est un acte de piété, destiné à divertir ou à apaiser les divinités, et qui comprend une série d'actes et de rites religieux. Les corporations, dit M. Courant, « font jouer la comédie à l'occasion de leur fête patronale; les villages font vœu d'engager une troupe d'acteurs, pour remercier les dieux d'avoir chassé les sauterelles, détourné une inondation, accordé une bonne récolte... Il y a double avantage à ces fêtes : le peuple s'amuse et les dieux sont satisfaits (4) ». Aussi ne faut-il pas s'étonner de voir Deguignes déclarer que les pagodes servaient souvent de salles de spectacle (5), et Tcheng-Ki-Tong attester que le

---

1. J.-J.-M. DE GROOT, *La religion populaire des Chinois*, traduit du hollandais par C.-G. CHAVANNES (*Annales du Musée Guimet*, XI et XII, 1886).
2. Voir MAURICE COURANT, *Le Théâtre en Chine* (*Revue de Paris*, 1900, n° 10, p. 335).
3. DE GROOT, *op. cit.*, p. 347.
4. COURANT, *op. cit.*, p. 336.
5. *Voyage à Pékin*, t. II, p. 322.

bouddhisme et le taoïsme ont fourni aux auteurs comiques des situations burlesques (1). La satire de la transmigration, en particulier, est une source inépuisable d'amusantes fictions (2). Observons toutefois que Bazin, dont le témoignage relativement ancien n'est cependant pas à dédaigner, ne semble pas admettre l'existence du drame liturgique en Chine; mais il reconnaît que la danse, à n'en pas douter, faisait originairement partie du culte (3), et que les rites tiennent une place prépondérante dans les compositions dramatiques. « La moralité des sujets, dit-il, consiste dans la flétrissure de tout ce qui est contraire, dans l'exaltation de tout ce qui est conforme aux rites (4). » C'est pourquoi, si profane qu'apparaisse souvent l'esprit de certaines représentations, elles n'en sont pas moins le produit d'une intention morale et édifiante. La religion populaire s'accommode volontiers des divertissements profanes, « et le bouddhisme chinois, sur ce point comme sur beaucoup d'autres, s'est sensiblement écarté de la rigueur des préceptes (5) ». Fréquemment les personnages invoquent des apophthegmes de Confucius, des maximes bouddhiques et des proverbes de Lao-Tseu. Certaines pièces contiennent de véritables prédications. Dans *Hoang-liang-mong* (le Songe du millet jaune), on assiste au sommeil de Liou-Thong-Ping, qui hésite depuis longtemps à devenir taoïste. Les aventures qui lui arrivent

1. *Le Théâtre des Chinois*, p. 128, sqq. (dans *Les Chinois peints par eux-mêmes*, Paris, 1886).
2. Une des situations qui ont fréquemment séduit les auteurs est « celle du mari qui a transmigré et qui revient constater, après son décès, combien de temps a duré le deuil de sa veuve » (TCHENG-KI-TONG, *op. cit.*, p. 140.
3. BAZIN AÎNÉ, *Théâtre chinois* (Introduction).
4. *Tchao-mei-hiang* (les Intrigues d'une soubrette), préface, p. XIV.
5. COURANT, *op. cit.*, p. 335.

en rêve le décident, et il se réveille après un sommeil de dix-huit années en disant: « La vie n'est qu'un songe, maître, je suis converti au taô (1). » D'autres œuvres, qui mériteraient le nom de « féeries », sont empruntées aux légendes des dieux. On y voit apparaître des génies, comme dans le *Pipaki*, où le *Singe blanc de la montagne du Sud* et le *Tigre noir de la prison du Nord* construisent en un instant une pyramide funéraire (2).

La musique qui accompagne ces pièces, dont la fable et le style sont infiniment peu variables, fut enseignée aux hommes, suivant une légende vénérée, par l'empereur saint, *Fou-Hi*, environ 3.300 ans avant notre ère (3).

De nos jours, les Chinois représentent des pièces analogues « à ces mystères de la Passion, à ces moralités du moyen âge qui se jouent encore dans les représentations décennales d'Oberammergau (4) ».

Tel est le sujet de Mâudgalyâyana, d'origine indienne, qui se retrouve au Japon et dans tous les pays bouddhiques :

Le jeune Mâudgalyâyana appartient à une famille rigoureusement soumise aux observances religieuses et pratiquant la scrupuleuse abstention de nourriture animale. « Ne tue rien de ce qui a vie, » dit le premier des commandements bouddhiques. Or, la mère de Mâudgalyâyana tombe gravement malade, et bientôt son fils apprend qu'elle est fata-

---

1. Voir Du Méril, *Histoire de la Comédie*, p. 159.
2. Le *Pipaki* ou l'*Histoire du luth*, par M. Léon Charpentier, dans *La Revue* du 15 avril 1901, p. 176.
3. Tcheng-Ki-Tong, *op. cit.*, p. 116. Le même auteur fait observer que les plus anciens monuments de la littérature chinoise sont en vers, et ajoute que le mot « vers » 言 寺 se compose de deux caractères qui signifient, l'un *parole*, l'autre *temple*. Les paroles du temple, tel est donc le sens primitif du mot *poésie*.
4. De Groot, *op. cit.*, p. 418.

lement condamnée si elle ne consent à enfreindre la loi divine : elle ne peut être sauvée que par un régime comportant l'usage de la viande. Offenser le Bouddha ou mourir, tels sont les deux termes du problème psychologique qui s'impose aux perplexités de Mâudgalyâyana. Il consulte un sorcier sur ce douloureux cas de conscience. Jamais sa mère ne consentira à violer les commandements du Bouddha, et pourtant il faut la sauver ! Le sorcier, ému par les larmes d'un si bon fils, lui donne la recette magique d'un plat de viande qui prendra, aux yeux de la mourante, l'aspect d'un plat de lentilles. Au risque d'encourir la vengeance céleste, le jeune homme présente à sa mère le miraculeux aliment. Elle mange, mais aussitôt des démons surgissent et l'emportent.

Inconsolable de savoir sa mère en enfer, Mâudgalyâyana s'impose d'effroyables austérités pour expier sa faute. Sa vie s'écoule dans les macérations et les remords. Il ne peut trouver le sommeil. Une nuit, l'ombre lamentable de sa mère se présente à ses regards et lui décrit les tourments qu'elle endure. Il veut se donner la mort, et ne retrouve quelque repos qu'après avoir obtenu la permission de remplacer sa mère dans le séjour infernal. Il traverse donc tous les cercles de l'enfer bouddhique, qui se déroule devant les spectateurs avec ses supplices inusités, ses tortures raffinées, avec toute la géhenne démoniaque. Enfin Çakya-Mouni lui-même, touché par la piété filiale et les supplications du jeune saint, lui enseigne le précepte de l'Oulamba : « Les forces réunies du clergé peuvent seules sauver un mort de l'enfer. » Puis il lui fait remise de ses péchés et conduit sa mère au séjour des bienheureux (1).

---

1. « On retrouve au Japon, écrit M. Revon, l'histoire de cet humble

Devant le bas peuple, qui goûte le comique jusque dans l'horreur, la légende de Mâudgalyâyana tourne à la farce triviale et bouffonne : Deux individus déguisés, l'un en singe, l'autre en cochon, suivent partout le saint, et accommodant leur voix à leur étrange rôle, font la jubilation d'un auditoire cynique et grossier. Une légende rapporte, en effet, que Mâudgalyâyana rencontra, sur le chemin de l'enfer, deux de ces animaux qui, touchés de son respect pour la chair de leurs congénères, s'attachèrent à ses pas comme des apôtres fidèles.

La comparaison de ce mystère avec les représentations populaires de notre moyen âge nous aide à retrouver dans ces œuvres, diverses d'inspiration et de caractère, les traits communs qui leur assignent une place déterminée dans l'histoire littéraire. Elles ne sont évidemment pas le caprice fortuit des imaginations, mais l'œuvre logique et nécessaire de l'esprit humain à une certaine phase de son développement.

religieux, qui, par sa ferveur, obtint la grâce d'aller chercher sa mère au plus profond des enfers » (MICHEL REVON, *Hoksaï*, Paris, 1898, p. 228).

II

Les Matzouri (1) au Japon

Le goût dramatique du peuple, au Japon comme ailleurs, a pris naissance et s'est fortifié dans les fêtes de la religion nationale. Il a trouvé son aliment le plus substantiel dans les réjouissances ou *matzouri* qui accompagnaient, dès la plus haute antiquité, les cérémonies du culte *shinntô* (2). Le mot *matzouri* qui, suivant Fissher, signifie *fête anniversaire*, s'applique aussi aux offrandes faites à un dieu ou *kami ;* il désigne « le jubilé solennel que l'on célèbre avec des réjouissances extraordinaires, des processions, des danses, des pièces dramatiques et autres spectacles publics en l'honneur et pour le divertissement du dieu tutélaire de la ville (3) ».

---

1. Dans la transcription des mots japonais, nous abandonnons le système habituel, qui consiste à représenter les sons japonais par des voyelles prononcées comme en italien et des consonnes prononcées comme en anglais. Nous adoptons une orthographe représentant aussi exactement que possible les sons japonais suivant les usages de la prononciation française (*w* se prononçant *ou*).
2. Avant l'introduction du bouddhisme (552 de notre ère), la religion nationale n'avait pas de nom particulier. Le mot chinois *shinntô* (la Voie des dieux), fut adopté au VIe siècle, pour distinguer l'ancienne religion de la nouvelle (*Boutsdô*, la Voie du Bouddha). Le shinntoïsme, dont la mythologie est pleine d'obscurités, enseigne une morale fort simple. L'adoration des dieux, le culte des ancêtres, l'amour de la patrie, tels sont, suivant M. Tomii, les principaux devoirs à remplir (Voir le Mémoire de M. A. Tomii, dans les *Annales du Musée Guimet*, t. X, pp. 310-322). Le shinntoïsme est redevenu, depuis la restauration de 1868, la religion officielle du Japon.
3. Engelbert Kæmpfer, *Histoire naturelle, civile et ecclésiastique*

Ce n'est point que le rituel shinntoïste comporte, comme notre drame chrétien, une succession de tableaux scéniques, une sorte d'illustration populaire qui figure toute la suite de l'histoire religieuse. En réalité, les *matzouri* naquirent dans les jeux irréfléchis qui, comme en Grèce, terminaient les semailles ou la moisson, dans les spectacles grossiers, dans les scènes d'histrions et de bateleurs qui égayaient les journées consacrées au repos et aux dieux. Suivant Klaproth, les anciens Japonais, dans la fête *Kiokou sou no nen*, « s'assemblaient au bord d'une rivière pour s'y divertir et boire du vin (1) ». Ces réjouissances instinctives contiennent les germes épars et lointains du genre dramatique.

Les origines des *matzouri* ne nous apparaissent pas clairement, et nous sommes singulièrement dénués de renseignements sur l'époque antérieure au VIe siècle. Les témoignages sont infiniment rares, peu précis, parfois suspects, avec une tendance marquée à reculer dans l'antiquité les événements historiques. Le *Koziki*, rédigé en 712, sous la dictée d'une vieille femme, *Hiyeda no Aré*, est le plus ancien document d'une authenticité certaine. Il nous fait connaître surtout les traditions mythologiques. Un autre document positif, le *Nihonghi*, qui date de l'année 720, a copié trop servilement les annales chinoises pour mériter créance absolue (2). Bien qu'il affecte d'indiquer les dates précises, jusqu'au mois et au jour, et prétende remonter au VIIe siècle avant notre ère, il n'en adopte pas moins une chronologie fantaisiste (3). Il est vrai que nous avons un

---

du Japon, t. II, livre IV, p. 143. La Haye, 1732 (traduction française sur la version anglaise de Scheuchzer).

1. Titsingh, *Cérémonies du Japon*, p. 30.
2. Nihonghi, ou *Nihon-sho-ki*, ou *Yamato-boumi*, chroniques du Japon (v. trad. Aston, 2 vol. Londres, 1896. Trübner, éd.).
3. Le calendrier chinois, qui était encore récemment en vigueur, n'a

instrument de contrôle dans l'encyclopédie du Chinois Ma-Touan-Lin, qui a littéralement transcrit des documents authentiques (1). Toutefois, la date des événements antérieurs à l'an 700 est toujours contestable, et d'ailleurs il semble bien que l'écriture ne fut connue des Japonais que vers l'an 405. Jusqu'à cette date, les pièces de vers, les traditions shinntoïstes, l'histoire des familles japonaises ne purent se transmettre que par la tradition orale.

D'autre part, les lacunes des chroniques et la pénurie d'études historiques sur le Japon primitif ne nous permettent point de suivre de près le développement des *matzouri*. C'est à peine si nous entrevoyons dans le passé un ensemble de fêtes et de coutumes qui forment un premier embryon de création dramatique.

Kaempfer affirme que le premier *matzouri* fut célébré à Nara, la quatrième année du règne de Temmou-Tenno, en 676 (2). Titsingh, dans ses *Annales des daïri*, confirme l'opinion de Kaempfer : « Sous le règne de Zio-Mei (629-641), commença l'usage de régaler les prêtres dans le palais impérial; on nomme ces fêtes *Zaï* ou *Foki*. L'empereur Temmou donna, le premier mois de chaque année, des fêtes auxquelles des hommes et des femmes chantaient et dansaient dans l'intérieur du palais (3). » Au reste, la musique

été introduit au Japon qu'en 602. Jusque-là, la chronologie japonaise n'a aucun caractère de certitude. En 1873, le calendrier grégorien a été substitué à l'ancien calendrier lunaire.

1. C'est l'encyclopédie *Wen-hien-tong-kaô* (348 khiou-an), *examen général des écrits et des sages*.
2. KAEMPFER, *op. cit.* (éd. de 1749), livre I", p. 148.
3. *Annales des daïri*, pp. 43 et 51. Le mot *daïri* signifie palais royal, et, par extension, l'empereur lui-même. Il a été employé par Klaproth pour désigner les empereurs, depuis Zimmou jusqu'à Yoritomo. C'est par la même figure de langage que les Turcs donnent à leur gouvernement

et la danse étaient en honneur à la cour dès le Vᵉ siècle. On lit dans le Nihonghi que l'empereur, en 418, jouant du luth, l'impératrice se leva et dansa (1). Ce qui est certain, c'est que ces divertissements prirent au VIIIᵉ siècle un caractère public et officiel. Encore aujourd'hui, les *matzouri* de la cour impériale sont de véritables solennités patriotiques et nationales. Tel est le *matzouri* consacré au fondateur de la dynastie mikadonale, à Zimmou. D'autres *matzouri* ont un caractère professionnel, comparable, dit M. Bousquet, aux fêtes que nos anciens corps de métiers célébraient en l'honneur de leur patron (2). Ces réjouissances se multiplièrent beaucoup à l'époque des désordres et des brigandages qui signalèrent la domination des Foudjiwara, la formation du régime féodal avec ses guerres sans cesse renaissantes, les luttes épiques des Taïra et des Minamoto, la rivalité sanglante des cours du Nord et du Midi, des Ashikaga et de Nobounaga. Par une contradiction bien humaine, au temps des discordes meurtrières et interminables qui attristèrent le moyen âge japonais, quand le sang avait largement coulé et que vainqueurs et vaincus faisaient trêve, le souvenir des dangers affrontés et l'incertitude du lendemain stimulèrent le goût populaire pour les plaisirs des *matzouri*. Titsingh

---

le nom de Sublime-Porte, d'après la grande porte du sérail de Constantinople. Le mot *mikado* lui-même signifie littéralement Sublime-Porte (御 門).

1. *Nihonghi*, trad. Aston, 2 vol., supplément aux *Transactions and Proceedings of the Japan Society*, Londres (1896). Le docteur Florenz est aussi l'auteur d'une traduction allemande, et M. de Rosny en a expliqué quelques extraits (*Histoire des dynasties divines*, Paris, 1884, Leroux, éd.).

2. G. Bousquet, *Le Japon de nos jours*, t. I, p. 78, Paris, 1877. Les corporations chinoises font aussi jouer la comédie à l'occasion de leur fête patronale (Maurice Courant, *op. cit.*, p. 335).

a relevé dans ses *Annales des daïri* la date et le détail des fêtes de ce genre qui furent célébrées devant les empereurs, représentants suprêmes de la religion nationale (1).

Au XVIIe siècle, ces divertissements étaient tellement entrés dans les mœurs, qu'ils furent permis aux Hollandais reclus dans l'îlot de Décima entre 1638 et 1854. Langlès et Lamarck signalent que les missionnaires jésuites tirèrent habilement parti du goût des Japonais pour les spectacles religieux : au temps des premiers Tokougawa, les Pères firent représenter plusieurs fois la naissance de Jésus dans leur église de Nagaçaki par leurs néophytes et les étudiants de leur collège (2).

Les Japonais, d'ailleurs, ont toujours pensé que les dieux voient d'un œil favorable leurs adorateurs se livrer à d'innocents plaisirs. Le meilleur moyen de se concilier leur protection ne consiste pas à les importuner par des supplications et des lamentations incessantes, mais plutôt à leur donner des fêtes, à se divertir en leur présence, à témoigner la plus profonde confiance dans leur bonté infinie. Kaempfer observe que ces jours de fête sont appelés *Rebi*, jours de visites, parce qu'ils sont consacrés aux festins, aux noces, aux audiences, et en général à toutes les réjouissances tant publiques que particulières, « à cause que les Japonais

---

1. *Nipon ô daï itsi ran*, ou *Annales des empereurs du Japon*, traduites par Isaac Titsingh. Londres, 1834. Nous lisons dans cet ouvrage qu'au printemps de 1259, une maladie contagieuse ravagea l'Empire. « Le troisième mois, *Daï gou in*, mère du daïri, ayant fait placer des fleurs devant le temple de *Saï yen si*... le daïri y alla le lendemain pour jouer sur l'espèce de violon appelé *biwa* » (p. 251).

2. *Extraits des voyages de* THUNBERG, p. 279, note. Paris, 1796. Voir aussi *Relacion anual de las cosas que han hecho los Padres de la Comp. de J. en la India oriental y Japon* (en 1600 et 1601), traducida par P. A. Colaço, en Valodid (1604), p. 224.

s'imaginent que les dieux se plaisent infiniment à voir prendre aux hommes des plaisirs et des divertissements (1) ». Le sectateur du *shinntô*, si volontiers sceptique, en effet, ne croit guère à l'efficacité de la prière. Les dieux connaissent le fond des âmes. « Au milieu de leurs temples est ordinairement placé un grand miroir de métal fondu et poli, pour indiquer aux hommes que les dieux découvrent les souillures cachées de leur cœur, aussi distinctement qu'eux-mêmes aperçoivent dans ce miroir les taches de leur visage (2).

Nous possédons la description détaillée des *matzouri* qui furent célébrés au XVIIe siècle dans la ville de Nagaçaki, seul port ouvert aux étrangers, à condition qu'ils fussent Hollandais ou Chinois, depuis 1638 jusqu'à 1854 (3).

Le véridique Kaempfer signale que « cet acte de religion ne consiste pas à prêcher, à faire des prières, ou à aller aux temples, mais en des processions dans les principales rues de la ville, et en de beaux spectacles publics représentés dans une grande place bâtie exprès... (4) » Le temple de

---

1. *Histoire du Japon*, éd. de 1732, p. 22 du livre III. Il est bon de remarquer que le consciencieux ouvrage de Kaempfer, dont la première traduction en français date de 1732, se rapporte au séjour que l'auteur fit au Japon en 1691 et 1692. Ses *Amœnitates exoticæ* parurent en 1712.
2. THUNBERG, *op cit.*, p. 162.
3. L'îlot de Decima, où furent confinés les commerçants hollandais n'est qu'un quartier de Nagaçaki. Siebold, qui n'a pas fait moins de trois séjours au Japon, écrit que « cette ville a plusieurs théâtres, un grand nombre de maisons de thé et d'autres lieux publics fréquentés par une foule de danseuses et de musiciennes » (*Voyage au Japon*, 1826-1830, p. 310). Jusqu'au traité de 1854, qui ouvrit aux Américains les ports de Shimoda et de Hakodaté, c'est seulement à Nagaçaki que les Européens ont pu étudier l'art scénique des Japonais.
4. Cf. les cérémonies des Panathénées et la fête des Anthestéries à Athènes (V. LENORMANT, *la Grande-Grèce*, t. II, p.202.)

PLANCHE I. — THÉÂTRE EN PLEIN AIR, PAR TOYOHAROU (*Coll. Reron*)

bambous qui y est élevé pour la cérémonie du jour « mérite à peine d'être comparé à une de nos granges, tant il est simple et chétif : il doit être ainsi pour représenter la misérable architecture de leurs pauvres ancêtres... Tout étant prêt, le clergé du shinntô paraît en corps avec une suite magnifique portant en procession le *mikosi* ou niche de leur grand Souwa, dieu protecteur de la ville » (1).

Le même auteur décrit les spectacles publics donnés en ces occasions comme des « pièces de théâtre représentées par huit, douze ou plus de personnes ; le sujet de la pièce est pris dans l'histoire de leurs dieux et héros. Leurs aventures remarquables, leurs grands exploits, et quelquefois leurs intrigues amoureuses sont mis en vers et chantés par les danseurs, tandis que d'autres jouent de toute sorte d'instruments de musique. Si le sujet est trop sérieux et touchant, on voit de temps en temps un acteur comique sauter à l'improviste sur le théâtre et divertir le peuple avec des gestes bouffons et des plaisanteries qu'il récite en prose(2). Quelques autres de leur représentations ne sont que des ballets et des danses telles qu'étaient les pantomimes sur le théâtre romain(3) ».

Ces réjouissances populaires avaient lieu en présence de deux délégués du clergé, qui dirigeaient les processions

---

1. *Histoire du Japon*, t. II, liv. IV, pp. 143-144.
2. Comme le drame sanscrit, le théâtre chinois adopte des styles divers. suivant les idées et les personnages (BAZIN, introduction au *Théâtre chinois*, et COURANT, *op. cit.*, p. 343). Il en est de même en Perse.
3. A Rome, suivant M. NAGEOTTE, la confrérie des danseurs ou sauteurs (ludii, ludiones) était peut-être la plus ancienne des corporations sacerdotales (*Littérature latine*, p. 25). Dans la France du moyen âge, certains ballets étaient des sortes de tableaux vivants, des marches, de somptueuses mascarades (V. LAVOIX, *Histoire de la musique*, p. 142, Paris, 1890).

et, comme dans l'ancienne Grèce, assistaient aux spectacles(1). Ces prêtres figuraient à une place d'honneur, « sur le banc le plus exhaussé (2)».

La partie purement scénique de ces *matsouri* révèle un art encore enfantin, mais plein de fantaisie, caricatural, féerique, tel qu'on peut l'attendre d'un peuple étrangement imaginatif, épris de mouvement intense et de mimique réaliste. Kaempfer décrit plusieurs scènes où l'on voyait des « danseurs qui jouaient leur rôle entre six carreaux de fleurs, avec un arbre vert », ou bien « le train pompeux d'un prince voyageant avec son fils », ou encore « un puits avec tous les instruments pour éteindre le feu, une grande cloche d'église, avec toute sa charpente et un dragon tout autour pour ornement, une montagne couverte de neige, faite en forme de tête de dragon, avec un aigle au sommet, divers coquillages et fruits, grands comme nature, chacun porté par un homme, enfin une baleine dans un bassin ».

Une autre scène mettait sous les yeux des spectateurs une montagne, une fontaine entourée d'une allée, un grand tonneau et une maison. Au milieu de ces accessoires évoluaient des acteurs choisis sans doute parmi les spectateurs de bonne volonté. « Deux géants masqués, avec des têtes prodigieusement grosses, représentant des divinités des Indes, commencèrent une danse. Ils furent aussitôt abordés par un troisième d'une taille plus monstrueuse, qui sortit

---

1. En Grèce, « la cité vise bien moins à procurer un plaisir à ses membres, qu'à les associer tous dans une sorte de fonction religieuse d'autant plus agréable à la divinité qu'elle est plus unanime et plus splendide » (A. et M. CROISET, *op. cit.*, vol. III, p. 52).
2. KAEMPFER, *op. cit.*, liv. IV, p. 144. Cf. sur le clergé grec au théâtre, I. URI, *Eschyle, Sophocle et Euripide*, notice, p. XIV : « Le trône central était réservé au prêtre de Dionysos. »

de la montagne, armé d'une épée large : celui-ci était suivi de sept Chinois, qui sortirent en sautant de la même montagne, qui cependant paraissait petite, et ils dansèrent avec les géants. Après qu'ils eurent dansé quelque temps, le géant monstrueux mit en pièces le tonneau, d'où sortit un jeune garçon fort bien mis, qui, après une belle harangue qu'il récita de fort bonne grâce, dansa seul avec le géant ; cependant trois singes grands comme nature, avec des têtes de chevrettes, sortirent adroitement de la fontaine, et sautant sur l'allée, ils dansèrent tout autour, contrefaisant la danse du géant et du jeune garçon : cela fait, chacun se retira à sa place, et la scène finit ainsi (1). »

Thunberg, médecin de l'ambassade hollandaise, assista à la fête du même dieu Souwa, à Nagaçaki, en 1776. Sa relation confirme le récit de son devancier, sauf en un point de détail : « Il n'y a ordinairement sur la scène, écrit-il, qu'un ou deux acteurs ; il est rare d'en voir paraître plusieurs à la fois (2).

Le P. de Charlevoix atteste aussi l'attrait du théâtre pour les Japonais, et décrit leurs danses sacerdotales et leurs cortèges légendaires (3).

1. La plupart des scènes décrites par Kaempfer sont des pantomimes à sujets historiques, « au son des instruments de musique, ... qui sont surtout des flûtes de différentes espèces, et des tambourins de temps en temps. Il y a un grand tambour, des cymbales et des cloches, que l'on porte parmi les autres instruments. Cette musique d'instruments est si pitoyable, qu'elle me paraît plus propre à plaire à leurs dieux qu'à flatter l'oreille des gens de bon goût. Leur musique vocale n'est guère meilleure » (t. II, liv. IV, p. 144 sqq.). La bonhomie que le vieux docteur allemand apporte à son récit n'est pas le moindre mérite d'un livre « de bonne foy ».

2. *Voyage de* THUNBERG, an IV, t. IV, p. 25. Rodolphe LINDAU confirme cette opinion : il a vu seulement sur les tréteaux, en 1860, deux ou trois personnages (*Un Voyage autour du Japon*, 1864).

3. *Histoire et Description du Japon*, t. I, p. 375, Tours, 1839.

Lindau raconte le sujet d'une véritable pièce de théâtre qui complétait les processions, défilés de chars et divertissements variés d'un *matzouri* en 1860. La fable en est fort simple : « Un jeune homme parle d'amour à une jeune fille ; un vieillard surprend leurs mutuelles confidences. Scène violente. Les deux hommes dégaînent et croisent le sabre en s'accablant d'injures ; la jeune fille pleure et finit par se mêler au combat en attaquant traîtreusement le vieillard par derrière : il tombe et l'amant l'achève. Un instant après, le mort reparaît sous le costume d'une divinité et bénit le couple, qui ne garde pas du meurtre commis le plus léger remords. Au contraire, ils s'empressent tous trois de célébrer ce jour heureux par une danse désordonnée ; l'orchestre les excite en faisant un tapage qui va toujours croissant et qui s'interrompt brusquement sur un point d'orgue (1). »

On voit que les pièces de théâtre jouées dans les *matzouri* appartiennent à un art dramatique rudimentaire, mais déjà constitué dans ses éléments essentiels.

Au sujet d'une lutte qui eut lieu le même jour, Lindau ajoute : Les « lutteurs commencèrent par répandre dans l'arène quelques grains de riz et quelques gouttes d'eau pour se rendre le dieu des lutteurs favorable (2) ».

---

1. *Voyage autour du Japon* (1864), p. 48.
2. La lutte était l'accessoire indispensable des matzouri. La profession d'athlète est fort ancienne ; elle remonte, suivant Humbert, à l'an 21 avant J.-C., époque de luttes fameuses devant l'empereur. Les lutteurs ou *soumô* sont entourés d'une considération spéciale, et leurs combats « jouissent d'un prestige aussi grand que les luttes des gladiateurs dans la Rome antique » (H. KRAFFT). Leur corporation forma jadis une sorte de garde prétorienne si puissante qu'elle décida, en 859, de la succession au trône. L'apogée de sa grandeur date de 1624 : la dynastie des Tokougawa, suivant le P. DE RATZENHAUSEN, lui conféra des privi-

Dubois de Jancigny signale(1) encore une fête en l'honneur du diable, qui a lieu le huitième jour du huitième mois, et qui évoque le souvenir des bacchanales et du moyen âge occidental. Une troupe de personnages grotesques, masqués et cornus, peints des pieds à la tête, dansent dans les rues au bruit du tambour(2). Cette mascarade répond évidemment au besoin d'émotions à la fois superstitieuses et bouffonnes qui se manifesta si souvent dans l'ancienne France. La bonne foule aime à voir le diable, son ennemi ; elle s'égaye à ses dépens et lui lance volontiers lazzi, quolibets et brocards (3). Puis, dans tous les pays, le peuple est peuple, vulgaire par essence, railleur, gai, avide de sensations intenses. Devant lui, la scène religieuse tourne aisément à la farce grossière et cynique. Ainsi s'avilit la grandeur et la noblesse

lèges spéciaux, comme l'exemption des corvées et la faculter d'user des relais et chevaux de poste réservés jusqu'alors aux *daïmio*.

Un combat de lutteurs consiste à expulser l'adversaire d'un espace circulaire préalablement marqué dans l'arène. La force musculaire importe moins que le volume et le poids du corps. S'il faut en croire la légende, un de ces lutteurs, *Nomi-no-Soukouné*, donnant une séance au palais impérial, terrassa son adversaire *Kchaya* et le tua net. Cet exploit lui valut la faveur de l'empereur et des honneurs divins après sa mort. Cet Hercule japonais est encore aujourd'hui le patron vénéré de la caste des *soumô*. — Les athlètes de premier rang s'appellent *sekitori*.

1. *Le Japon pittoresque*, p. 49.
2. Le même auteur rapporte qu'à une époque très reculée, il s'était élevé dans la Sorbonne japonaise une vive discussion sur la couleur du diable. Était-il noir, blanc, rouge ou vert ? L'empereur intervint dans la querelle et rendit ce judicieux arrêt : Tout le monde a raison, parce qu'il se trouve des diables des quatre couleurs.
3. Cf. les religions occidentales modernes. « Le diable est un esprit triste, et il afflige les hommes ; aussi ne peut-il souffrir que l'on soit joyeux. De là vient qu'il fuit au plus vite lorsqu'il entend la musique, et qu'il ne reste jamais lorsque l'on chante surtout de pieux cantiques. C'est ainsi que David délivra avec sa harpe Saül qui était en proie aux attaques de Satan... » (DE CROZALS, *Lectures historiques*, p. 361, Paris, 1893, d'après les *Propos de table de Martin Luther*, tr. BRUNET).

des sujets, dans la trivialité d'un comique mêlé d'horreur, tel que nous le rencontrons dans l'histoire de Mâudgalyâyana. Il arrive parfois que le caractère excessif et réaliste de l'art japonais fait sombrer le mystère dans la basse comédie. Alors s'étale l'épaisse joie d'un auditoire qui se complaît aux parades des jongleurs de bas étage, aux grasses peintures, vivantes et réjouissantes, aux scènes populacières du *chaban*.

Les nombreuses descriptions des voyageurs contemporains attestent la fixité des procédés traditionnels dans la célébration des *matzouri*. Un ministre plénipotentiaire de la Confédération suisse, Aimé Humbert, qui visita le Japon quelques années avant sa transformation à l'européenne, fait un récit détaillé de ces spectacles (1).

Dans les derniers temps du *Bakoufou* (2), à Yedo, certaines fêtes avec processions, chœurs de musique, danses, pantomimes de prêtres et mascarades en plein vent, étaient consacrées à la déesse du soleil, Amatéras; au dieu de la mer, Yébis; au dieu de la guerre, Hatchiman; au patron du riz, Inari. La veille de la solennité, à la lueur des flambeaux, les prêtres se rendent en procession au temple shinntoïste, et transportent solennellement sur un char la statue du *kami*. On purifie le dieu chaque année dans la rivière ou dans la mer, et pendant qu'on le lave, « la *kagoura* (3) ou chœur sacré, apaise par ses instruments et ses chants l'esprit

---

1. *Le Japon en 1863 et 1864*, ouvrage publié à Paris en 1870.
2. Gouvernement *shōgounal* organisé en 1190 ou 1192 par Yoritomo, et aboli en 1868. Les Européens ont longtemps désigné le *shōgoun* sous le nom chinois de *taïcoun*.
3. De ces *kagoura* religieuses est sorti le drame sacré des Japonais, à peu près comme la tragédie grecque est issue du dithyrambe, et la *yâtrā* hindoue des hymnes et processions krishnaïtes.

du *kami*, momentanément privé de sa résidence terrestre... Puis la procession exécute, dans les stations du cortège historique, des scènes empruntées à la vie du héros divinisé... Les confrères quêteurs du culte kami ajoutent à leurs litanies des évolutions et des figures chorégraphiques tout à fait inattendues (1) ». Le bouddhisme adopta aussi les *matzouri* comme accessoires du culte, et Titsingh rapporte qu'au XVe siècle un empereur avait obtenu que toutes les dépenses pour les cérémonies du palais impérial fussent supportées par les prêtres d'une secte bouddhique (2). A Osaksa, la bonzerie donne des spectacles, où les bonzes jouent devant le peuple leurs rôles de danseurs et de comédiens.

Parmi les divinités promenées dans les cortèges au son d'une musique discordante autant que bruyante, on remarque souvent la joyeuse troupe des dieux du Bonheur. C'est Fkourokoudjou, « si enclin à se dépouiller de sa dignité divine pour se livrer à la danse, à la lutte, même à des exercices sur la corde tendue (3) »; c'est Daïkok, dieu des richesses, hissé sur un piédestal de sacs regorgeants et accompagné du rat dévastateur; c'est Ebiss, le Neptune

---

1. A. Humbert, *op. cit.*, p. 108. Nos églises du moyen âge servirent aussi de salles de danse et de théâtre, malgré les défenses réitérées des conciles (V. Jallifier, et Vast, *Histoire du moyen âge*, p. 319).

2. *Op. cit.*, p. 370. On connaît le scepticisme général de la nation japonaise en matière religieuse. L'esprit de prosélytisme confessionnel n'arrive jamais à l'intolérance, et si le christianisme a été persécuté à certaines époques, c'est moins comme hérésie que comme danger politique.

3. Ce petit dieu comique, dont le crâne prodigieusement haut doit contenir tant de choses, est fréquemment représenté par les artistes sous l'aspect d'un homme très embarrassé quand un moustique vient se poser sur sa cime sublime, hors de la portée de ses pauvres bras (V. M. Revon, *op. cit.*, p. 272).

japonais, irascible, barbouillé, rubicond, furieux; c'est Hoté, le protecteur des enfants, avec son ventre monstrueux; ce sont le vieux Djourôdjinn, patriarche à la longue barbe, le farouche Bishamon courtisant la belle Benntenn. Dans la grande procession de Sannoô figure aussi la grotesque statue d'un singe à face rouge, coiffé de la mitre sacerdotale et armé du goupillon.

Les *matzouri* de nos jours n'ont généralement pas conservé l'élévation patriotique et la noble simplicité des premiers temps, alors que ces fêtes avaient le caractère de fastueuses cérémonies nationales s'accomplissant surtout au palais, autour de la personne vénérée de l'empereur. Aujourd'hui, chaque village, chaque temple a son *matzouri*, qui s'accompagne de foires, de réjouissances et de divertissements populaires assez semblables à nos fêtes locales ou patronales. « Le sens mythique de la solennité s'est perdu, sa signification morale est tombée dans l'oubli. Ce qui n'était que l'accessoire de la fête en est devenu l'objet principal, ou plutôt l'unique intérêt. C'est ainsi que certaines fêtes religieuses du moyen âge ont disparu en nous léguant cependant leur kermesse, la foire populaire qui, d'année en année, s'était développée sous leur protection (1) ». A l'origine, en effet, ces fêtes anniversaires étaient limitées à un petit nombre de villes, car huit provinces seulement possédaient des *kami*. A partir du Xe siècle, le nombre des héros s'augmenta singulièrement, et les fêtes se multiplièrent. On distinguait cependant cinq grands *matzouri* ou *sekkou*, célébrés par toutes les classes de la population. Les *sekkou* ont été fixés aux mois et aux jours impairs, fort sagement, dit Kaempfer, car ces dates sont regardées comme

---

1. A. HUMBERT, *op. cit.*, p. 107.

néfastes par les Japonais, qui ont pour but « de détourner tous les malheurs ou fâcheux accidents qui pourraient arriver (1) ».

Metchnikoff parle aussi de ces « spectacles mélangés de processions et de personnages grotesques affublés de costumes historiques (2) ». Un autre écrivain russe, M. Pelikan (3), a vu figurer dans les *matzouri* des figures d'argile représentant les principales divinités du shinntoïsme. Enfin M. Georges Bousquet observe que les pantomimes religieuses de nos jours attestent l'origine hiératique de l'art dramatique. Ce sont les mystères joués sous le porche de nos cathédrales (4).

Parmi ces mystères, shinntoïstes ou bouddhiques, on peut citer *Çakya-Mouni iti-daï*, histoire de la vie du Bouddha (5), et une pièce dont chaque tableau se termine par un miracle de *Kōbō-Daishi*, le fameux fondateur de la secte Shingon (6).

La scène du théâtre dans les *matzouri* est généralement dressée sur un soubassement plein, en avant du sanctuaire.

---

1. Kæmpfer, *op. cit.*, vol. II, liv. IV, p. 24.
2. *L'Empire japonais*, p. 219.
3. *Historitchesky Viestnik* de Saint-Pétersbourg (1899).
4. *Le Japon de nos jours*, t. I, p. 78 sqq. Paris, 1877. Dans la fête du dieu, Foudo-Sama, l'orchestre s'interrompt « pour faire place au récitatif monotone et précipité des bonzes épiscopaux, prosternés sur un rang devant l'autel, et défilant un lourd chapelet, tout en imprimant à leur tête chauve un mouvement de va-et-vient » (p. 83).
5. Rapporté par M. de Rosny dans *Le Couvent du dragon vert*, adaptation d'une pièce chinoise.
6. *Kōbō-Daishi*, de son vivant, *Koukaï* (774-834), le plus populaire des saints bouddhistes, vint au monde les mains jointes, suivant la tradition. « Il n'est pas mort, mais seulement enfermé dans une tombe inconnue où il attend l'arrivée de Mirok, le messie bouddhiste » (M. Revon, *Hoksaï*, p. 20). On lui attribue l'invention du *hirakana* et de plusieurs milliers de sculptures et de peintures éparses dans les monastères du Japon. Les dieux du shinntô étaient, à ses yeux, des transmigrations des divinités bouddhiques.

On rapporte que des représentations de marionnettes y furent données à partir du XVIIe siècle.

Le théâtre proprement dit, avec ses œuvres purement dramatiques, se rattache-t-il à cette forme inférieure de l'art de la scène qui est le *matzouri*, « moitié foire, moitié festival », suivant l'expression de M. Osman Edwards? Le matzouri, qui comporte généralement une pantomime dialoguée, est une source, — mais non la seule, — du drame liturgique et du drame populaire. Le théâtre japonais doit sans doute à ces mystères la forme scénique qui organisa les éléments épars de l'art dramatique, au moins la mise en scène, la distribution matérielle du sujet, la méthode de figuration et de représentation, et surtout l'empreinte profonde d'une inspiration religieuse.

Dans le même temps que le *matzouri* populaire, un genre aristocratique se développait: c'est le *drame sacré*, ou *nô*, dont l'origine remonte à l'antiquité légendaire. Du drame sacré se détacha, au XVIIe siècle, un système dramatique nouveau, le *théâtre profane*, ou *shibaï*, dont l'évolution se continue de nos jours.

AVALEUR DE SABRE (*Coll. S. Bing*).

DEUXIÈME PARTIE

DRAME SACRÉ

I

L'Origine Légendaire

L'histoire du théâtre japonais retrace avec fidélité le développement intellectuel du peuple nipon ; elle forme un chapitre de la psychologie nationale, dont le fond essentiel, dit M. Revon, est la religion. Or, la religion traditionnelle confond dans un même culte les divinités du *shinntô* et la dynastie impériale, « tribu descendue du ciel, en qui réside aujourd'hui même, comme aux premiers temps de l'histoire l'âme de la patrie, vivante aux yeux de ses fils ». Car les Japonais, comme les Péruviens, les Hindous et les Égyptiens admettent des dynasties célestes, antérieures à leurs rois mortels, et c'est aux ancêtres divins de la famille impériale que les habitants de la « terre des dieux » attribuent l'invention de l'art dramatique. De même, en Chine, la musique aurait été apprise aux hommes par les empereurs saints, et dans l'Inde, Brahma lui-même aurait révélé à Bharata, les lois de l'art scénique. Au Japon, l'encyclopédie *Sanzaï-Zouyé* expose en termes pompeux l'origine religieuse du théâtre et de la musique : « Toutes les choses du ciel et de la terre, et le cerveau de l'homme ont célébré et illustré le nom d'*Oudzoumé,* justement appelée l'Apollon japonais, car cette divinité a inventé la musique et l'a donnée à l'humanité. »

Cette invention se rattache en effet à une légende shinntoïste qui met en scène deux divinités, *Oudzoumé* et *Amatéras,* déesse du Soleil et de la Lumière, ancêtre de la dynastie impériale, fille d'*Izanaghi* et d'*Izanami* (1). Nous trouvons dans le *Koziki* (2) et dans la première partie du *Nihonghi (Kami-go-no-maki)* (3) le récit de l'éclosion miraculeuse des arts du théâtre.

1. Née de l'œil gauche d'Izanaghi, la déesse solaire, *Amatèras-ô-mikami* (la grande divinité auguste qui brille dans le ciel) est encore appelée *Shimmei, Daizingou* et *Tenshôhô-Daijin,* en sinico-japonais. Le *Nihonghi* désigne encore cette déesse sous les noms de *Ohohiroa meno mouti* et *Waka himeno mikoto* (V. *Tanigawa Sizei* : *Nihon Syoki tonsyô,* t. III, p. 2).

2. Le *Koziki* est la première histoire du Japon dont l'authenticité soit certaine ; c'est le plus ancien livre écrit dans une langue japonaise ; il date de 712. L'origine du *Koziki* est contée d'une manière assez obscure dans la préface de l'auteur. Cet ouvrage aurait été écrit par *Ono Yasoumaro* sous la dictée d'un personnage énigmatique nommé *Hiyeda no Arè,* qui avait fidèlement gardé le souvenir des anciennes traditions. Précieux pour ses récits mythologiques, le *Koziki* ou *Fouroukoto-boumi* ne saurait supporter, pour la chronologie, le contrôle de la critique. « Il renferme, lit-on dans le traité *Gounsyo itiran,* le récit des événements qui se sont passés au Japon depuis l'époque des dynasties divines jusqu'au règne de l'impératrice *Souïko.* Suivant l'opinion de certains auteurs, le *Koziki* serait l'œuvre personnelle de *Yasoumaro.* » Écrit dans la langue nationale *yamato,* ce mémorial des anciens événements fut imprimé pour la première fois en 1644 ; l'édition de 1822, publiée par *Motoori Norinaga* est en 44 volumes avec un commentaire qui est un chef-d'œuvre d'érudition. Il a été traduit en anglais en 1882 par le professeur *Basil-Hall Chamberlain* avec une savante introduction et un commentaire philologique, dans les *Transactions of the Jap. Asiat. Society* (supplément du tome X, Yokohama).

3. Le *Nihonghi,* ou *Yamato-boumi,* ou *Nihon-Syoki,* recueil des anciennes chroniques du Japon parut sept ou huit ans après le *Koziki.* Il contient l'adjonction d'un grand nombre d'idées chinoises, dans un

La déesse Amatéras, irritée contre son méchant frère, *Sozano-no-Mikoto* (l'auguste mâle impétueux) (1), se cacha dans la grotte rocheuse du ciel, dont elle mura l'ouverture, sans s'inquiéter du pays, qui se trouva enveloppé de profondes ténèbres. Un serviteur de la déesse solaire, nommé *Fatjikara-ono-Mikoto*, essaya de lui parler pour l'arracher à sa retraite et mettre fin à l'obscurité, mais il ne put se faire écouter. Il alluma alors devant la caverne un grand feu, autour duquel la divine *Oudzoumé* (2) dansa au son de divers instruments. La déesse du Soleil, dont l'attention était attirée par le bruit, poussa curieusement en dehors le rocher qui obstruait l'entrée de sa grotte. *Fatjikara-ono-Mikoto* saisit aussitôt le rocher des deux mains, et le jeta en l'air avec une telle force qu'il tomba sur la montagne *Fagahousi*, dans la province de *Shinano*. Et les ténèbres se dissipèrent (3).

style affecté, alambiqué, contrastant avec la simplicité archaïque et la naïveté du *Koziki*. Le *Nihonghi* est le complément nécessaire du *Koziki* Il rapporte des légendes omises par le *Koziki* et signale de nombreuses variantes pour la plupart des récits. Le *Nihonghi* a été achevé sous le règne de l'impératrice *Guennsiò*, quarante-quatrième mikado, par le prince *Toneri* et par le grand officier de la couronne *Yasoumaro*, assisté de *Kiyo-hito* et d'autres lettrés. On y trouve le récit des événements qui se sont passés depuis la création du monde jusqu'à la fin du règne de l'impératrice *Zitò* (696 de notre ère).

L'édition princeps du Nihonghi date de 1596 ; cet ouvrage mythologique et historique a été traduit par M. W.-G. Aston dans les *Transactions and proceedings of the Japan Society* de Londres (2 vol., 1896).

1. Le qualificatif *Mikoto* (auguste, céleste) s'applique aux divinités ancestrales des empereurs. *Zimmou*, le premier mikado terrestre (660-585 av. J.-C. ?), reçut, comme ses successeurs, le nom de *Tennô*, ajouté aux dénominations posthumes des empereurs.

2. Ce nom signifie : « La femme joyeuse et effrontée, » ou bien « la dame auguste et céleste qui porte un casque d'or », ou encore, suivant M. B.-H. Chamberlain, « la dame auguste et céleste qui sonne l'alarme » (V. *Koziki*, sect. XVI, p. 57).

3. Le commentaire de Titsingh (*op. cit.*, p. 45) ajoute : « Près de là

Les traductions de MM. Aston et Florenz, d'après le commentaire de *Motoori* et de *Hirata,* présentent quelques variantes. En voici le fond :

Lorsque *Amatéras-ô-mi-Kami* (1), pour échapper aux persécutions de son frère, le dieu de la Lune, fut entrée dans sa grotte, elle en ferma l'entrée, et le monde fut plongé dans d'épaisses ténèbres, « et l'on ne connut plus la succession du jour et de la nuit ».

Alors les huit cents myriades de dieux s'assemblèrent sur les bords de la rivière *Yassougawa* (la voie lactée), et délibérèrent sur les moyens d'attirer la déesse au dehors. On décida de réunir un certain nombre de coqs, et on les fit chanter en concert. Puis, la déesse *Améno-Oudzoumé*, « ancêtre des danseuses *Saroumé Nakimi,* tenant en main la lance à la hampe tournée de jonc, se mit à jouer la comédie (2) sur le devant de la grotte rocheuse du ciel, portant une perruque (3) faite d'un arbuste de la montagne parfumée du

---

était une caverne dans laquelle la déesse du Soleil se retira depuis, en bouchant l'entrée d'une pierre; on prétend qu'elle y vit encore. Les prêtres apportent chaque jour, devant l'entrée, des offrandes composées d'aliments purs, comme des poires et du riz cru bien lavé ; mais comme quiconque la verrait deviendrait aveugle, ils tiennent les offrandes sur le dos, et, rétrogradant, approchent ainsi de la caverne, les mettent à terre et s'enfuient à toutes jambes, sans regarder en arrière. »

Cette manière d'offrir les présents, qui se retrouve dans une foule de légendes, comme celle d'*Ohoderi* présentant les hameçons à son frère est un procédé magique pour écarter les maléfices.

1. L'étymologie du mot *kami,* qui s'applique aux divinitée shinntoïstes est très contestée. Les érudits de Tokyo, dans un congrès tenu au mois de mars 1899, ont recherché la signification primitive de ce mot. On peut dire que *kami* désigne *ce qui est supérieur, ce qui dépasse.* Il implique une idée de toute-puissance, de grandeur, et s'applique, dans le langage populaire, au gouvernement.

2. 俳優 en chinois *paï-yeou,* signifie « représentation théâtrale », et en particulier « pantomime ».

3. Il s'agit ici de plantes que les anciens acteurs mettaient sur leur

ciel ». Enfin la gracieuse divinité se mit à danser, faisant de la musique avec un tube de bambou troué de place en place (1), tandis que les dieux battaient la mesure en frappant l'un contre l'autre deux morceaux de bois dur. *Améno-Kamato* construisit une sorte de harpe en juxtaposant six arcs, les cordes verticales (2), et *Oudzoumé* joua de cet instrument, tenant à la main une touffe de feuilles de bambou. On alluma un feu circulaire, et au milieu on plaça une cuve renversée (3) sur laquelle elle devait danser divinement. Puis la jeune déesse commença à marcher en mesure sur le fond de la cuve retournée, « chanta un chant de six syllabes (4), et peu à peu, accélérant la danse, elle se mit dans un tel état d'exaltation, un esprit divin étant descendu en elle (5), qu'elle desserra son vêtement, découvrant de plus en plus ses formes, et, à la fin, le laissa tomber entièrement au grand étonnement et au grand plaisir des dieux. Les cieux tremblèrent du rire des huit cents myriades de divinités. Les sons entraînants du chant, de la musique et de la danse touchèrent tellement Amatéras, qu'elle en-

---

tête en guise de coiffure ornementale (v. L. DE ROSNY, *Kami o no maki* (*Histoire des dynasties divines*, t. II, chap. VIII, p. 260 sqq.). En Grèce, « dans les fêtes rustiques de Bacchus, on s'était couvert la tête de touffes de plantes dont le feuillage retombait comme une sorte de voile ». (A. et M. CROISET, *op. cit.*; t. III, p. 86.)

1. C'est le *yamato-fouyé*, ou flûte du Japon.
2. Sur l'invention du premier instrument à cordes, cf. une autre tradition.
3. Variante : « Une planche de bois sonore » (V. *Koziki*, de B.-H. CHAMBERLAIN (vol. I, sect. XVI, p. 58), et DE ROSNY, *op. cit.*, II, pp. 262-270.
4. C'est la pièce de vers de pur style japonais nommée *outa* (v. sur son origine, une autre tradition.
5. Cet état de possession hypnotique, qui confirme le caractère divin de la danse d'*Oudzoumé*, se retrouve dans le *shinntô* actuel (v. *Esoteric shinntô*, dans les *Trans. of As. Soc. of Jap.* Vol. XXI et XXII, partie I).

tr'ouvrit doucement la porte de la grotte et murmura : « Je croyais que, m'étant retirée ici, je laissais le ciel et la terre dans les ténèbres. Pourquoi *Oudzoumé* a-t-elle dansé et pourquoi les dieux ont-ils ri ? Et elle quitta sa retraite (1). »

Le mythe d'Amatéras a suggéré à plusieurs critiques la conjecture d'une rédaction postérieure. M. de Rosny a émis l'hypothèse de deux ou plusieurs divinités solaires dont les traditions se seraient confondues dans la suite des temps (2) M. Braüns ne croit pas à l'authenticité de la légende d'Amatéras, qui n'est à ses yeux qu'une réédition du mythe universel de la Lumière combattant la Nuit. « La disparition et la réapparition d'Amatéras, les fonctions de chacun des dieux et tous les détails de ce conte sont trop bien calculés et manquent de la naïveté des temps anciens. Le trait le plus significatif, — la danse et la chanson d'*Oudzoumé*, — est bien loin d'être naïf : à peine s'empêchera-t-on de regarder cette partie du mythe comme le produit d'une affectation de dire des bons mots. Avant tout, l'invention des instruments à cordes, — superflue et mal placée ici, — est apparemment tirée d'une autre tradition dont elle fait partie essentielle, celle de *Jingô-Kôgô* (3). » Il s'agit de l'impératrice

---

1. Voir G.-W. ASTON : *On mythology*, I, 38, 44, 77, 79 sqq.), LOUIS GONSE, I, pp. 15 et 16 de l'*Art japonais* (Paris, 1883), et le récit correspondant du *Kiouziki*. Cet ouvrage sur les origines du Japon, qui aurait été composé par *Shotokou Taïshi* en 620, près d'un siècle avant le *Koziki*, est très probablement apocryphe. L'école de Motoori y voit l'œuvre très postérieure d'un faussaire.

2. Notice sur la grande déesse solaire, dans la *Revue de l'Histoire des religions*, t. IX, p. 210.

3. *Traditions japonaises sur la chanson, la musique et la danse*, par le Dr D. BRAUNS (IVe vol. de *La Tradition*, Paris, 1890). Voir aussi le IIIe vol. de *La Tradition* : *Étude sur la musique et la danse, dans les traditions des Lithuaniens, des Allemands, des Grecs*, etc., par EDMOND WECKENSTEDT.

LA DANSE D'OUDZOUMÉ

(Coll. S. Bing)

Zingô, veuve de l'empereur *Chouaï-Tennô*, qui gouverna le Japon de 201 à 269. La légende lui attribue la conquête de la Corée. Un de ses soldats inventa le premier des instruments à cordes en plaçant six arcs l'un à côté de l'autre sur une tablette: il se servit d'un archet de roseau pour jouer de cet instrument, qui fut le *koto* japonais (1).

Oudzoumé, pour exécuter sa danse divine, s'était couronnée de feuilles de *sakaki* (2). De plus, la déesse s'accompagna d'un chant rythmé soutenu par la musique. Ainsi s'explique la naissance simultanée des trois éléments constitutifs du drame sacré: la danse, le chant et la musique (3).

Il paraît que le chant d'Oudzoumé reproduisait la sentence sacrée du culte shinntoïste, c'est-à dire la série des nombres jusqu'à dix, à laquelle on ajoutait cent, mille et dix mille :

Hito, fouta, mi, yo,
Itsou, mou, nana,
Ya, kokono, tô,
Momo, tchi, yorodzou (4).

---

1. Suivant Piggott, le *koto* serait, comme presque tous les instruments de musique japonais, d'origine chinoise (*The music and musical instruments of Japan*, p. 48). Londres, 1893.
2. *Cleyera japonica*, arbre sacré, encore employé dans les cérémonies shinntoïstes.
3. Faute d'un terme plus précis, nous désignerons sous le nom de *danse* toute scène comprenant l'usage du chant, de la musique et de la chorégraphie proprement dite, simultanément ou séparément.
4. M. Ernest Satow (*Trans.*, vol. II, p. 131 sqq.) adopte une autre interprétation, combattue par M. Braüns, qui explique littéralement cette strophe, composée de nombres décimaux. Il faut cependant reconnaître un double sens à deux de ces mots : *momo* et *tchi*, qui signifient, l'un le nombre *cent*, et aussi *cuisses*, et l'autre *mille*, et aussi *sein*. Fidèle au goût japonais pour le calembour en poésie, la déesse *Oudzoumé* aurait profité de ce double sens pour égayer les autres dieux. Au moment où elle prononça le mot *momo*, elle découvrit ses cuisses, et au mot *tchi* elle

C'est donc la divinité *Oudzoumé*, qui, selon la tradition, inventa les arts, et aussi la poésie. Il semble, en effet, que, dans l'antiquité, le mot japonais « poème » avait d'étroits rapports avec le mot « chant », et la plupart des lettrés japonais admettent que toutes les anciennes poésies étaient chantées (1).

Oudzoumé a donné naissance à la fameuse famille de danseuses sacrées *Saroumé Nakimi*, qui exécutaient le *Saroumaï* (danse du singe), en l'honneur des dieux. Dans les *kagoura*, ou divertissements scéniques complétant les cérémonies shinntoïstes, subsistent les traces de ces danses antiques, dont la signification mythologique s'est progressivement effacée, sans laisser disparaître, néanmoins, le caractère hiératique et traditionnel de la mimique (2).

La danse d'*Oudzoumé* prit une forme précise et un sens déterminé au temps des fils du légendaire *Ninighi-no-mikoto*, après la descente de ce petit-fils d'*Amatèras* dans les îles méridionales du Japon (3). Elle représenta les gestes d'une personne qui se noie.

---

montra son sein. Les huit cents myriades de dieux éclatèrent d'un rire si violent que le ciel en fut ébranlé.

1. Observons toutefois qu'aucun de ces anciens airs ne nous est parvenu. V. B.-H. CHAMBERLAIN : *The classical poetry of the Japanese*, p. 22 de l'introduction (Londres, 1880).

2. Sur la légende d'Amatéras, voir le *Koziki* (trad. *Chamberlain*, sect. XVI, p. 28, et XXXV, p. 113); l'analyse d'*Isaac Titsingh* dans les *Cérémonies usitées au Japon*, p. 44 ; le commentaire de REED, dans son *Japan*, d'après le *Kosiki-den*, éd. de *Motoori*, t. VI, p. 73.

Dans le *Nihonghi* (trad. Aston), vol. I, pp. 18, 20, 28, 32, 41-49, 79, 115, 176, 392, et II, 95, 107, 307, etc.

3. *Ninighi*, ancêtre de *Zimmou*, est l'un des dieux terrestres. C'est lui qui reçut l'investiture du Japon « avec les insignes du pouvoir impérial, l'épée, le miroir et la boule, les trois trésors sacrés transmis de génération en génération, jusqu'à nos jours ». E. PAPINOT, *Noms principaux de l'histoire*, p. 142 (Hongkong, 1899).

L'origine de cette danse est relatée dans un chapitre du *Koziki* qui a pour titre: *L'auguste échange des fortunes* (1). *Ninighi*, à sa mort, laissa deux fils, *Hono Sousori* (l'auguste feu brillant) (2) et *Hohoderi* (l'auguste feu baissant) (3), qui devaient régner ensemble. Mais il fut décidé que l'aîné, *Hono Sousori*, gouvernerait les plages et y pêcherait, tandis que *Hohoderi* aurait l'empire des bois et des montagnes, et y chasserait. Ils eurent un jour l'idée de faire un échange. Alors ils furent malheureux. *Hono Sousori* avait vainement parcouru les campagnes, et son frère, non content de ne rapporter aucun poisson, avait perdu son hameçon. *Hono Sousori* exigea que cet objet fût recherché et retrouvé. « *Hohoderi* fut donc contraint de se rendre vers la mer, où, suivant l'avis d'un bon dieu de la plage, il pria le souverain des Ondes, *Watatsou*, de l'aider à retrouver l'hameçon fatal. Celui-ci l'accueillit honorablement et fut heureux que sa fille aînée, *Toytama-Hinè*, la princesse aux nombreux joyaux, épousât ce descendant de la déesse suprême. En outre, le roi des mers assembla tous les poissons et découvrit que l'hameçon était dans la bouche d'un poisson de l'espèce du *taï*. Quand il le donna à son beau-fils, il l'exhorta à se venger de son frère et lui promit son secours. Il ajouta à ces promesses deux pierres merveilleuses, dont l'une avait la force de faire monter les eaux, et l'autre de les faire s'abaisser. Pourvu de ses ressources, *Hohoderi* retourna au Japon... et se servit des deux pierres. Celle qui faisait monter les eaux obligea d'abord *Hono-Sousori* à se retirer sur une colline, puis de là sur un arbre; enfin elle le

1. Tr. CHAMBERLAIN, vol. I, sect. XLI, p. 125.
2. Le seigneur auguste du *feu* du foyer.
3. Le seigneur auguste de la *lueur* du foyer.

força à demander quartier (1). » Il renonça à tout droit, pour lui-même et pour ses descendants qui jamais ne pourraient prétendre qu'à être vagabonds ou jongleurs. Et, en effet, il existe encore une corporation de gardes et danseurs impériaux, les *Hayabito* (2), qui prétendent faire remonter leur institution à *Hono-Sousori*. Il obtint ainsi le pardon.

Alors, dit le *Nihonghi*, Hono-Sousori, reconnaissant la supériorité de son jeune frère, se soumit humblement à lui. Mais l'auguste *Hohoderi*, devant l'humiliation volontaire de son aîné, resta honteux et sans parole. L'auguste frère aîné se mit tout nu et souilla ses mains et son visage avec une boue rougeâtre (3), puis il dit à son auguste petit frère : « C'est ainsi que je souille mon cœur. Dès aujourd'hui, je serai le danseur *wazaoki* de Ta Seigneurie (4). » Il leva les pieds, frappa le sol et marcha. Imitant les mouvements pénibles de ceux qui se noient, il se dressa sur la plante des pieds, au moment où la mer commença à les mouiller. Lorsque la mer atteignit ses genoux, il leva alternativement les jambes ; ensuite il se mit à courir à droite et à gauche au moment où elle atteignit ses cuisses ; et au moment où elle atteignit sa ceinture, il tourna sur lui-même ; ensuite il plaça les mains sur sa poitrine, lorsque la mer atteignit ses

---

1. Dr Braüns, *op. cit.*, pp. 52 sqq.
2. Ce mot se contracte parfois en *Hayato*. Ces gardes du palais, à la fois soldats et danseurs étaient pour la plupart originaires des provinces d'Osoumi et de Satzouma (V. *Nihonghi*, I, pp. 100, 305, 375 ; II, p. 38 ; *Koziki*, vol. I, sect. XLI, et XXXVIII, note 11).
3. Voici un nouvel essai de masque. « De tout temps, dans les fêtes rustiques de Dionysos, on s'était barbouillé de lie » (Croiset, *op. cit.*, p. 86). Le masque, en effet, peut être fixe ou consister en un barbouillage, comme dans le culte dionysiaque ou le moyen âge français.
4. La danse d'*Oudzoumé*, suivant M. Foukoutchi-guèn-Itchiro, avait reçu le nom de *wazaoki* (Kokoumiin-no-Tomo).

aisselles, et enfin lorsqu'elle atteignit son cou, il agita les mains (1).

Telle était la transformation apportée par le premier *hayato* à la danse *wazaoki* d'Oudzoumé. Hono-Sousori, dit M. Braüns, « dansa la première pantomime, qui représente sa propre défaite et qui, jusqu'à présent, est celle qui s'exécute le plus souvent aux jours de fêtes religieuses » (2).

Suivant M. Foukoutchi-guèn-Itchiro (3), le *wazaoki* était une pantomime comique. Nous avons peine à concevoir que cette danse fût foncièrement grotesque, lorsque Hono-Sousori simula, en présence de son frère, les gestes de détresse d'un homme qui se noie. Cependant, au VIIe siècle, le *wazaoki* était certainement comique. Nous en trouvons le témoignage dans un récit du *Nihonghi*. Dans la quatrième année du règne de l'impératrice *Koghiokou* (4), le ministre

---

1. D'après le *Nihonghi*. V. Aston, I, pp. 41-49, et Foukoutchi-guèn-Itchiro, étude sur les origines dramatiques dans le *Kokouminn-no-Tomo* (Tôkyô), 1896.
2. Dr Braüns, *op. cit.*, p. 54.
3. M. Foukoutchi, le maître des critiques et des auteurs dramatiques contemporains, a publié dans le *Kokouminn-no-Tomo* une étude littéraire qui nous a servi de guide. Une traduction anglaise en a paru dans le *Far-East* (1895-1898). M. *Foukoutchi*, ancien directeur du *Nitchi-nitchi*, a composé des drames à succès pour le théâtre *Kabouki* et tiré une pièce des *Misérables* de V. Hugo.
4. 645 de notre ère. Il faut observer que l'année de l'avènement d'un empereur est comptée par les Japonais au règne de son prédécesseur. Les chronologistes prennent pour point de départ, non le jour vrai de l'avènement, mais le premier jour de l'année suivante dans le calendrier japonais. Il ne faut donc pas s'étonner de lire qu'un empereur est encore dans la première année de son règne 15 ou 18 mois après son avènement. V. Bramsen, (*Japanese chronological tables*. Tôkyô, 1880), qui a accompli l'énorme tâche de reviser la chronologie japonaise.

Pour traduire les âges japonais en âges européens, il faut toujours diminuer l'âge japonais d'une année, la coutume étant d'attribuer un an à l'enfant qui vient au monde, en considération de la période de gestation.

d'État *Nakatomi-no-Kamako* fit exécuter devant lui une danse *wazaoki*, à laquelle prit part son vassal *Irouka*, « avec de grands éclats de rire » (1).

L'insuffisance des documents positifs ne nous permet pas de tenter une définition plus précise de ce genre primitif. Les chants qui l'accompagnaient ne nous sont point parvenus. Quant à la poésie lyrique qui complétait ces pantomines, elle serait aussi, suivant la tradition, d'origine céleste. Voici la légende :

Le divin *Sozanô*, frère d'Amatéras, voyageant dans la province d'Idzoumo, entendit des plaintes pitoyables. Il chercha d'où venait ce bruit, et vit un vieillard et une vieille femme qui pleuraient à chaudes larmes en caressant une jeune fille très belle. Le divin *Sozanô* les interrogea sur la cause de leur douleur. Le vieillard lui répondit : « Nous sommes des dieux du pays. Cette jeune fille est notre enfant ; elle s'appelle la princesse *Inada*.

» Voici pourquoi nous pleurons : Nous avons eu pour enfants sept jeunes filles qui ont toutes été dévorées d'année en année par un grand serpent à huit têtes : et maintenant nous attendons la perte la plus cruelle, car le serpent va revenir et dévorer la dernière de nos filles. »

Le divin *Sozanô* leur fit alors cette injonction : « S'il en est ainsi, vous convient-il de me donner votre fille ? »

Ils répondirent : « Nous vous l'offrons, suivant votre injonction. »

En conséquence, le divin *Sozanô* transforma immédiatement la princesse *Inada* en un petit peigne qu'il plaça dans sa coiffure.

---

1. *Nihonghi*, liv. XXIV.

« Il fit préparer ensuite un *saké* très fort et fit remplir huit cuves de ce vin de riz. Puis il attendit le serpent.

» Sur ces entrefaites, il vint, en effet, un grand serpent qui avait huit têtes et huit queues. Ses yeux étaient semblables à des fruits rouges; sur son dos croissaient des pins et des kaya; il se promenait en formant huit collines et huit vallées.

» Le serpent trouva une cuve de vin pour chacune de ses têtes. Quand il eut bu, pris d'ivresse, il s'endormit.

» Alors le divin Sozanô tira le sabre qui était attaché à sa ceinture et le tua (1). »

Après la mort du dragon, Sozanô construisit un palais qu'il fortifia, sur la terre de *Souga*. Il y célébra son mariage avec la princesse Inada et composa une poésie pour célébrer sa victoire sur le dragon. Cette petite pièce est considérée comme l'œuvre la plus ancienne du genre *outa*. Elle est en effet conforme aux règles de la poésie nationale et contient même des jeux de vocables dont les Japonais sont si friands :

>Ya-koumo tatsou
>Idzoumo ya-ye gaki;
>Tsouma go-me-ni
>Ya-ye gaki tsoukourou,
>Sono ya-ye gakiwo.

Cet *outa*, qui figure dans le texte même du Koziki (2) a

---

1. D'après L. DE ROSNY, *op. cit.*, chap. IX, p. 316, et le D' BRAÜNS, *op. cit.*, p. 43 sqq. Cette légende rappelle un grand nombre de mythes, comme celui de Persée et d'Andromède, et bien des légendes de chevalerie.

2. *Éd. Motoori*, t. IX, p. 38.

été traduit de diverses façons (1). M. Braüns adopte l'interprétation suivante :

> Contre le dragon des huit nuages,
> Pour lui résister, il y a ici une défense octuple,
> Refuge de ma compagne,
> Une défense octuple que j'ai bâtie,
> Et voilà cette défense octuple (2).

Telle est l'origine légendaire du genre dramatique au Japon. La divine *Oudzoumé* invente la danse *wazaoki*, le chant, l'usage de la flûte et de la lyre. *Hono-Sousori* perfectionne le *wazaoki* et imagine le masque. Le divin *Sozanô* crée la poésie lyrique et dramatique en composant le premier *outa*. Ces divers éléments se retrouvent dans les *kagoura* shinntoïstes, qui se développèrent, à une époque historique, pour s'épanouir dans le *sarougakou* et le *nô*.

---

1. V. Satow, *Transactions of the Asiatic Society*, t. IX, 1881 ; B. H. Chamberlain, dans le même recueil, t. X, suppl., 1883, p. 64 ; Aston, dans la deuxième édition de sa *Grammaire de la langue écrite*; L. de Rosny, *Yamato-boumi*, 1887, p. 317. Les lettrés japonais eux-mêmes ne s'accordent pas sur le sens de ce premier outa. Observons d'ailleurs les doubles sens du mot tatsou (dragon, — s'élever) et du mot *idzoumo*, (combat, — province d'Idzoumo), et ajoutons que le premier vers contient un « mot-oreiller »

2. *Op. cit.*, p. 45. Il faut observer que le chiffre 8 est le nombre parfait pour les Japonais, comme 3 dans le moyen âge chrétien, ou 7 dans certaines locutions comme : « les 7 merveilles du monde. »

II

Kagoura

Le mot *kagoura* désigne l'élément scénique des cérémonies du *shinntô*. C'est essentiellement une scène muette qui se joue avec masques et accompagnement musical. La tradition « fait dériver la musique de la *kagoura* des accords mêmes qui attirèrent la déesse Amatéras hors de sa retraite (1) ». Les plus anciens *kakémono* représentent les danses *kagoura* comme une succession de pas lents et d'attitudes hiératiques. Elles symbolisent les plus anciennes traditions de la mythologie nationale (2). Il nous reste à peine 25 pièces anciennes de ce genre « sacré et auguste » qui, néanmoins, subsiste encore dans certains *matzouri*, dans les cérémonies funèbres *bon* et *kouré*, et, avec un grand éclat, dans les fêtes du temple de Nikko (3). Ces danses, dit M. Foukoutchi, sont les derniers vestiges du *wazaoki*.

M. *Tateki Owada* atteste que les *kagoura* furent en vogue pendant tout le moyen âge à la cour des em-

---

1. F. T. Piggott, *The music and musical instruments of Japan*, Londres, 1893, p. 16.
2. *Cornhill magazine*, vol. XXXIV, p. 479. Londres, 1876.
3. La danse exécutée devant les visiteurs du temple de Nikko est une forme abrégée de la *Daï daï kagoura*, ou grande kagoura, qui dure deux heures, mais n'est accomplie qu'en retour d'une offrande spéciale au temple. (F. T. Piggott, *op. cit.*, p. 18).

percurs (1). Le palais impérial, en effet, était un sanctuaire vénéré, où des cérémonies étaient accomplies en l'honneur de l'auguste fils des dieux, du maître suprême qui détenait la toute-puissance morale et matérielle. Certains temples donnaient asile à des compagnies de clercs spécialement affectés à l'exécution des *kagoura*. Jusqu'à l'établissement du shogounat de Kamakoura, en 1192, le clergé shinntoïste représente encore le *yamatô-maï* et l'*adsouma-azobi*, simples danses mêlées de musique, aussi peu connues de nous que les *kagoura* primitives.

Le caractère instinctif et spontané de la musique et de la danse est évident pour que leur usage dans les temps les plus reculés soit mis en doute. A quelle époque remonte la transformation de ces jeux en action scénique? On ne saurait encore l'établir pour le Japon. Le *Koziki* parle de vers qui se chantaient, mais il ne semble pas que ces pièces de poésie fussent autre chose que de courtes compositions de circonstance, désignées encore dans les anthologies japonaises sous le nom de « collections familiales » (2). D'autres témoignages font allusion à l'existence de véritables rhapsodes, parcourant le Yamato, en chantant de brèves odes ou d'antiques légendes (3).

Faut-il voir dans ces poèmes un des éléments constitutifs de la composition dramatique? Nous sommes, sur ce point, réduits aux conjectures, et nous ne pouvons suivre les transformations de la *kagoura* en pièce chantée qu'après

---

1. *Far-East* (III) d'après le *Kokouminn-no-Tomo*. A la fin du V° siècle, l'empereur Kinzô inventa, après une cérémonie, la danse *Tatsoutsou* (*Nihonghi*, éd. Aston, p. 382).
2. B.-H. CHAMBERLAIN, *The classical poetry of the Japanese*. Londres, 1880, p. 21.
3. J. HITOMI, *Le Japon*. Paris, 1900, p. 199.

l'introduction des caractères chinois et l'usage de l'écriture au Japon (1).

Antérieurement au VIe siècle, la musique japonaise, — et par musique il faut entendre le drame lyrique en voie de formation, — appartient au genre *dengakou*, qui avait pris naissance dans les représentations de bateleurs et d'acrobates devant le bas peuple. Le *dengakou* se rattache aux fêtes d'institution divine, que le *Nihonghi* fait remonter au règne des dieux. De ce nombre est le fête des prémices du riz, *Shin-jo-saï* ou *Oyo-nihé*, présidée par l'empereur en personne (2).

Vers le VIe siècle, les *kagoura* s'accompagnèrent d'une musique chinoise plus raffinée, appartenant au genre *guigakou*. Cependant, la musique sans mélange et la danse pure de l'ancien Japon se sont conservées jusqu'à nos jours sous le nom *yamato-gakou*.

A ces indications se bornent nos renseignements sur la période préhistorique du théâtre japonais. Peu de sujets présentent autant d'obscurités, suivant M. Chamberlain, que l'étude des étapes successives du genre scénique en ces temps reculés. On peut néanmoins affirmer que les *kagoura* sont « aussi anciennes que la nation japonaise elle-même, car leurs diverses danses sont mentionnées, sinon sous leur nom technique, du moins assez clairement, dans les plus vieux monuments de la littérature (3).

---

1. L'écriture passa de la Chine au Japon par la Corée. Un petit nombre d'interprètes la connaissaient vers l'époque du Christ. C'est seulement au Ve siècle et surtout au VIe, avec l'expansion du bouddhisme, que l'écriture se répandit dans l'archipel.
2. Titsingh, *Annales des empereurs du Japon*, p. 176 : la fête *dengak* au XIe siècle, devant le daïri, dans la campagne de la capitale.
3. B.-H. Chamberlain, *The classical poetry of the Japanese*, p. 213.

PLANCHE II. — DANSE DU CHEVAL, PAR SHOUNKO

(Collection S. Bing).

Parmi les danses nationales, Metécnikoff signale la *Fouzima*, la *Nicigara*, la *Nakamoura* (1), pantomimes gracieuses, accompagnées de musique. Il est certain, en effet, que les scènes mimées comportaient une partie musicale, sauf dans l'art appelé *fouritské*, ou simple orchestique.

Les instruments les plus anciens, suivant le *Nihonghi*, sont le *koto*, harpe à six cordes, puis à treize, dont l'invention remonte aux temps mythologiques, et qui était simplement venue de la Chine (2), le *yamato-fouyé*, ou flûte japonaise (3), et le *tzoudzoumi*, petit tambour en forme de sablier, qui se frappe avec la main et est encore employé dans les danses de *gueisha* et dans le *nô* (4). Le *tzoudzoumi* était fréquemment employé seul. Un autre instrument d'origine mythologique, suivant Humbert, est le *kakdaïko*, « gong en forme de disque, tendu d'une peau corroyée, supporté par un piédestal et orné de figures et flammes symboliques (5) ».

La musique avait sa place dans les festins ; les chants et les danses étaient le complément nécessaire des funérailles (6). C'est l'époque de *outa*, « dont les paroles nous ont été transmises par la tradition et que l'on prend plaisir à entendre encore (7) ».

En sommes, lors de l'introduction de la civilisation chinoise au Japon, le théâtre national se borne au *yamato-*

---

1. *L'Empire japonais*, p. 221.
2. V. *supra. Nihonghi*, trad. Aston, II, 227, 357.
3. *Nihongqi*, II, 11, 24, et J. Hitomi, *Le Japon*, p. 195.
4. Pour les danses religieuses, v. *Nihonghi*, I, 44, 79, et pour les danses profanes, 318, 381.
5. A. Humbert, *Le Japon*, p. 59. Paris, 1866.
6. V. Michel Revon, *Hoksaï*, p. 14.
7. *Histoire de l'art du Japon*, publiée par la Commission impériale, Paris, 1900, p. 19.

gakou, exécuté dans les *kagoura*, avec la danse légendaire *wazaoki*. Ces scènes traditionnelles furent populaires dans toutes les classes de la société : « Jeunes gens et jeunes filles, costumés en bleu, chantaient et dansaient lentement, levant leurs manches en suivant la cadence du chant (1). » Ces divertissements ne furent pas, comme le primitif *wazaoki*, nécessairement comiques ; leur caractère fut surtout hiératique et traditionnel (2).

1. Hitomi, *Le Japon*, p. 195. Paris, 1900.
2. V. Foukoutchi-guen-Itchiko, *The Far East*, vol. I, n° 3 (20 avril 1898).

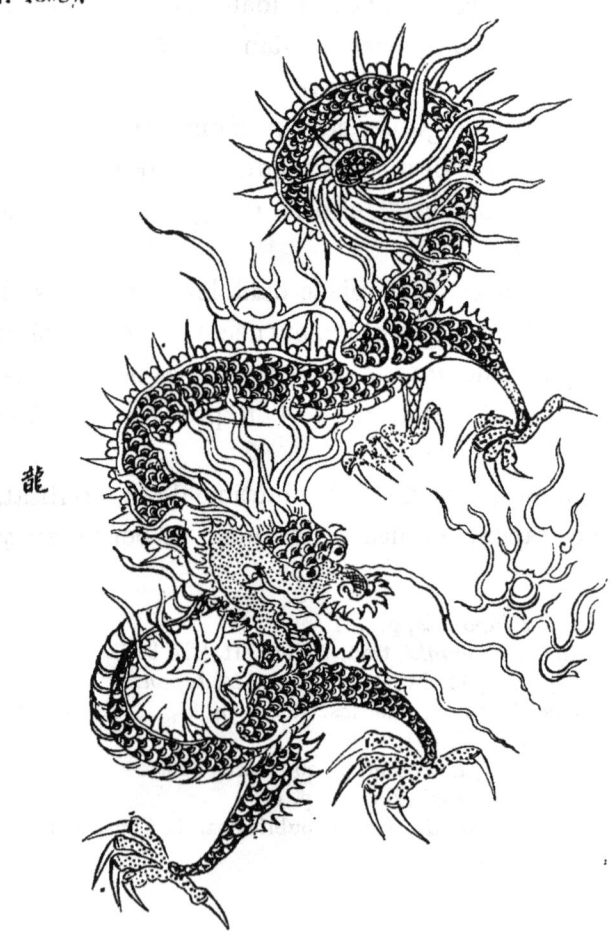

II

Les Influences Étrangères

Il est généralement admis, comme article de foi que la civilisation japonaise ne fut longtemps que le brillant reflet de la civilisation chinoise, qui était parvenue, dès les temps les plus lointains, à un haut degré de développement. La Chine, en vérité, est l'institutrice vénérable de tout l'Extrême-Orient. Elle a transmis son enseignement fécond, par l'intermédiaire de la Corée, aux Japonais, encore barbares, livrés aux seuls travaux de la guerre et de l'agriculture; elle leur a enseigné une religion plus attrayante et un dogme plus saisissable que l'ancienne mythologie des *kami;* elle leur a donné surtout une écriture qui provoqua dans l'archipel une révolution intellectuelle, et détermina, pour une grande part, le sens et la portée de la civilisation japonaise. Il est difficile d'exagérer l'influence de l'esprit chinois sur la littérature, et l'importance des conceptions bouddhiques dans tous les arts, encore que certaines écoles japonaises n'aient pas toujours réduit l'action véritable de l'étranger à ses justes proportions, lorsqu'elles ont accrédité ce proverbe : « Si l'art du Japon est une fleur, l'art de la Chine est le fruit mûr. » Néanmoins, au risque de détruire un principe solidement établi, il importe de restreindre la proposition et de reconnaître que dans le domaine théâtral et poétique (1), l'esprit nipon s'est manifesté librement, dans toute la plénitude de son inspiration native. « Malgré l'influence chinoise, dit M. Appert, le génie propre de la nation s'est donné carrière dans les genres populaires, les romans, les contes, les légendes, les pièces de théâtre (2)... » Nous verrons, en effet, que dans le drame lyrique, les genres chinois (*zouito-gakou*), coréen (*koma-gakou*), et hindou (*tenjikou-gakou* (3) n'ont jamais obtenu la faveur populaire. Ils se sont surajoutés, artificiellement, aux genres nationaux, pour un temps et comme par surcroît.

La date de l'introduction au Japon de la danse et de la musique chinoises n'est pas encore éclaircie (4). Mitford rapporte que sous le règne de l'empereur Yomei (586-593), *Hada Kawakatsou*, « un Japonais d'origine chinoise (5) reçut l'ordre de préparer un divertissement à la cour ». Ce fut la danse *bougakou* (6). Il écrivit trente-trois pièces, où il introduisit des fragments de poésies japonaises, avec accompagnement musical. Deux acteurs, nommés *Takéta* et *Hattori*, s'étant particulièrement distingués dans ces séances, furent chargés de préparer d'autres divertissements du même genre (7).

---

1. Il n'est question ici que de la poésie nationale, et non des vers chinois que les lettrés japonais composaient comme nos étudiants écrivent des vers latins.

2. *Revue des Deux-Mondes* (1ᵉʳ octobre 1895) : *Deux Révolutions au Japon*.

3. Il faut noter que le terme *tenjikou-gakou* (enseignement de l'Inde), a été traduit avec raison par M. FOUKOUTCHI sous le nom d'*indo-gakou*. De là semblerait résulter une influence plus ou moins notable de l'Inde sur le théâtre japonais, comme sur le théâtre chinois (v. *supra*.).

4. V. *Nihonghi*, I, 262 (introduction), 311 ; II, 133.

5. V. CHAMBERLAIN, *Poetry*, p. 213 (appendice).

6. V. sur le *bougakou*, *Cornhill Magazine*, vol. XXXIV, p. 479. Londres, 1876.

7. D'après *Mitford*, Tales of old Japan, p. 156.

Les plus anciennes annales mentionnent pour la première fois une danse chinoise en l'an 612, au temps de l'impératrice Souïko : un Coréen, nommé *Mimachi*, expert dans la danse chinoise *Koushino tsoutamaï*, enseignait son art à de jeunes Japonais, qu'il avait réunis à *Sakouraï* (1). Mais il est certain que la comédie et la musique des Coréens et des Chinois étaient connues au Japon avant cette époque (2). M. Foukoutchi rapporte dans le *Kokouminn-no-Tomo*, que dès le Ier siècle avant l'ère chrétienne, les diverses provinces de Kiouskou étaient en relations assez fréquentes avec la Chine. Plus tard, des corsaires japonais se montrèrent jusqu'à l'embouchure du Ménam et servirent de garde prétorienne au roi de Siam (3). D'autre part, Matouanlin et les autres historiens chinois assignent à l'année 33 avant J.-C. l'arrivée de la première ambassade coréenne au Japon, et à l'an 57 de notre ère, l'envoi des délégués du *daïri* en Chine.

Mais c'est surtout au VIe siècle, avec l'introduction du bouddhisme, que s'opéra l'initiation graduelle des Japonais à la civilisation chinoise. En 543, le roi de *Koudara*, en Corée, offrit en tribut au Japon des objets précieux de Founam. « Comme Founam est une île de la mer des Indes, on ne saurait douter que, dès cette époque, des objets de l'Inde propre aient pénétré au Japon... De plus, de tous les pays arrivent, appelés par l'empereur, ou offerts en

---

1. *Nihonghi*, vol. XXII.
2. « Ce fut sous les dynasties de *Zouï* et de *Tô*, que nous entrâmes pour la première fois en rapport avec la Chine, et après le règne particulièrement prospère d'Açoka, avec l'Inde. Des relations plus fréquentes, plus intimes, s'établirent ensuite » (*Histoire de l'art du Japon*, Paris, 1800. Préf., xii).
3. Elisée Reclus (t. VIII), et Petermann, *Mitteilungen*, 1878, n° 11.

tribut, des menuisiers, des forgerons, des couturières, des peintres, des tisseuses, des potiers, des constructeurs de temples, des faiseurs d'images du Bouddha, des musiciens (1)... »

Le bouddhisme fit sa première apparition dans les îles du Soleil-Levant l'an 13 de *Kimmei Tennô* (552), lorsque le roi de Koudara offrit un Bouddha de bronze doré, ainsi que des soutras, des bannières et des dais (2), Le bouddhisme, écrit M. de Milloué, « opéra une révolution considérable dans les formes extérieures du culte national, en apportant la pompe de ses cérémonies et de ses innombrables images ». Il est naturel de penser que la musique et la danse qui accompagnaient les fêtes et solennités bouddhiques furent introduites en même temps que la nouvelle religion. Le *Nihonghi* nous apprend, d'ailleurs, que l'impératrice Souïko, par un décret de 623, reconnut le bouddhisme comme religion d'État et fit reviser les cérémonies de cour sur le modèle coréen (3). L'action de la Corée fut en effet pré-

LES CORÉENS ATSHIKI ET WANI

---

1. *Histoire de l'art du Japon* (*op. cit.*, p. 19). Paris, 1900, et *Nihonghi*, liv. XIX.
2. Le bouddhisme s'était répandu en Chine au premier siècle, et en Corée au IV⁰. Le Bouddha est appelé par les Japonais Shaka.
3. V. Aston, N*ihonghi*, II, p. 357, 398.

pondérante au Japon jusqu'au IX⁰ siècle, et nous savons que le prince *Shôtokou*, épris de musique, jouait du gong coréen nommé *dorosho,* et qu'il ordonna à tous les chefs de famille d'apprendre à leurs enfants la danse *kouré* (1).

A l'époque de *Shyômou I*ᵉʳ (724-748), dit un auteur japonais(2), « le Japon se tourna vers l'Inde comme vers le pays le plus civilisé, et vers la Chine des T'ang comme vers une nation dont la culture n'était pas surpassée ». Aussi les genres importés brillèrent-ils du plus vif éclat au VIIIᵉ siècle, surtout à la cour(3). Le grand effort de propagation du bouddhisme qui signala cette époque mit en vogue le *Zouito-gakou* des Chinois, qui comprend le *gakou* chanté (*San-gakou*), et le *gakou* dansé avec masques (*Bougakou*(4), — le *koma-gakou* des Coréens, — et le *Tenjikou-gakou* des bouddhistes. Au témoignage de M. Hitomi, une danse bouddhique, avec masques et accompagnement musical, fit régulièrement partie des fêtes de la cour et des cérémonies religieuses(5).

Au IXᵉ siècle, l'empereur *Saga* (810-823) composa des poèmes chinois accompagnés de musique.

Le fameux *Sougawara no Mitchizané*, plus connu sous le nom posthume de *Tennjinn-sama,* et honoré comme le dieu

---

1. *Histoire de l'art du Japon* (*op. cit.*), p. 37.
2. Id., p. 64. « La Chine, dit M. de Rosny, a toujours vécu dans le passé... C'est en étalant les fastes de son antiquité reculée, qu'elle devait d'abord fasciner l'imagination des insulaires du Nippon,... qui virent dans cette civilisation du continent, un grand modèle à suivre et à imiter » (*La Civilisation japonaise*, p. 120. Paris, 1883. Leroux, éd.).
3. Ouhara Rokoushiro, *Rev. franç. du Jap.*, p. 226. (Tôkyô, 1893).
4. V. *supra*, *Hada Kawakatsou*.
5. *Le Japon,* Paris, 1900, p. 195. Au XIᵉ siècle, les genres importés avaient une forme bien définie. Les chroniques font mention d'une collection de 90 *royei*, publiée en 1070, et ajoutent que l'*imayo* était en grande vogue sous l'ère *Enghi* (901-922). Ce sont des genres japonais.

de la calligraphie, adopta aussi le style chinois. L'influence du bouddhisme devint si puissante, après *Mitchizané*, que deux ouvrages spéciaux, le *Monjo* et le *Shakkyo* (commentaire de la doctrine de Çakya-Mouni), furent ajoutés à chaque recueil de chansons(1). Cette influence fut également notable sur la musique (2).

Toutefois, les spectacles d'importation ne réussirent pas à s'implanter dans le peuple, qui restait pieusement attaché au *Yamato-gakou* de ses pères. La résistance des prêtres du *shinntô* aux innovations conserva aux cérémonies du culte traditionnel toute la pureté des rites consacrés, et maintint le genre scénique national dans le cadre des danses sacrées accompagnées de musique et de chant. Enfin l'hostilité des grands contre l'introduction de jeux d'origine étrangère dans les cérémonies de la cour se manifesta par la faveur croissante accordée aux genres japonais sortis de la *kagoura*(3). Néanmoins, suivant M. Foukoutchi, le *Zouito-gakou* et le *Koma-gakou* furent usités dans les cérémonies officielles jusqu'à la fin de l'administration officielle directe (1192). L'influence chinoise persista même plus longtemps sur une certaine école de *daïmyo* et d'érudits. En plein XVIIe siècle,

---

1. OOUCHI, *Hansei Zasshi*, vol. XII, n° 6, p. II.
2. Le second fils de l'empereur Saga, le prince *Makoto*, avait pour la musique un goût aussi vif que le prince *Shôtokou*. Un jour, dit M. Hitomi, « il jouait du *koto* à minuit, et à mesure que la nuit s'avançait, son esprit était inspiré davantage, sa musique devenait de plus en plus mélodieuse. Le monde était endormi dans le silence et les ténèbres. Les accords de son instrument étaient le seul bruit que la terre fît entendre. Tout à coup il vit sur le bord de la fenêtre une chose lumineuse. C'étaient plusieurs sylphes qui dansaient. Une lumière enveloppait leurs corps légers comme des papillons. Makoto pensa que c'étaient des êtres surnaturels descendus du ciel pour écouter son chant et danser aux accords de son *koto* ».
3. NIHONGHI, II, 227, 357, 398.

les quatre « artistes officiels » dans le drame lyrique présentèrent au shogoun *Iyémitz* un mémoire qui développait minutieusement, dans un style à la fois prosaïque et mystique, les lois de la représentation, en se fondant sur les influences diverses *Yang* et *Yin*, du principe actif et du principe passif de la philosophie chinoise (1).

En somme, les *gakou* bouddhiques n'obtinrent jamais le succès ou seulement l'admiration prodiguée par les Japonais à d'autres manifestations de l'art, de la littérature et de la philosophie chinoises. Les genres étrangers ne pénétrèrent pas dans le drame nipon proprement dit; s'ils furent estimés dans les cercles restreints des lettrés, le public les ignora volontairement, systématiquement, par esprit d'attachement à la tradition nationale. La popularité de telles œuvres fut si restreinte que la musique qui les accompagnait ne nous est point parvenue (2).

1. *Cornhill Magazine,* vol. 34, p. 480, 1876, Londres.
2. V. Foukoutchi-guèn-Itchiro, *Kokouminn-no-Tomo* et, *Far East*, vol. I, n° 4, mai 1898.

Les Danses Nationales

Sambashô et Shirabyoshi

Le IXᵉ siècle est le point culminant de l'histoire du Japon primitif. C'est un âge de transition et de prospérité. La race japonaise est constituée. Le peuple, maintenu dans les cadres d'une forte organisation sociale, prend conscience de son génie propre; l'âme nationale se forme au contact de la civilisation chinoise, avec sa puissante originalité et sa féconde activité. C'est le siècle du bonze réformateur *Kôbô-Daïshi*, de l'illustre *Kanaoka*, le premier des grands peintres japonais, de *Mitchizané*, à la fois artiste et moraliste; c'est en un mot l'époque de formation intellectuelle d'un peuple à l'esprit vivant, souple et subtil, qui s'épanouira, dans tout l'éclat de sa puissante vitalité, sous la protection des *Foudjiwara*.

Le peuple japonais, à cette époque, imita d'abord l'art dramatique des *T"ang* et la musique chinoise, mais bientôt, soucieux de revendiquer la spontanéité de son génie, il créa une nouvelle musique qui semble « avoir immédiatement donné l'essor à un art neuf et original... Cette musique trouva sa place dans les cérémonies du culte, dans les fêtes bouddhiques, les banquets, etc. C'est là un trait notable des mœurs de cette époque (1) ».

A cette époque, l'art du théâtre s'enrichit d'une danse nouvelle, qui s'est perpétuée jusqu'à nos jours. L'origine de cette danse se rattache à une légende rapportée par M. Bousquet (2), et qui présente une analogie singulière avec le récit des historiens latins sur l'introduction des jeux de la scène à Rome, pendant la peste de 363 av. J.-C. (3).

Sous le règne de l'empereur *Heijo*, en 807, un abîme se creusa soudain, près de Nara, et une fumée pestilentielle, s'exhalant du sol, répandit partout la mort (4). « Pour conjurer le fléau, les prêtres du temple voisin eurent l'idée d'exécuter une danse emblématique sur un tertre gazonné situé devant leur sanctuaire. La fumée cessa de s'élever comme par enchantement; ce fut la consécration du drame (5). »

Remarquons encore qu'à Rome, les représentations données par les bateleurs étrusques n'admettaient, d'après le témoignage formel de Tite-Live, ni le chant, ni la parole :

---

1. *Histoire de l'art du Japon*, Paris, 1900, p. 90.
2. *Le Japon de nos jours*, Paris, 1877, I, p. 371.
3. V. le récit de Valère-Maxime, II, 4.
4. Il s'agit probablement d'une solfatare.
5. Un commentaire signale que les habitants de Nara brûlèrent des monceaux de bois pour dissiper les odeurs méphitiques qui se dégageaient du sol entr'ouvert. « Le feu, étant l'influence mâle, devait servir d'antidote à l'influence féminine représentée par la fumée délétère (Cf. la doctrine chinoise de *Yang* et *Yin*, l'influence mâle et l'influence femelle qui se manifestent en toute création). MITFORD, p. 150.

« c'étaient uniquement des danses accompagnées de musique(1), » comme le *sambashô* de Nara.

Notons une autre coïncidence. C'est aussi à la suite d'un vœu pour obtenir du ciel la disparition d'une peste affreuse, que les représentations de la Passion ont été conservées à Oberammergau, tandis qu'elles étaient interdites dans toute la Chrétienté par l'autorité ecclésiastique(2).

En souvenir du miracle qui apaisa les dieux de l'Olympe japonais, la danse *sambashô* précède encore les spectacles de nos jours. « Un acteur costumé en vieux prêtre s'avance sur la scène, et, l'éventail à la main, exécute un pas rythmé accompagné par le chant plaintif du chœur, qui rappelle dans une mélopée fort obscure la miséricorde des dieux sauveurs. Ici, comme partout, les légendes chevaleresques ont avec les miracles un berceau commun, et la danse propitiatoire qui suit immédiatement le *sambashô* est consacrée à la glorification de *Yorimits*, une sorte de saint George asiatique, vainqueur d'un dragon qui désolait jadis Kiōto et avait même chassé le mikado de son palais (3).

---

1. D'après Jeanroy et Puech. — V. Nageotte, *Littérature latine*, p. 41.

2. Voici le texte de la tradition locale, conservée dans le petit bourg d'Oberammergau : « En 1633, la peste faisait des ravages terribles dans notre pays; il semblait que personne ne dût échapper au fléau. Les autorités d'Oberammergau faisaient bonne garde, veillant à ce qu'aucun germe contagieux ne pénétrât chez nous. Jusqu'au jour de notre kermesse, personne n'avait été atteint. Mais la veille de la fête, un des nôtres, nommé Gaspard Schischler, résidant alors à Eschenlohe, où il travaillait, se mit en tête d'aller voir, à la faveur de la nuit, ce qui se passait chez lui et ce que devenaient sa femme et ses enfants. Le lendemain, il n'était plus qu'un cadavre, et en une semaine, 84 personnes succombèrent au fléau. En une telle détresse, nos conseillers d'État s'étant réunis, firent vœu, pour fléchir le ciel, de faire représenter tous les dix ans, par les habitants de la commune, le Mystère de la Passion. A partir de ce moment, la peste ne fit plus une seule victime parmi nous. »

3. G. Bousquet, *op. cit.*, p. 371.

Au X⁰ siècle, dit Piggott, « la poésie, la danse, les arts et les sciences brillèrent d'un vif éclat, sous l'heureuse protection de la cour et d'un bureau musical (1) ».

Au début du XII⁰ siècle, dans le palais de l'empereur *Toba* (1108-1123), prit naissance le *shirabyoshi*, danse féminine qui devint rapidement populaire, « et remplaça décidément les autres danses, dont les hommes avaient eu jusque-là le monopole (2). Elle fut exécutée pour la première fois par deux danseuses célèbres, *Shima-no-Tchitosé* et *Waka-no-Mayé*, qui renoncèrent à l'*otoko-maï*, nommée *danse des hommes*, parce qu'elle comportait l'emploi d'une longue robe blanche (*suikan*), d'un chapeau élevé (*éboshi*) et d'une épée (*shirasaya-maki*) (3).

La nouvelle danse *shirabyoshi* abandonna l'*eboshi* et l'épée, pour ne conserver que le long manteau blanc. Les danseuses de *shirabyoshi*, dit M. Hitomi, furent les premières danseuses professionnelles (4).

---

1. *The Music of the Japanese*, op. cit., p. 18.
2. E. BERTIN, *Les grandes Guerres civiles du Japon*, p. 118.
3. V. MITFORD, *Tales of old Japan*, p. 151.
4. *Le Japon*, 1900, p. 196.

Ce récit emprunté au roman historique *Heiké-Monogatari*(1) nous apprend que les danseuses portaient le costume masculin et qu'elles chantaient en dansant. L'accompagnement musical était généralement limité à l'usage du tambour (2). Aussi lorsque la danseuse *Hotoké-Gozéin* réussit à séduire par sa grâce et sa beauté le fameux chef Taïra *Kiyômori* (3), elle employa seulement le *tzoudzoumi* pour accompagner ses évolutions chorégraphiques. La musique chinoise, au contraire, employait des instruments à trois cordes et à trois tuyaux. La chronique de *Yoshitsné*(4) rapporte cependant que *Hotoké-Gozéin* dansait avec accompagnement du *kamo-gané*, de la flûte et du tambour. Aussi,

---

1. Vol. I.
2. Foukoutchi-guèn-Itchiro, *Far East*, vol. I, n° 3, 1898.
3. Kiyômori, dit M. Bousquet, est un personnage d'une grandeur antique. En 1159, il triompha de ses rivaux, les *Minamoto*, qu'il fit tous massacrer, à l'exception de *Yoritomo*, qui devait prendre sur la famille de son ennemi une si terrible revanche. Quand il mourut, en 1181, il recommanda à ses fils d'apporter sur sa tombe la tête de Yoritomo.
La Bibliothèque Nationale possède une peinture de l'école de Toça, qui représente Kiyômori arrêtant le soleil : le célèbre Taïra est à la tête d'une procession, sur la terrasse de son palais de Foukouhara, qui s'avance dans la mer comme une jetée; et il fait avec l'éventail un geste impératif : Arrête !
4. *Yoshitsné* est le plus populaire des héros japonais. Dans le massacre de sa famille par Kiyômori, il obtint la vie sauve, à la condition de se faire bonze. Il fut placé dans un monastère, d'où il sortit à l'âge de 15 ans, triompha de l'invincible Bennké, qui devint son fidèle compagnon, et contribua à la défaite des Taïra à *Dan-no-Oura*. Mais son frère *Yoritomo*, devenu *sotsouihoshi*, prit ombrage de sa gloire et de ses triomphes. Il mit sa tête à prix. Yoshitsné dut s'enfuir et se donner la mort avec ses compagnons. La légende prétend cependant qu'il vécut à Eso ou peut-être dans la Tartarie septentrionale. Quelques historiens l'identifient avec Genghis-Khan, son contemporain. Ses aventures ont inspiré une foule d'artistes, comme *Hiroshighé*, et donné lieu à beaucoup de drames (V. plus loin).

dit M. Foukoutchi, le *shirabyoshi* ne se borna pas nécessairement à l'emploi du *tsoudzoumi*, « qui est cependant le principal instrument de la danse *Nô*, car il n'est pas douteux que le *Nô* actuel dérive, avec divers changements, de la danse féminine *shirabyoshi*(1) ».

1. *Kokouminn-no-Tomo* (1897).

BOIS SCULPTÉ DU XVIIe SIÈCLE
(*Musée Guimet*).

Développement du Sarougakou

A la fondation du *shogounat* par *Minamoto Yoritomo*, en 1192 (1), à quel point de développement est arrivé le genre dramatique au Japon ?

Autant que nous pouvons le savoir, le *zouito-gakou* et le *koma-gakou*, genres importés de la Chine et de la Corée avec le bouddhisme, furent représentés pendant plusieurs siècles dans le cercle assez réduit de l'aristocratie et du clergé bouddhiste. Les monastères, dit M. Chamberlain,

---

1. Le titre de *shôgoun* existait depuis le premier siècle av. J.-C. Il désignait les chefs des quatre divisions militaires qui se partageaient le Japon. En 797, fut créé le titre de *sei-i-taï-shogoun* (généralissime contre les Barbares). En 1192, Yoritomo reçut ce titre, s'établit à *Kamakoura* et devint rapidement indépendant de l'empereur. Sous les *Tokougawa* (1603-1868), le shogounat put être assimilé à une royauté effective, ne laissant au *mikado* que la souveraineté nominale. En 1868, l'« empereur céleste » a repris le pouvoir et supprimé le *Shogounat*, nommé parfois à tort *Taïkounat*.

Le premier shôgoun, Yoritomo, tira du néant la bourgade de Kama-

étaient à peu près les seuls refuges du savoir et du goût en ces époques troublées(1). Mais, comme il arrive aux organismes isolés dans une atmosphère confinée, ces créations étrangères ne purent s'épanouir. Une rénovation pouvait leur venir du contact rude et vivifiant de la foule. Devant un auditoire choisi et restreint, ils s'immobilisèrent dans leur forme primitive. Ils ne montrent, dans la suite des temps, aucune modification essentielle.

De même, au XII° siècle, la musique et la danse nationales (*yamato-gakou*) se fixèrent dans l'uniformité hiératique des procédés. Ce genre scénique se mourait. La révolution de 1192, qui aboutit à l'établissement du shogounat de Kamakoura, exila le traditionnel *yamato-gakou* à la cour de l'empereur céleste, à Kiôtô. Il s'y desséca et dépérit. Son souvenir même s'effaça de l'esprit du peuple, adonné désormais à la danse *shirabyoshi* et au primitif *dengakou* (2).

De ces deux genres, qui continuent l'évolution commencée avec le *wazaoki*, sortira le *sarougakou*, puis le *nô*, ou drame lyrique.

---

koura, en y établissant sa résidence. Il ne reste plus guère aujourd'hui de cette capitale qu'un nom illustre, un site magnifique et un gigantesque Bouddha de bronze. Les *Tokougawa* se fixèrent à Eddo (auj. Tōkyō) au XVII° siècle.

La cour impériale résida pendant le VIII° siècle à Nara, dans le Yamato, puis à Kiôtô (auj. Saïkio), de 794 à 1868. A cette dernière date, Tōkyō, capitale shogounale, devint le siège du gouvernement mikadonal.

Notons que c'est à partir de l'an 1200 que les empereurs prennent dans les annales le nom de *Mikado*, au lieu de *Daïri, Soumèra, Tennô* ou *Tenshi*.

1. *The classical poetry of the Japanese*, op. cit., p. 12.
2. V. sur le *dengakou* (chant des premiers riz), *supra*. Cette fête rustique était célébrée dans les champs, parfois en présence de l'empereur.

A la fin du XIIᵉ siècle, le *dengakou*, ce grossier divertissement des fêtes champêtres de l'antiquité, tombe en discrédit, et fait place à un art moins vulgaire, d'une forme scénique moins élémentaire, au *sarougakou* (1).

« Le *sarougakou*, suivant M. Foukoutchi-guèn-Itchiro, est un *gakou* sans en être un, comme le singe est un homme sans être un homme. » En effet, sarou-gakou signifie littéralement musique-singe. Les caractères 猿 樂 étaient mal prononcés, comme *sarougakou*, et il semble, d'après quelques ouvrages anciens, que parfois les caractères 猿 朱 étaient usités à leur place (2). Les avis des lettrés sur ces divers idéogrammes sont partagés. L'étymologie de M. Takashima semble plausible : le terme *sarou-gakou* serait une corruption du mot *san-gakou*, qui désigne la musique vulgaire en Chine. A l'origine, le terme *sarougakou-no-Nô* était employé par analogie avec le terme *dengakou-no-Nô*, mais dans le cours des âges le mot *dengakou* disparut pour ne laisser subsister que le terme général de *sarougakou*.

L'époque du premier shôgoun est marquée par un progrès décisif du *sarougakou*, qui prit graduellement la forme d'un art dramatique complet. Jusque-là, c'est par la danse que les artistes japonais, comme les anciens Grecs, suivant Aristote, « représentaient le caractères, les passions, les actes (3)... Désormais le *sarougakou* complètera la signification des mouvements rythmés et de la mimique par le chant d s vers *(outaï)* et par l'emploi ordinaire du masque. Les acteurs seront soutenus par un chœur de 10 à 20 chan-

---

1. Piggott, *op. cit.*, p. 24.
2. V. Piggott, *ibid.*, p. 25.
3. O. Navarre, *Dionysos*, Paris, 1895, pp. 212-213.

teurs et par un orchestre de flûtes et de tambours (1). Cette transformation est accusée par un accompagnement musical plus développé et par de nouvelles danses soigneusement réglées dans les temples.

DANSE THÉATRALE, PAR SHŌKŌSAÏ
(Coll. S. Bing)

Le *sarougakou* semble avoir obtenu rapidement une grande popularité. D'après une tradition rapportée par M. de Banzemont (2), l'empereur *Go-Saga* (1243-1246) aurait trouvé dans la bibliothèque de son aïeul Mourakami un manuscrit contenant seize ballades. Il chargea *Emmani*, chef de musique à la cour, d'adapter à ces compositions une partie musicale et chorégraphique. On cite parmi ces pièces le *Tokohou*, le *Ghennji-Kouyo*, le *Kyokoumaï*, qui

---

1. J. HITOMI, *Le Japon*, p. 198.
2. *Revue des Revues*, 15 août 1898.

renferment des traces de l'influence chinoise (1). Ces œuvres, qui marquent les transformations successives du genre, sont déjà des *nô;* cependant, elles conserveront, pour la plupart, le nom de *sarougakou*, jusqu'au XVIIe siècle. Le nouveau système dramatique fleurit également à Kamakoura et à la cour impériale de Kiōtō (2).

1. V. S. ŌOUTCHI, *Influence du bouddhisme*, vol. XII, n° 6.
2. « Le daïri, dit TITSINGH, durant l'année 1422, fit exécuter dans son palais la musique de singes (sarou-gakou). » Note de KLAPROTH (*op. cit.*, p. 329 : « Ce sont des représentations *théâtrales* accompagnées de musique. »

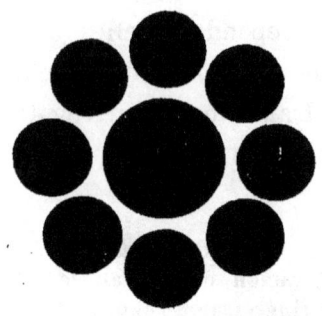

Le Nô

« Le jour où la danse et la musique du Japon, dit M. Aston, furent complétées par un dialogue parlé, le *nô* fut créé(1). » Cette révolution s'accomplit sous le troisième *shôgoun Ashikaga Yoshimits* (1368-1394). Un nouvel intérêt s'ajouta aux représentations habituelles par l'adjonction de deux personnages individuels qui récitèrent les poèmes dans le ton dramatique et donnèrent aux sujets plus d'unité scénique. Ainsi s'accomplissait un progrès décisif vers la transformation du récitatif liturgique en déclamation théâtrale. De ces diverses modifications résulta, suivant M. Chamberlain, un « art semblable à l'ancien drame grec, avec le jeu des acteurs en plein air, la stricte application de la règle des trois unités, l'attitude hiératique des personnages, le chœur lyrique, le sentiment religieux pénétrant profondément l'ensemble de la représentation (2). »

1. Aston, *Japanese Literature*, p. 201. Londres, 1899.
2. *Things japanese*, p. 141.

DRAME SACRÉ

A mesure que la tendance dramatique du *nô* s'accentuait, le chœur et les danses perdaient de leur importance ; l'intrigue gagnait en netteté et en vigueur ; les éléments comiques du *sarougakou* étaient bannis des nouveaux drames et se concentraient dans le *kiyôghèn* (1). « Le nô devenait une sorte de tragédie (2), » ou, plus exactement, d'opéra.

Il est possible que l'idée de compléter par la parole les représentations mimées fût suggérée aux auteurs du XIVe siècle par les récits du *Heïké Monogatari*, chantés par des bonzes voyageurs avec accompagnement de la *biwa*. L'identité de la langue employée dans le *nô* et dans les chants déclamés par les rhapsodes japonais semble confirmer cette opinion (3).

Les *nô* furent d'abord représentés en l'honneur des dieux du *shinntô*. Les théâtres *nô* étaient situés dans le voisinage des temples ; il y en avait quatre à Nara, trois à Tamba, trois à Icé, la ville sainte de la divine Amatéras (4). Le produit des représentations était affecté à de riches offrandes, à des fondations charitables, à des constructions de temples. Encore aujourd'hui les représentations de *nô* sont accompagnées de danses « dans lesquelles des prêtresses du shinntô développent le sens d'antiques légendes par des postures symboliques (5) ». Les sujets, dit M. *Foukoutchi-guèn-Itchiro*, étaient empruntés à la mythologie, à l'histoire, aux légendes

---

1. V. plus loin, p. 93.
2. J. HITOMI, *Le Japon,* p. 197.
3. ASTON, *Jap. Lit.,* p. 203. On trouve dans certains *nô* des phrases entières des *monogatari*, qui étaient d'ailleurs un style rythmé et poétique.
4. ASTON, *Jap. Lit.*, p. 199.
5. OSMAN EDWARDS, *Japanese Theatres* (Trans. of the Jap. Soc., vol. V, 1898-99, p. 145).

guerrières, aux chroniques, et parfois à l'histoire chinoise(1). Les auteurs ne se bornèrent pas, en effet, à mettre en scène des divinités ; ils firent intervenir les héros du Japon, et bientôt les fils pieux et les femmes fidèles (2). C'est le fameux *Kwanami Kiyotsougou*, favori du shôgoun *Yoshimits*, qui fit descendre le *nô* du ciel sur la terre. Dans ses *shoughenn nô*, il célébra les exploits des guerriers célèbres, et la gloire du *shôgoun*, qu'il comparait à la tortue, au pin et à d'autres emblèmes de longévité (3).

Un grand nombre de *daïmyo* ne tardèrent pas à appeler dans leurs palais des troupes d'acteurs pour représenter des *nô* devant leurs hôtes(4). Au temps des Hôjô, « tel était le développement pris par le théâtre que la plupart des généraux entretenaient des troupes d'artistes (5) ».

Le *nô* se développa depuis la fin du XIVe siècle jusqu'à l'époque de Toyotomi *Hideyoshi*, pendant environ deux cents ans. Dans la première année de l'ère *Keicho* (1576), il possédait 700 sujets, dont 200 environ nous sont parvenus (6).

Ce genre de drame lyrique introduisit dans l'art dramatique du Japon l'innovation attribuée à Thespis dans le théâtre grec : l'action pénétra, par le dialogue, dans la scène chantée ou mimée. Dès lors, le drame fut constitué, et à mesure qu'il s'éloigna de ses origines, le dialogue tendit de plus en plus à empiéter sur la musique et la danse. Le mou-

1. *Far East*, vol. I, n° 3, 20 avril 1898.
2. *Ibidem*.
3. De Banzemont, *Revue des Revues*, 15 août 1898.
4. Osman Edwards, *op. cit.*, p. 144.
5. J. Hitomi, *Le Japon*.
6. 235 exactement, d'après l'édition la plus complète (*Yo-Kyôkou Tsoughè*). Sur ce nombre, 15 sont attribués à *Kwanami Kiyotsougou* et 93 à son fils, *Seiami Motokiyo*. V. Aston, *Jap. Lit.*, p. 200.

vement scénique se substitua progressivement aux scènes descriptives.

Cependant le *nô* est à peine un spectacle; les rôles sont au nombre de trois ou cinq, et l'intrigue se borne à un seul épisode (1). Les personnages sont masqués. La musique et la danse gardent toute leur importance. En somme, dit M. Osman Edwards, le *nô* est un drame lyrique et liturgique; il traite toujours, directement ou indirectement, de sujets religieux, car les ancêtres des Japonais sont à leurs yeux, des personnages sacrés (2). La plupart des auteurs de *nô* furent des moines bouddhistes.

Religieux et officiel (3), aristocratique et raffiné, tel nous apparaît ce genre au XVe siècle. En transformant l'ancienne *kagoura* et le *sarougakou*, il a élargi le champ d'idées où se déploie l'action scénique. Il a célébré la vaillance des guerriers, chanté les combats terribles du XIIe siècle, les batailles meurtrières de Yashima, de Dan-no-Oura. A ces scènes pathétiques, les cœurs vibraient d'enthousiasme et d'émotion, unissant dans un même sentiment de profonde admiration et de pitié tragique les dieux immortels et les héros magnanimes. Les danses, lentes et mystérieuses, réglées par un rituel compliqué, exprimaient d'antiques symboles et perpétuaient les pratiques religieuses des prêtres d'autrefois (4). C'était un drame divin et humain à la fois, car « dans le demi-sommeil où rêve le vieil Orient,

---

1. Aston, *Jap. Lit.*, p. 204.
2. *Trans. of the Jap. Soc.*, vol. V, 1898-99, part. II, p. 145.
3. La cour des *Tokougawa*, selon MM. Appert et Kinoshita, n'admit pas d'autre danse que celle du *nô*, et les acteurs comptaient parmi les fonctionnaires (*Ancien Japon*, p. 211. Tōkyō, 1888).
4. Observons que les femmes prenaient part aux danses *nô*. Elles sont aujourd'hui, — sauf exceptions, — exclues de la scène japonaise, mais elles tiennent une place importante dans l'histoire du théâtre. La

du monde des hommes au monde des dieux la transition est facile... Une échelle merveilleuse se dresse, qui relie la terre au ciel ; sans cesse des êtres inférieurs nés dans les ténèbres de la base, s'élèvent jusqu'aux degrés supérieurs, où soudain ils se revêtent de lumière ; tous les hommes sont des dieux en puissance, et les dieux ne sont guère que des héros glorifiés (1) ».

Le *nô*, avec son mélange de paroles, de musique et de danse, s'accompagne de chants choraux. Ainsi les fonctions de l'auteur tragique en Grèce comprenaient le chant, la déclamation et la mimique (2). De plus, le *nô* possède un personnage « qui sert d'intermédiaire poétique entre l'acteur et le spectateur, qui s'adresse parfois aux héros de la pièce pour leur donner du courage ou de la prudence, qui conseille les uns, invective les autres, qui annonce, explique et conclut... c'est le chœur antique dans toute sa pureté (3) ». Par ses indications, il supplée aux décors absents, dispense les personnages de monologues invraisemblables, rend les confidents inutiles et raconte parfois les scènes que miment les acteurs (4).

Il n'est pas toujours facile d'assigner à chaque *nô* son auteur véritable, les Japonais ayant coutume d'attribuer au chef d'une dynastie d'auteurs toutes les pièces composées par ses descendants. D'autre part, les acteurs composaient

---

prêtresse *Okouni*, qui créa le théâtre vulgaire, au XVIIe siècle, était une danseuse de *nô*.

1. M. Revon, *Hoksaï*, p. 266.
2. V. Croiset, *Litt. gr.*, III, p. 142. Dans la tragédie grecque, les vers étaient, dit M. Uri, soit récités, soit psalmodiés avec accompagnement de la flûte (*Eschyle*, 1898. Intr. XI).
3. Émile Guimet, *Le Théâtre au Japon*, Paris, 1886, p. 11.
4. *Revue française du Jap.*, série III, n° 3, p. 79.

eux-mêmes leurs pièces avant de les représenter. Tel est *Youizaki Jirô Kiyotsougou,* qui depuis longtemps exécutait les *kagoura* au temple *Kasouga,* à *Nara,* lorsqu'il fut admis au service du shôgoun *Yoshimits.* Il changea alors son nom en celui de *Kwanami* et mourut en 1406.

Un fait digne de remarque, dit M. Aston, c'est que ce *Kwanami* était un petit daïmyô, possesseur d'un fief dans la province de Yamato (1). Les acteurs de *nô* étaient souvent des personnages de haut rang, tenus en grande estime, contrairement aux acteurs du théâtre populaire, ces « mendiants de la rivière », comme on les appelait au XVIIe siècle, qui étaient rangés, suivant Metchnikoff, dans la classe des *hi-nin* (pas hommes) (2).

L'époque des Ashikaga est l'âge d'or du *nô.* Le premier représentant de la famille d'artistes connue sous le nom

---

1. *Jap. Lit.,* p. 199.
2. De même en Grèce, les acteurs tragiques « participèrent longtemps au caractère sacré de la tragédie elle-même. Ils devaient à leur profession une sorte d'inviolabilité » (CROISET, *Litt. gr.,* III, p. 85).

patronymique de *Kwanzé, Kwanami Kiyotsougou,* vécut à la cour du shôgoun *Yoshimits,* et composa des *shoura-nô* (nô guerriers) et des *jo-nô* (nô féminins). Il eut pour successeurs son fils aîné *Seiami Motokiyo, Motoshighé.* Ils avaient commencé par représenter des *kagoura* (1).

En peu de temps, ils réussirent à accommoder l'ancienne manière au goût des nouveaux maîtres du Japon ; ils renoncèrent aux divertissements de la cour impériale et à la musique chinoise ; ils constituèrent un art nouveau, conforme à la délicatesse raffinée des esprits de la classe noble, un genre grave, exempt des parties comiques du *sarougakou,* profondément imprégné des doctrines bouddhiques. En certaines occasions, le *shôgoun* lui-même ne dédaignait pas d'y jouer un rôle, et « l'on conserve encore le programme d'un spectacle où les personnages principaux étaient tenus par *Hideyoshi* et *Iyeyas,* qui sont peut-être les deux hommes les plus fameux de l'histoire japonaise (2).

Motoshighé, réputé pour sa piété, ayant aperçu en songe la déesse *Kwanzeon* (3), changea son prénom de *Yousaki* pour celui de *Kwanzé.* Suivant une autre théorie, le nom de *Kwanzé* aurait été formé par la réunion des deux premières syllabes des noms de *Kwanami* et de *Seiami,* père

---

1. V. Mrs. Chaplin Ayrton, *Japanese new year celebrations* (Trans. of the As. Soc. of Jap., vol. V, part I, p. 79).

2. V. Osman Edwards, *Japanese Theatres,* trans. cit., p. 144. *Hideyoshi,* surnommé le « Napoléon du Japon » (1536-1598), qui reçut le titre de *Toyotomi* et prit plus tard celui de *Taïko,* donna sa sœur cadette en mariage à *Iyeyas,* le fameux fondateur de la dynastie *Tokougawa,* qui devait durer de 1603 à 1868. Son tombeau se trouve dans le temple magnifique de Nikko.

3. Autre nom du boddhisattva Kouan-on, personnification de la charité, d'origine indienne. On la représente avec plusieurs visages et une infinité de mains.

et frère de *Motoshighé*. Au printemps de 1460, cet auteur joua pendant trois jours consécutifs, dans des fêtes données pour la reconstruction d'un temple bouddhique. *Aïoï, Yashimé, Kandau*, tels furent les titres des pièces qu'il représenta. A sa mort, survenue en 1473, son fils *Masamori* lui succéda dans la charge de comédien du shôgoun *Yoshimasa*. Il conserva au *nô* sa pureté traditionnelle, comme un héritage des ancêtres. A son époque furent réglées les questions d'étiquette et de jeu théâtral, la disposition matérielle et jusqu'aux dimensions de la scène. La tradition de ces règles, dit-on, s'est conservée jusqu'à nos jours (1).

Trois autres familles ont attaché leur nom à l'histoire dramatique de ce temps : *Emmani* (ou *Komparou*), *Toyama* (ou *Hōshō*), et *Sakado* (ou *Kongō*). C'étaient, avec les *Kwanzé*, les « quatre grandes familles » d'acteurs de *nô* (2).

Suivant M. *Tateki Owada*, le premier représentant de la dynastie *Komparou* fut un certain *Takeda Oujinobou*, né dans le Yamato. Son fils *Soïn* et son petit-fils *Motoyasou* furent aussi acteurs excellents.

Les *Hōshō* s'étaient alliés, par l'adoption, à une famille des *Kwanzé*.

La dynastie *Kongō* est une branche de la sixième génération des *Komparou*. Elle tirait son nom primitif « *Sakado* » d'un petit district du Yamato. *Hana-Kongō* est le plus connu de ses représentants.

Un de ses élèves, *Kiyda Schitchidayou*, fut célèbre par sa valeur guerrière, avant de se distinguer dans les représentations de *nô*. Il obtint la protection du shôgoun *Hidétada*, et imagina en 1610 le genre *Kiyda*, dérivé du genre

---

1. *Cornhill Magazine*, vol. XXXIV, p. 480, 1876.
2. V. *Far East, Nô performance*, t. III, 1898.

Kongô, qui était lui-même une modification du genre *Komparou*. Au début du XVIIᵉ siècle, ces trois formes de *nô* charmaient les loisirs de la cour de Nara, tandis que les *Kwanzé* et les *Hôshô* brillaient à la cour de Kyôtô.

Cinq écoles de *nô* se disputaient donc la faveur des lettrés, trois à Nara et deux à Kyôtô.

Le *Kokouminn-no-Tomo* rapporte que, chaque année, du 7 au 14 février, une représentation de *nô* appelée *Takighi-no-nô* était donnée par trois acteurs des écoles *Komparou*, *Hôshô* et *Kongô*, en l'honneur des dieux shinntoïstes. Ce *nô* était exécuté sur un parterre gazonné, devant la porte sud du temple, et comme la représentation durait jusqu'à la nuit, les assistants allumaient un feu de bois pour éclairer la scène. De là, le nom de *Takighi-no-nô* (nô de bois). Bien que consacrées aux *kami*, ces scènes n'en étaient pas moins pénétrées de l'esprit et des sentiments bouddhiques. Le *nô*, en effet, dit M. Osman Edwards, « offre de perpétuelles allusions à la poésie chinoise et aux écritures bouddhiques (1) ». Il a emprunté au bouddhisme sa mélancolie désabusée, sa conception du néant des choses, de l'écoulement perpétuel et insaisissable des phénomènes, cette teinte de tristesse, enfin, que la philosophie des « Barbares de l'Ouest » a jetée sur le scepticisme souriant de la race japonaise (2). La poésie lyrique, — jusqu'aux *outaï* du nô, — est pénétrée surtout de la théorie *Ingwa-ôhô*, « d'après laquelle chacune de nos actions, bonne ou mauvaise, provoque et amène d'elle-même sa récompense ou sa punition... C'est pourquoi, les fleurs qui se flétrissent, les feuilles qui tombent nous

---

1. *Trans. and proc. of the Jap. Soc.* Vol. V, 1898-99, part. II, p. 144.

2. Par contre, le vocabulaire chinois n'a jamais pénétré dans la poésie dramatique du Japon.

avertissent de la brièveté de la vie ; la lune, dont le disque croît ou décroît sans cesse, enseigne l'instabilité et la fragilité de la gloire humaine ; par la puissance de la vraie doctrine, le sage triomphe des démons et se dégage des mille liens de l'illusion qu'est le monde (1) ».

A la fin de l'époque des *Ashikaga*, la période de composition des *nô* était à peu près terminée. Cependant le *kiya-nô* prit naissance, suivant M. Taketi Owada, au commencement du XVIIe siècle (2).

Le *kwampakou Hideyoshi*, qui possédait toutes les prérogatives d'un *shôgoun*, sans en avoir le titre, imita l'exemple des *Ashikaga* et encouragea le genre *nô*.

Quelques critiques attribuent ces encouragements à des motifs politiques et sociaux. A la suite des guerres civiles, qui, depuis trois siècles, déchiraient le Japon, ne s'éteignant que pour se rallumer plus violentes encore, la bravoure native des guerriers s'était exaspérée en témérité agressive, en agitation belliqueuse et outrancière. Le goût de la vengeance sanglante se développa au point de dominer tout autre sentiment, et, comme il arrive dans les sociétés mal policées, « la *vendetta* remplaça forcément l'action impuissante des lois (3) ». Pour corriger cette propension du peuple, et surtout de la caste des *samouraï*, vers l'esprit d'insensible férocité dont l'histoire nous a transmis d'effrayants exemples, Hideyoshi, d'ailleurs persécuteur des chrétiens, essaya d'humaniser l'âme vindicative et barbare de ses contemporains en leur montrant d'agréables et gracieux

---

1. *Revue française du Japon*, série III, fasc. 3, 1897, p. 80. A l'époque de Yoshimasa, d'ailleurs, les prêtres bouddhistes avaient reçu du shôgoun la direction des divertissements dramatiques.
2. *The Far East* (juillet 1898) : *Nô performance*.
3. G. Bousquet, *Le Japon de nos jours*. Paris, 1877.

spectacles. Il adopta de préférence les danses *Bashô* et *Teika*, qui exprimaient le calme, la sérénité et la joie. Les acteurs favoris étaient de l'école *Komparou* et *Schitchidayou*. Devenu *taïko* (1), en 1592, il fit représenter de nombreux

ACTEUR, PAR RIOUKOSAÏ JOKEÏ

nô devant l'empereur, et nous savons par les programmes que la moitié au moins des acteurs étaient des généraux ou des personnages officiels (2). M. Aston signale que certains enfants de la classe militaire étaient élevés, à cette époque, spécialement pour représenter les *nô* (3).

1. C'est le titre de *kwampa kou* en retraite, ou gouverneur honoraire.
2. V. Tateki-Owada, dans le *Kokouminn-no-Tomo*.
3. *A Japanese Literature*, p. 200.

Malgré des transformations de détail, le *nô* a conservé jusqu'à nos jours la fixité des formes primitives, la permanence des sujets et des types. Les *Tokougawa* favorisèrent ce genre de drame pour la pureté de sa langue et la noblesse des sentiments qu'il exprimait. Les représentations avaient lieu à l'occasion des fêtes, des naissances, des mariages et même des promotions officielles. Mais le peuple fut progressivement banni de ces spectacles, et dans ces derniers siècles, les *daïmyô* seuls et les lettrés de haut rang purent y assister. Le drame lyrique devint purement aristocratique. Dans les *yaski* princiers, aujourd'hui enlevés à leurs anciens maîtres, on retrouve encore l'emplacement de la vaste pièce qui servait de salle de théâtre à une assistance rigoureusement choisie, brillante, raffinée, soumise aux règles d'un cérémonial compliqué, éprise des choses de l'antiquité et pieusement fidèle aux traditions des ancêtres.

Mais dans cette atmosphère raréfiée, où le passé seul était vivant, le *nô* devint un genre froid et conventionnel, guindé et solennel. Tout son mérite consista dans l'archaïsme des sujets, dans le caractère légendaire des personnages, dans la grâce mystique et alanguie des danses sacrées, dans la beauté surannée de ses costumes historiques. Son charme et son intérêt sont purement archéologiques.

Aujourd'hui, dit M. Aston, on voit encore des représentations de *nô* à Tôkyô, Kyôtô, et en d'autres villes (1). L'assistance est composée presque exclusivement de nobles

---

1. Il y a actuellement à Tôkyô six troupes d'acteurs de *nô* avec un répertoire de 250 pièces environ. Bien que la jeune génération juge ce spectacle arriéré, il est encore en grand honneur auprès des conservateurs cultivés, des artistes et des lettrés. Un éditeur de Tôkyô, M. Matsoumoto, a récemment publié une série de 183 illustrations de *nô* en couleur, *Nô no yé,* peintes par M. Koghiô.

et de lettrés; les acteurs sont les descendants des anciens directeurs de théâtre qui créèrent cet art au XIVᵉ siècle. Le spectacle emprunte quelque chose de sacré à son antiquité vénérable. « Jamais, écrit M. Osman Edwards, jamais je n'ai vu pareille attitude dévote chez des acteurs et des spectateurs, sauf, peut-être, aux pièces d'Ibsen ou de Wagner (1). »

Les *nô* sont à peu près inintelligibles au vulgaire. La langue employée est l'ancien idiome du *yamato ;* elle abonde en *makoura-kotoba,* jeux d'esprit, allusions incompréhensibles à des événements historiques mal connus et à des doctrines philosophiques obscures. Les danses sont compliquées d' « intentions », qui échappent aux spectateurs de nos jours et trompent souvent les érudits. La signification de ces attitudes nobles et gracieuses, de ces mouvements étudiés et lents s'est perdue dans la suite des temps; elles semblent cependant exprimer l'adoration d'un idéal divin, la prostration de la créature humaine devant les dieux immortels (2).

Autant que nous en pouvons juger par les spectacles d'aujourd'hui, « les nô ont peu de valeur comme drames (3)». La plupart, surtout les anciens, se bornent à mettre en scène un protagoniste et un deutéragoniste, dont le rôle est d'ailleurs plus effacé (4). *Nakamitsou* est l'une des premières œuvres qui comptent plusieurs acteurs (5). Le procédé habituel consiste à commencer la pièce, qui ne comprend géné-

---

1. *Trans. of Jap. Soc.*, t. V, part II, p. 146.
2. J. Edwin Arnold, *Japonica*, p. 117. Londres, 1891.
3. Aston, *Jap. Lit.*, p. 203.
4. B.-H. Chamberlain, *The classical poetry of the Jap.*, p. 23.
5. V. la traduction anglaise dans *Class. poetry* de Chamberlain, p. 170.

ralement qu'un épisode assez court, par ces mots explicatifs du principal personnage :

« Je suis Nakamitsou, du clan des Foujihara... »

Ou bien :

« Je suis Yamashina Shaji et j'entretiens les chrysanthèmes du palais impérial... »

Le dialogue est interrompu par des danses, traditionnelles, qui sont exécutées avec l'indispensable éventail (1), et par des chants choraux. Les personnages féminins ou surnaturels portent des masques (2). La scène est formée par « une estrade à roulettes surmontée d'un velarium(3) » ; à l'arrière de la scène se tient l'orchestre composé généralement d'une flûte et de deux tambours, tandis que les chanteurs sont accroupis sur des nattes à côté des spectateurs. Leur chant est plutôt une psalmodie. La mise en scène, qui se déploie brillamment dans le théâtre vulgaire, ne tient aucune place dans le *nô* (4).

En général, ces pièces n'ont qu'un acte, et l'action se borne à suivre les trois stades nécessaires de l'intrigue la plus élémentaire : exposition, nœud, dénouement. Plusieurs *nô* sont joués successivement. Aussi, pour ne point lasser les spectateurs et éviter la monotonie, des intermèdes

---

1. « Les éventails sont aussi employés par les acteurs de *nô*, tandis qu'ils chantent leur poème classique... analogue aux vieilles pièces grecques. Les éventails sont généralement munis d'une bande de cuir, pour que le comédien puisse en jouer avec plus de grâce et d'abandon, suivant le mouvement de la danse et le sens du récit (Aston, *Nihonghi*, v. II, part. I, p. 40).

2. V. plus loin.

3. G. Bousquet, *op. cit.*, I, p. 406.

4. V. Mitford, *Tales of old Japan*, I, p. 164.

comiques, appelés *kiyôghèn*, sont représentés après chaque *nô*. Une représentation complète du drame sacré dure plusieurs heures et comprend cinq ou six *nô* et autant de *kiyôghèn*.

Le Kiyôtèn

Si l'éloquence continue ennuie, le sublime soutenu fatigue. Une succession de *nô*, pathétiques et grandiloquents, aux conceptions allégoriques et au langage obscur, finit par émousser l'attention et engendre la monotonie. Chez les anciens Grecs, un élément de gaieté et de variété fut introduit dans la trilogie dramatique par le *drame satyrique*. De même, les Japonais délassent les spectateurs et ravivent l'intérêt par le contraste des spectacles. Ils exécutent comme intermèdes, entre chacun des *nô* représentés dans une même séance, des divertissements comiques nommés *kiyô-ghèn*, qui sont, comme le drame satyrique, « une récréation après l'action (1) ».

1. CROISET, *Litt. gr.*, III, p. 386. — En Chine, pendant toute représentation, « la comédie populaire alterne avec le drame » (M. COURANT, *op. cit.*, p. 345).

Le *kiyôghèn* (littéralement : *folles paroles*) réunit en petites pièces d'un acte les éléments comiques du *Sarougakou*. Il est sans doute aussi ancien que le *nô*, et sorti, lui aussi, des cérémonies religieuses. Cette origine sacrée de la comédie n'est pas faite pour surprendre chez un peuple dont la gaieté souriante attaque par le ridicule les habitants du ciel comme ceux de la terre. N'est-ce pas un prêtre bouddhiste, Kabouyou, qui inventa la caricature, au XII⁰ siècle? Et quelle fantaisie énorme dans la joyeuse troupe des divinités du Bonheur! Quelle verve amusante et peu respectueuse de la majesté des demi-dieux dans la représentation de ces génies, peints par Hoksaï, comme le bon Saïdji, pêchant à la ligne, Katsghèn naviguant sur un sabre qui fend les vagues, Tchoka au repos, l'air calme, avec une gourde énorme, Ghama, bossu, bancal et contrefait, accompagné de sa grenouille blanche à trois jambes! Les divinités japonaises aiment à dépouiller leur dignité surnaturelle pour se livrer à la danse, à la lutte, à des exercices sur la corde, comme Fkouroukoudjou; pour jouer au bilboquet, comme Daïkok, devant un rat ébahi.

UN DIEU DU BONHEUR
(*Hoté* par Korinn).

Tandis que les danses de la religion ancestrale prenaient un caractère toujours plus noble et solennel pour aboutir aux tragédies lyriques *nô*, les scènes comiques de ces danses primitives se développaient dans leur propre direction pour produire le *kiyôghèn*, accessoire presque indispensable du *nô* (1).

Les *kiyôghèn* remplissent les trois ou quatre entr'actes de la représentation. Ils se jouent sans masques, sans accompagnement musical (2). Aussi permettent-ils aux acteurs de *nô* les changements nécessaires de costumes. D'autre part, dit le professeur *Haga*, « le nô, en relatant la mauvaise fortune de ses héros, et la mort prématurée de belles jeunes filles, rend le spectateur sombre et mélancolique, et la répétition de scènes semblables crée naturellement une impression de monotonie (3) ». L'intermède comique ranime l'intérêt et déride les assistants par le contraste de sa gaieté un peu vulgaire avec le ton cérémonieux et parfois pédantesque du *nô*. Il adopte d'ailleurs le pur dialecte parlé de la vie courante et se borne à un dialogue vif et animé (4). Il ne prétend qu'à égayer l'auditoire.

Parfois, — mais très rarement, — le *kiyôghèn* est joué seul. Citons le *Tokaïdo-Hizakourighé*, tiré d'un roman, et le *Hassamba*, qui sont de véritables comédies.

Le *kiyôghèn* raille généralement dans ses scènes la

---

1. « Cinq ou six représentations de *nô* étant données le même jour, quatre ou cinq *nô* sont joués en intermèdes dans le même temps. Tout le monde dit : « Il y a aujourd'hui une représentation de *nô* ici ou là, » ou bien : « Je vais voir le *nô*, » mais on ne dit jamais : « Je vais au *nô* et au *kiyôghèn*. Quand on parle du *nô*, on comprend aussi le *kiyôghèn*, et cela seul montre que le second est simplement un appendice du premier » (Y. HAGA, *On the kyôgen, Hansei Zasshi,* t. XII, n° 8, p. 14).
2. V. A. B. MITFORD, *Tales of old Japan*, 1871, p. 164.
3. *Op. cit.*, p. 14.
4. ASTON, *Japan lit.*, p. 213. — En Perse, comme dans l'Inde et en Chine, suivant Lionel Tennyson, certains personnages parlent en musique, tandis que les autres emploient le style ordinaire de la conversation (*Nineteenth Century*, n° 50). V. aussi l'observation de Kaempfer sur le personnage comique, p. 21.

rudesse campagnarde et les superstitions rustiques (1). Parfois il se borne à exposer le sujet de la pièce, comme un prologue, ou à dénaturer naïvement des danses grotesques : c'est l'*aï-no-kiyôghèn*, une véritable parodie. Le plus souvent, il a une intrigue particulière. Voici l'esquisse d'une pièce commune, d'après M. Haga :

A essaye de voler B, mais sa tentative maladroite étant démasquée avant ou après l'exécution, il subit des reproches amers, et lorsqu'il s'enfuit, il est poursuivi par B. Si C se trouve là pour les réconcilier, la pièce finit en paix. Mais dans la plupart des cas, A et B échangent des horions, et la pièce finit par la fuite du voleur poursuivi par B jusque dans les coulisses (2).

Certaines familles ont fourni plusieurs générations successives de comédiens de *kiyôghèn;* on peut citer les *Ohkoura*, les *Chômyô*, les *Saghi*, les *Idzoumi*, qui ne remontent cependant pas aussi haut dans l'histoire que les *Kwanzé*, les *Komparou*, les *Hōshō* et les *Kongô*, dont les descendants jouent encore les *nô*. Le *kiyôghèn* est d'ailleurs regardé comme un genre inférieur (3). Son caractère vul-

---

1. OSMAN EDWARDS, *Japanese Theatres*, Trans. of Jap. Soc., vol. V, part 11, p. 147.
2. *Hansei-Zasshi*, vol. XII, n° 8, p. 16.
3. On distingue facilement sur la scène un acteur de *nô* d'un acteur de *kiyôghèn* : le premier porte des *tabi* (chaussettes) blanches, et le second, des *tabi* jaunes. Les *tabi* ont le gros orteil séparé des autres doigts. Il était interdit, selon Appert, de porter des *tabi* dans le palais du *shôgoun* (*Ancien Japon*, p. 229).

gaire hâta sans doute l'éclosion du genre dramatique populaire au XVII° siècle.

Il nous reste environ 250 *kiyôghèn,* dont 50 ont été publiés sous le titre *Kiyôghèn Ki.* Quelques-uns ont été traduits par M. Chamberlain, qui leur attribue la plus grande importance « comme seule source de notre connaissance du langage parlé au moyen âge (1) ».

Les personnages sont pris parmi les contemporains : lords féodaux, guerriers, moines, infirmes et estropiés. « Les deux premières classes sont montrées lascives et ignorantes, sottes et lâches, tandis que les membres du clergé sont généralement représentés comme éhontés et immoraux (2). » Sous les Ashikaga, l'implacable oppression du pouvoir, les légendes burlesques de la religion, l'inexpérience des poètes dans l'administration de leur patrimoine, fournirent aussi des sujets aux auteurs de *kiyôghèn.* Comme au temps d'Aristophane, les travers de la société étaient exposés à la raillerie du public, mais le ton restait badin et si peu caustique « que les nobles et les prêtres s'abandonnaient à la joie générale sans songer qu'ils étaient eux-mêmes sur la scène un objet de risée (3) ».

---

1. *The classical poetry of the Japanese,* 1880, p. 189 et appendices.
2. *Hansei Zasshi,* p. 16.
3. *Hansei Zasshi,* p. 16.

Le *nô* et le *kiyóghèn*, étroitement unis, tels sont les éléments du drame sacré depuis le XIVᵉ siècle. Ce genre expose une action dramatique fort simple, qui se déroule dans un cadre historique ou mythologique, au milieu des évolutions rythmées de la danse, bercée par un chœur « quasi grégorien », soutenue par la musique pure des instruments divins, et terminée par une scène de comédie.

Les Masques

Les masques étaient en usage, au Japon, dès la plus haute antiquité, dans les cérémonies religieuses. Peut-être faut-il faire remonter leur origine à la légende shinntoïste de *Hohodémi* et de son frère aîné, *Hono Souzori*, qui se barbouilla le visage, dit le *Nihonghi*, avec une boue rougeâtre avant d'exécuter sa danse *wazaoki* (1). Ainsi, en Grèce, écrit M. Croiset, « il n'est guère douteux que le masque tragique n'ait eu une origine religieuse. De tout temps, dans les fêtes rustiques de Dionysos, on s'était barbouillé de lie et couvert la tête de touffes de plantes dont le feuillage retombait comme une sorte de voile (2) ». Nous savons aussi que la déesse Oudzoumé s'était couronnée de feuilles pour

---

1. V. plus haut, l'histoire du premier *hayabito*.
2. *Litt. gr.*, t. III, p. 86. A l'origine, les acteurs grecs se passaient simplement une couche de *minium* sur le visage ; on usa ensuite de pièces d'étoffe ou d'écorces d'arbres. Eschyle inventa le véritable masque tragique.

exécuter ses danses; ainsi Thespis, s'il faut en croire Suidas, se servit pour se masquer de touffes de pourpier (1).

Au début, l'usage des masques mobiles au Japon fut réduit au *guigakou* (musique seule), au *bougakou* (musique et danse), aux fêtes shinntoïstes et aux assemblées bouddhistes (2). Il passa naturellement des cérémonies liturgiques dans le drame sacré, mais il ne semble pas que son emploi se soit étendu au genre vulgaire moderne. Il se borna au *nô* et au *kiyôghèn*.

Le trésor du temple d'*Idzoukou-Shima* possède des masques en bois sculpté et laqué des IXe, XIe et XIIe siècles (3). Ces masques primitifs se distinguent par leur composition étrange, leur style énergique et grandiose;

---

1. M. Navarre dit que les Grecs « se façonnaient de grandes barbes avec des feuilles; une pierre gravée nous montre un Silène affublé d'une barbe végétale... Le masque, en Grèce, n'est pas création réfléchie de quelqu'un des anciens poètes: ce n'est qu'un très vieux rite du culte dionysiaque, dont le drame a hérité » (O. NAVARRE, *Dionysos*, p. 143., Paris, 1895).

2. D'après la grande *Histoire de l'art du Japon*. Paris, 1900. — Les masques apparaissent aussi dans les cérémonies funèbres. Il est fait mention dans les vieilles annales d'un personnage qui précédait le convoi et portait un masque à quatre yeux disposés en carré. — Les jeux qui accompagnaient les funérailles semblent répondre au sentiment universel qui porte les hommes des civilisations primitives à réjouir le défunt par des divertissements variés. C'est ainsi qu'à Rome, « pour obéir à la loi des Douze Tables, ... lorsque les femmes et les jeunes filles pleuraient un mort regretté, les flûtes gémissaient au milieu des *naenies* funèbres » (LAVOIX, *Hist. de la Musique*, p. 60). Cf. les jeux célébrés par Énée en l'honneur de son père, sur le rivage sicilien (*En.*, V, v. 103 sqq.).

3. Il y avait cependant des sculpteurs de masques au VIIIe siècle, et peut-être dès le VIe. Les plus anciens artistes dans ce genre ont été divinisés: le prince *Seïtokou*, *Tankaï ko*, *Kôbô Daïshi* et *Katzouga tori*. — Pendant l'Exposition de 1900, le pavillon japonais du Trocadéro a exposé plusieurs masques appartenant à la maison impériale; l'un d'eux, masque de *guigakou*, datait du VIIIe siècle.

ils sortaient tous des ateliers de Nara. Plus tard, les masques de *nô* présentent des types de plus en plus affinés, « qui perdent en grandeur hiératique ce qu'ils gagnent en expression, en variété, en délicatesse de travail; ils évoluent insensiblement vers le rendu plus réel de la vie (1). »

La sculpture de masques suivit assez exactement l'évolution des genres *nô*. Au XIVᵉ siècle, « des sculpteurs de masques surgirent, qui se préoccupèrent surtout de l'expression... Quand, de l'école de *San-Kwaubau*, furent sortis *Mitsou-Terou*, *Tchika-nobou* et *Kaukèn*, la sculpture des masques devint un art ayant ses traditions (2) » et qui atteignit son apogée au XVIIᵉ siècle. Il a décliné depuis, et aujourd'hui il est tombé dans l'imitation hâtive des œuvres anciennes. C'est au XVIIᵉ siècle qu'appartiennent les sculpteurs de masques les plus connus : *Yamato Mamori*, prêtre shinntoïste qui imagina des masques pour *kiyôghèn*, la famille des *Kodama*, celle des Démé, représentée par l'illustre *Démé Djiôman*, dont les œuvres sont devenues classiques. Les types qu'il a créés servent encore de modèles aux sculpteurs de *netzké*.

Le nom technique des masques est *omora*. « Ils personnifient des démons, des monstres et des animaux de la mythologie, aussi bien que les personnages décrits dans le drame (3) ». Bien qu'ils évoluent autour de certaines expres-

---

1. Louis Gonse, *Les masques japonais* (*Monde moderne*, 1900, n° 72, p. 747).
2. *Histoire de l'art du Japon* (1900). « A partir du milieu de la période des Ashikaga, les auteurs ont pris l'habitude de marquer les masques à leurs sceaux. Ce sont des sceaux à chaud appliqués au revers du masque. Plus tard, il arrive très fréquemment que les noms expertisés et les noms des experts soient inscrits en laque » (Id., p. 158). V. dans le même ouvrage, pp. 223 et 224, la description de quelques masques d'une époque postérieure (XVIIᵉ et XVIIIᵉ siècles).
3. Aston, *Trans. of the Jap. Soc.*, vol. II, p. 40.

sions consacrées, ils traduisent les mouvements de l'âme les plus divers et les sentiments les plus variés (1).

Les acteurs prétendent reproduire, au moyen du masque, les traits d'êtres qui leur sont apparus en songe. Aussi ont-ils pour les masques une vénération religieuse. Jamais ils n'entrent en scène sans leur avoir offert du *saké* et du riz (2).

L'expression profondément accentuée de ces masques si vivants et si justes dans leur réalisme traduit à merveille le caractère de l'âme japonaise, qui s'est lentement formée au milieu des terribles haines de clans, des guerres inexpiables et sans cesse renaissantes, des rancunes opiniâtres et des vengeances poursuivies avec une farouche persévérance. Car c'était, dans l'antiquité, un monde étrangement barbare et violent, que ce peuple féodal, qui a pu s'incarner dans Yamato-Daké, le Brave du Japon, meurtrier de son frère, triomphateur des mauvais esprits, exterminateur de ses ennemis. Il s'est dépensé, dans l'ancien Japon, une vie et un mouvement extraordinaires. De là vient le goût du peuple pour les représentations monstrueuses, pour les traits violemment accusés des physionomies (3).

Certains masques japonais s'élèvent sans effort, par une simplification hardie des lignes, à la représentation saisissante de caractères abstraits, de types généraux. Ils idéalisent la réalité sans cesser d'être vrais. « Le rire et la colère sont rendus avec une intensité extraordinaire. La série des

---

1. V. *Cornhill Magazine*, vol. XXXIV, p. 479. Londres, 1876.
2. V. *Far East.* vol. III, p. 45.
3. La même observation s'applique aux masques de la tragédie à Athènes, parce que l'ancienne civilisation grecque donne l'idée d'une extrême violence. — PAUL GIRARD, *De l'expression des masques dans les drames d'Eschyle* (p. 7), dans la *Revue des études grecques* (1895), et O. NAVARRE, *Dionysos*, p. 153 sqq.

vices est des plus amusantes. Les nez formidables, les yeux louches, les bouches déformées, les rides et les grimaces truculentes, expriment la férocité et la bestialité de l'homme ; Oudzoumé nous montre ses grosses joues, son éternelle bonne humeur ; le noble daïmio, ses traits pâles et alanguis ; la jeune fille, son « sourire de prunier en fleurs », selon l'expression charmante de l'anthologie japonaise ; la vieille poétesse Komati, qui mourut de faim et de misère au milieu d'un marais, après avoir été la femme la plus belle et la plus enviée du Japon, étale à nos yeux les hideurs de son visage décharné, momifié, édenté (1). »

Les masques japonais, dit Mitford, ne sont pas sans ressemblance avec ceux de l'ancienne Grèce (2). M. Pottier a traité cette question pour les procédés du dessin (3). et M. Louis Gonse atteste que « nulle race, dans son essence intime et dans ses tendances esthétiques fondamentales, ne se rapproche plus des Grecs que les Japonais (4) ». Toutefois, dans l'art hellénique, autant que nous pouvons en juger par les représentations peintes ou sculptées, la grâce, l'harmonie dominèrent toujours ; par contre, les masques japonais atteignent parfois au paroxysme de l'expression grimaçante ; mais s'ils ont moins de noblesse que les masques grecs, ils ont infiniment plus de variété, et peut-être plus de puissance dramatique.

M. Tateki Owada a donné dans le « *Sun* » une classification de masques reproduite par M. K. Müller (5). Quelques-

---

1. L. Gonse, *op. cit.*, p. 77.
2. *Tales of old Japan*, p. 157.
3. Dans la *Gazette des Beaux-Arts* de 1890.
4. *Le Monde moderne*, n° 72, 1900.
5. *T'oung Pao*, mars 1897, p. 7. On trouve dans cet article une liste de masques appartenant au Musée ethnographique de Berlin.
   V. la curieuse collection du Musée Guimet.

uns rappellent les masques de la comédie grecque énumérés par Pollux. Les masques *Okina, Akoujokou* représentent des vieillards méchants (senes austeri), *Oouba, Rōjō,* les vieilles femmes ; *Tobidé, Hanja, Beshimi,* les démons et les fantômes ; *Schishigatchi,* le lion ; *Yakan,* le renard ; *Saroutabidé,* ou *Sarou-beshimi,* le singe, etc.

Les masques souriants et gracieux ne manquent pas. Ce sont les *manbi*, dont les plus beaux sont dus à *Guennsoukè* et datent du *kwampakou* de Toyotomi (1) ; les *komenn*, visages de jeunes filles ; le *djourokou*, employé pour représenter des jeunes hommes comme Atsmori ; le *myakounnan*, masque d'adolescent aux traits juvéniles et au regard pénétrant ; le *waraïjō*, le *shiwajō*, le *maïjo*, figures profondément ridées de vieillards indulgents, les « senes mites » de la comédie classique (2).

Comme les masques de l'antiquité gréco-latine, les *omora* du Japon emboîtaient plus ou moins complètement la tête. Ils étaient en bois, généralement recouvert d'une toile adhérente laquée et peinte, simulant les couleurs naturelles. Les figures de dieux, de génies ou de diables étaient généralement noires, rouges, vertes ou or. « La barbe, les sourcils et les cheveux étaient souvent imités avec des crins... Des trous étaient ménagés à la place des pupilles, de la bouche et des narines. Des cordonnets de soies permettaient d'attacher le masque derrière la tête de l'acteur, et le vêtement en dissimulait les bords, de telle sorte qu'à distance l'illusion était complète (3).

1. V. *Histoire de l'art du Japon*, 1900, p. 179.
2. On peut citer encore des masques de démons qui datent surtout du XVIIe siècle, le *namanari* et le *ghedô*, l'*okamé* boursouflé, le *deigan* à l'œil torve, le *shikami* au sourcil froncé, le *shôjô* « pour les gens à cheveux rouges et portés à la boisson », le *yama no kami* à trois yeux, etc.
3. L. Gonse, *op. cit.*, p. 752.

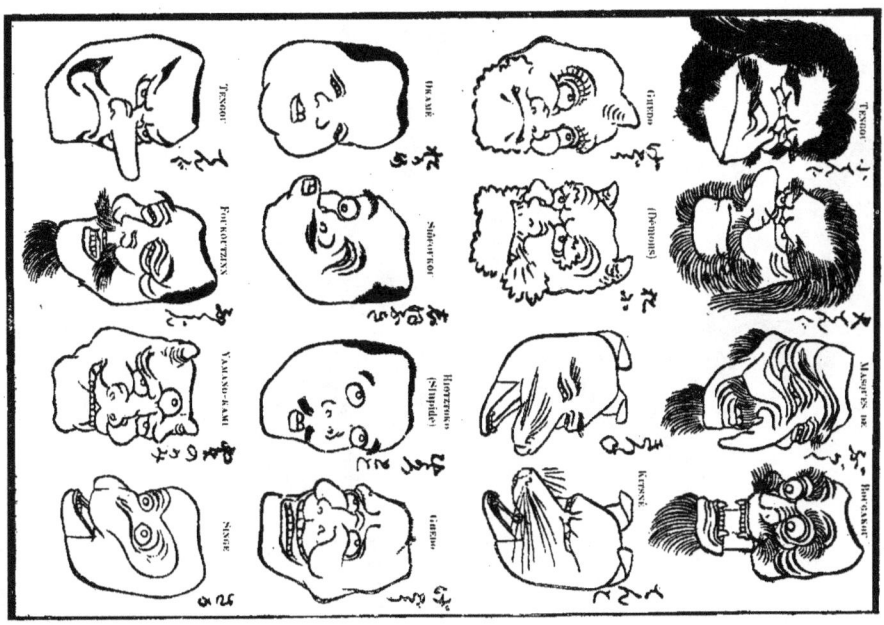

PLANCHE III.

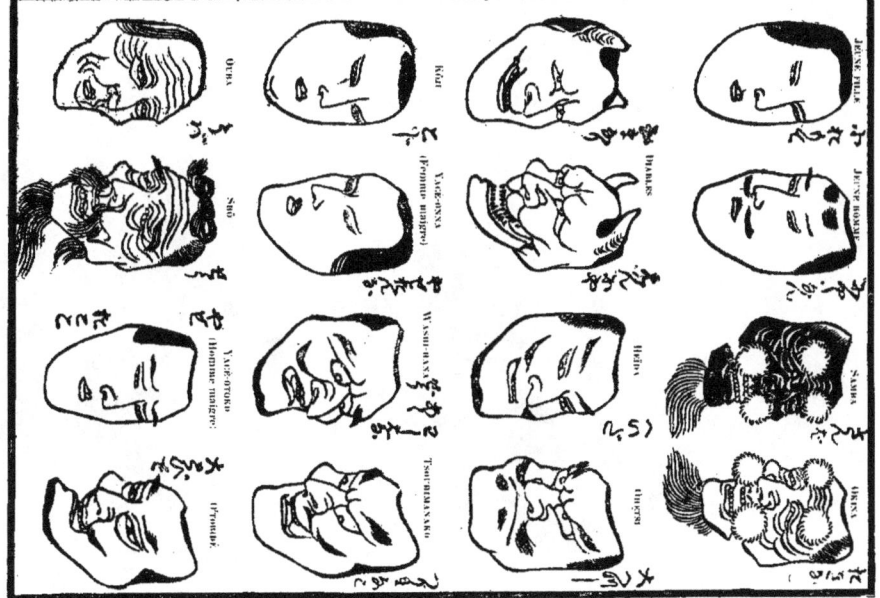

PLANCHE IV.

MASQUES, PAR HOKSAÏ

(Extrait du Japon artistique).

Le masque est employé dans les représentations théâtrales de tous les pays bouddhiques, en Corée, au Tibet, à Ceylan, mais le Japon seul a produit de parfaits chefs-d'œuvre, des merveilles de plastique expressive et vivante.

FIGURATION DE SINGE PAR UN ACTEUR

(du *Japon Artistique*).

La Langue Dramatique

La poésie occupe dans la composition des *nô* une place importante, surtout pour les développement lyriques et les strophes du chœur, qui emploient la pure langue *yamato* (1). Mais à côté des *outaï*, de forme exclusivement japonaise et traditionelle, il existe, dit M. Aston, de véritables parties en prose (2).

Nous ne possédons aucune composition ancienne écrite en prose dans le style national. « Au contraire, l'*outa* existait de temps immémorial appelé le Règne des dieux (3). » Le premier *outa*, en effet, aurait été composé soit par *Oudzoumé*, soit plutôt par *Sozano*, qui célébrat par un

---

1. Le vieil idiome du shintoïsme se distingue de la langue vulgaire d'aujourd'hui par les désinences de la déclinaison et de la conjugaison, plutôt que par le système de syntaxe. (V. L. de Rosny, *Introduction à l'étude de la littérature japonaise*, Paris, 1896, p. 71, Leroux, éd.).

2. W. A. Aston, *A history of the Japanesse literature*, p. 291, Londres, 1889.

3. S. Ouchi, *Hansei Zasshi*, vol. XII, n° 6, 11 sqq.

chant de 31 syllabes sa victoire sur le serpent à huit fourches (1). On cite cependant une pièce antérieure aux compositions d'Oudzoumé ou de Sozano, et qui est donnée comme la première production poétique des Japonais : « elle se compose des paroles dialoguées du dieu Izanaghi et de la déesse Izanami au moment où ils se préparent à accomplir leur union (2). »

Quoi qu'il en soit, la poésie nationale *yamato* a exclu rigoureusement les mots chinois; elle n'en a pas admis, selon M. Chamberlain, plus d'une douzaine (3). L'*outa*, poésie composée suivant le système japonais, en opposition avec le *si*, poésie composée suivant ls système chinois, comprend en général 31 syllabes; mais sa forme, comme sa longueur, n'a jamais été rigoureusement fixée : elle dépendait uniquement de l'inspiration du poète. « Tel *outa* se composait de 49 vers, tel autre, de 3 seulement : les vers avaient 3 syllabes au minimum et 9 au maximum (4). »

Les *outaï* des *nô*, qui exercent d'ailleurs par leur obscurité la sagacité et l'érudition des lettrés, présentent le plus souvent des strophes alternées de cinq et sept syllabes. Ils sont d'une haute valeur littéraire, mais n'ont pas la perfection de forme des *tanka*.

Les auteurs de *nô*, qui furent pour la plupart des moines bouddhistes (5), ne se piquent pas d'originalité. Ils se con-

---

1. V. plus haut.
2. L. DE ROSNY, *Yamato-boumi*, chap. IX, p. 327, dans l'*Hist. des dynasties divines*, II, 1887 (éd. Leroux).
3. *The classical poetry of the Japanese*, p. 21.
4. J. HITOMI, *Le Japon*. Paris, 1900.
5. L'éditeur de la collection de *nô Yō-kyokou-Tsoughé*, pense que les *Kwanzé*, donnés comme auteurs, composèrent seulement la musique, la danse, et réglèrent l'ordonnance générale. Les sujets furent l'œuvre de moines bouddhistes.

tentent de transcrire des citations de *tanka*, des maximes confucéistes, des textes bouddhiques, des proverbes anciens qui trouvent place, avec plus ou moins d'à propos, dans leurs poèmes. Ces compositions n'ont pas les qualités de lucidité, de méthode, de clarté des œuvres classiques. Elles embrassent un monde de fictions légendaires, d'imaginations bizarres et de conceptions religieuses plus intéressantes pour l'érudit que pour l'artiste. Elles sont précieuses pour l'historien, qui y trouve, suivant l'expression de M. O. Edwards, « un trésor de la culture extrême-orientale dans l'antiquité (1) ». Il faut regretter qu'un genre littéraire si plein de promesses se soit montré, en fin de compte, stérile, car la composition des *nô* s'arrêta au XVIᵉ siècle (2).

A mesure, d'ailleurs, que l'importance du chœur diminuait et que le caractère dramatique du dialogue lyrique s'accentuait, la poésie accusait un goût de plus en plus marqué pour les développements philosophiques et moraux, à la façon des chants du *Manyôshiou*.

La facture des *outaï* se distingue par l'emploi fréquent de certains procédés familiers aux poètes du Japon, le *makoura-kotoba*, le *mot-pivot* et le jeu d'esprit. « Une bonne poésie japonaise, dit M. Revon, a toujours, comme nos symboles du moyen âge, deux ou trois sens superposés et reliés par des calembours. »

Le « *makoura-kotoba* », ou « mot-oreiller », suivant la définition de M. Chamberlain, est un mot dépourvu de vie, sur lequel le mot expressif suivant repose la tête (3). C'est une sorte de cheville, une épithète homérique invariable-

---

1. Osman Edwards, *Trans. cit.*, vol. V, part II, p. 149.
2. Aston, *Jap. Lit.*, p. 203.
3. *On the use of « pillow-words » and plays upon words, in Japanese poetry.* Trans. Yokohama. Vol. V, p. 79 sqq.

ment accolée à certains noms, et qui abonde surtout dans les compositions poétiques antérieures au *Manyôshiou* (1).

Le « *mot-pivot* » consiste généralement à lier la dernière syllabe d'un mot à la première syllabe du mot suivant. « Profitant du grand nombre d'homophones que renferme le vocabulaire japonais, les versificateurs du Nipon trouvent un certain agrément à employer, ordinairement à la fin du premier vers, un mot qui, au second vers, ne peut être admis dans le sens général de la pièce qu'à la condition d'être pris dans une acception qu'il n'avait pas tout d'abord (2). Ainsi la première partie de la phrase poétique n'a pas de fin logique (3).

Les jeux de mots abondent dans les œuvres poétiques postérieures à la compilation du *Manyôshiou*, et compliquent singulièrement le sens déjà obscur des poèmes. Le caractère monosyllabique de la langue favorise naturellement la multiplication presque indéfinie des calembours, qui sont si fréquents, si faciles et si appréciés en chinois. C'est le triomphe de l'ingéniosité charmante, mais

---

1. Aussi la blancheur est toujours attribuée aux jeunes dieux japonais : « Adolescent aux bras blancs comme le papier de mûrier. » « Jeune fille à la poitrine blanche comme la neige fondante, » etc. Ce sont les épithètes de couleur ou d'attitude des poèmes d'Homère.

2. L. DE ROSNY, *Anthol. jap.*, Introd., XX.

3. B. H. CHAMBERLAIN, *Sur les divers styles*, *Trans. Yokohama*. vol. XIII, part I, p. 96. — L'effet de ces jeux d'esprit est surtout intéressant et agréable dans les descriptions ; l'expression condensée de plu-

un peu puérile. Aussi des écrivains comme *Hakouseki, Kiousô* et *Motoori* dédaignent-ils ces frivoles ornements.

Les parties en prose des drames lyriques sont en style chinois lu à la japonaise.

La langue parlée, si différente de la langue écrite, se rencontre dans le *kiyôghèn*, où elle peut être étudiée à diverses époques de son développement (1).

Quant à la comédie moderne et populaire, qui naîtra au XVIIe siècle dans le *shibaï*, elle emploie la langue classique, corrompue par l'influence de la langue parlée. La prose comique, qui apparaîtra dans la seconde partie du XVIIe siècle est en style chinois lu à la japonaise; elle appartient à deux écoles principales nommées *Hai-kai-boun* et *Kokkei-boun*.

Le développement de la langue japonaise au théâtre peut se figurer par le tableau suivant, de M. Chamberlain.

sieurs aspects de l'objet le représente plus vivement, en montre en quelque sorte le relief, un peu à la manière d'un stéréoscope, grâce au double point de vue simultanément évoqué (*Rec. franç. du Japon*, série III, liv. III, 1897).

1. *On the mediæval colloquial dialect of the comedies* (*Trans. As. Soc.*, vol. VI, p. 357. Yokohama).

DRAME SACRÉ

Ancienne poésie indigène	**Style chinois**
(*classique*)	(*lu à la japonaise*)

1° Poésie des drames lyriques	2° Poésie comique	1° Prose comique modifiée par l'influence chinoise	2° Portions en prose des drames lyriques

Poésie populaire moderne	Prose comique moderne.

Développement du drame sacré

WAZAOKI

(danse d'Oudzoumé et de Hono-Sousori)

Genres étrangers [VI° siècle]	KAGOURA	YAMATO-MAÏ	DENGAKOU
ZOUITO GAKOU (chinois) KOMA-GAKOU (coréen) TENJIKOU GAKOU (bouddhique)		SAMBASHÒ (IX° siècle) SHIRABYÔSHI (XI° Siècle)	

SAROUGAKOU
(XIII° siècle)

Nô	KIYÔGHÈN
(drame sacré)	(intermède comique)
	[XIV° siècle]

Sujets de nô et de Kiyoghèn

Les nô empruntent parfois leurs sujets à la mythologie japonaise. Le plus souvent, cependant, ils retracent les nobles actions des héros et sont plus ou moins empreints de bouddhisme. Durant la période de composition des drames lyriques, en effet, du XIVe au XVIe siècle, « par suite de la fréquence des troubles et des guerres, la littérature s'était réfugiée dans les temples et à l'ombre des monastères, et c'est de là que sont sortis presque tous les ouvrages littéraires de cette époque (1) ».

---

1. *Revue française du Japon* (3e série, fasc. III, p. 80), 1897.
La teinte de mélancolie qui obscurcit la souriante gaieté des Japonais se retrouve dans toutes les compositions imprégnées de bouddhisme, surtout dans les œuvres poétiques. « Si je contemple la lune, la tristesse m'apparaît de toutes parts, » lit-on dans le *Kokinshiou*.
« La neige qui tombe n'est point celle des fleurs emportées par la tempête ; c'est celle de mes années, » dit un extrait du *Sin-tsyokou-zen-siou*.
Le bouddhisme, — comme chez nous le christianisme, — a certainement altéré la sérénité d'âme naturelle à l'homme et introduit dans les esprits l'inquiétude et le sentiment du néant de la vie.

D'autre part, si le drame japonais paraît issu d'une évolution naturelle, et nullement transplanté des contrées occidentales, on peut se demander si certains procédés de composition n'auraient point pénétré de l'Inde ou de la Chine au Japon avec le bouddhisme. M. *Foukoutchi-guèn-Itchiro* (1) signale en effet le *sino-gakou* et l'*indo-gakou* parmi les représentations scéniques d'origine étrangère. Toutefois, les pèlerins bouddhistes qui, du IVe au Xe siècle, allèrent puiser à sa source la loi du Maître et rapportèrent en Extrême-Orient les livres sacrés de l'Inde, ne semblent pas avoir révélé la technique du théâtre indien aux lettrés chinois et japonais. Ces spectacles les étonnaient sans les intéresser, et autant que nous en pouvons juger, étaient peu ou mal compris (2). Les caractères du drame sacré japonais peuvent d'ailleurs s'expliquer comme le développement naturel du passé religieux et artistique de la race. Le bouddhisme ne paraît avoir importé en Extrême-Orient que l'inspiration générale, certains sujets de drames comme Mâudgalyâyana ou Nagananda, mais nullement des procédés littéraires ou scéniques.

Parmi ces sujets, M. *Takakousou* signale l'histoire du Ṛṣi, *Ekásṛṅga*, passée de l'Inde en Chine et au Japon (3).

Ce récit, d'origine plus ancienne, peut-être, que le bouddhisme, se rencontre au Népâl, au Tibet, au Siam, dans les écritures brahmaniques et bouddhiques. Il rappelle le conte, bien connu dans le moyen âge européen, de

---

1. *Kokouminn-no-Tomo* et *Far East*, III, avril 1898.
2. V. Ed. Chavannes, *Mémoires sur les religieux éminents qui allèrent chercher la loi dans les pays d'Occident*, par I'tsing, et la traduction anglaise de J. Takakousou.
3. *The story of Ekaśṛṅga* (*Hansei Zasshi*, vol. XIII, n° 1. Tōkyō, 1898).

la Licorne qui ne saurait être conquise, sinon par une jeune vierge (1).

Or, l'histoire d'*Ekaśṛṅga* est traitée dans le *nô* connu sous le nom d'*Ikkakou senninn* (2), composé au XVe siècle, par *Motoyas*, et dans un autre drame du XVIIe siècle, *Kaminari*.

La migration de ce récit peut être figurée par le tableau suivant :

Origine du sujet antérieure à l'an 450 av. J. C.

	RÉCITS BRAHMANIQUE		RÉCITS BOUDDHIQUES
Sanscrit	Mahābhārata, III, 110-113 Rāmāyana, I, 8-10. Bhāratamañjarī, III, 158-795, etc.	*Pāli*	Alambousa-jātaka (523). Naḷinika-jātaka (526).
		Sanscrit	Mahāvastou. Bhadrakalpāvadāna, (33). Avadāna Kalpalatā (65).
		Tibétain	Kandjour, IV, 136-137 (après 632 av. J. C.).
		Chinois	Ta-chi-tou-loun, 17 (402-405 av. J. C.).
		Japonais	Le nô *Ikkakou Senninn* (3) *Kaminari*, drame populaire.

Ajoutons que la *Licorne*, fréquemment mentionnée par les écrivains grecs et latins, est en général décrite comme

---

1. V. H. Lüders, *Die Sage von Ṛṣyaśṛṅga, aus den Nachrichten der K. Gesellschaft der Wissenschaften zu Göttingen*, 1897.

2. Littéralement, « l'Unicorne saint ». V. *Übersetzung des Nô : Ikkaku sennin in der zum 70 Geburtstage von* A. Bastian (26 juin 1896 erschienenen Festschrift (D. Reimer).

3. Les *senninn* sont des ermites *taoïstes*, vénérés et fabuleux, dont la superstition populaire a fait des demi-dieux. Quelques-uns, devenus des types légendaires, ont fréquemment tenté le pinceau des artistes.

originaire de l'Inde (1). Le même récit se serait donc répandu en Occident comme en Orient (2).

Cependant la difficulté des communications entre le Japon et l'Inde est mise en lumière par le *Takétori monogatari*. La céleste princesse trouvée par le vieux « ramasseur de bambous », voulant imposer à ses soupirants une épreuve extraordinaire, exige d'eux qu'ils aillent chercher dans l'Inde la tasse de mendiant du Bouddha. Le *Takétori monogatari* date du Xe siècle.

Le nô Hasshi-Bennké ou Bennké au pont
(DE Gôjô A Kyōtō)

Ce drame lyrique a pour héros *Bennké*, ce géant mi-légendaire du XIIe siècle, qui avait la force de cent hommes et fut surnommé, pour tous ses méfaits, *Oniwaka* (jeune

---

1. L'histoire de la Licorne ou Unicorne dans les récits grecs est incompréhensible sans la connaissance du *Ṛṣi Ekaśṛṅga* des Hindous.
2. C'est ainsi que les contes du *Panchatantra* ont circulé parmi les peuples de l'antiquité avant qu'ils fussent reproduits en arabe, en hébreu, en grec, etc. Le conte japonais de l'*Homme à la loupe* est bien connu en Occident. Il figure sous différents noms, et avec des variantes dont la principale est le changement des loupes en bosses, parmi les récits populaires bretons, picards, allemands, irlandais, catalans (V. *Japanese fairy tales series*, Kobouncha, éd. — Tōkyō, 1895). — Cf. *La Migration des symboles*, de M. GOBLET D'ALVIELLA.

démon) (1). Il fut d'abord bonze. Il se proposa de réunir mille sabres, et il en possédait déjà 999, enlevés à des passants auxquels il cherchait querelle. Pour le millième et dernier, il désirait un sabre qui fût vraiment de grand prix. Il se mit donc comme d'habitude à épier les passants près du pont de Gôjô.

Bientôt les sons d'une flûte viennent frapper ses oreilles et semblent peu à peu se rapprocher. Attentif et l'œil aux aguets, *Bennké* distingue bientôt un jeune homme, presque un enfant, revêtu d'un cotte de mailles avec hausse-col blanc, et armé d'un sabre orné de garnitures d'or. A cette vue, il ne se possède plus de joie. « Quelle bonne aubaine ! pense-t-il. Plusieurs fois déjà, et sans grande difficulté, j'ai dépouillé de leurs sabres des hommes forts et courageux. A cet enfant il suffira de demander le sien ; rien que ma voix et mon aspect l'effrayeront assez pour qu'il me le donne. » Et s'avançant vers lui : « Donne-moi ton sabre, » lui dit-il. L'enfant réplique sans s'émouvoir : « J'ai entendu dire dernièrement qu'un individu de ton espèce rôdait par ici. Mon sabre, si tu le veux, viens le prendre. » *Bennké* s'attendait à toute autre chose. « Tiens ! mais il ne se le laisse pas enlever facilement ! » dit-il, et, dégaînant, il se précipite

---

1. Au reste, d'aucuns prétendent qu'il avait le diable pour père. « Les circonstances extraordinaires dont fut accompagnée sa naissance, dit le P. Ferrand, donnent à cette opinion une certaine valeur. » Bennké naquit à dix-huit mois et se mit aussitôt à marcher, à sauter, à courir. (*Fables et Légendes du Japon*, par Claudius Ferrand, série I, p. 89. Tôkyô, 1901).

sur son adversaire. Prompt comme l'éclair, celui-ci, par un bond à droite, évite le coup, et le sabre de *Bennké* va s'enfoncer dans un mur en terre. Pendant qu'il cherche à l'en retirer, l'enfant saute sur lui, le renverse et lui pose le pied sur la poitrine. *Bennké* alors renonce à la lutte et jette son sabre ; l'enfant le ramasse, l'enfonce dans le mur, le plie d'un coup de pied et le rejette vers *Bennkè*, à qui en guise d'adieu, il crie en s'éloignant : « A l'avenir, sois moins impertinent (1) ! »

Cette nuit-là, *Bennké* revint donc à son temple les mains vides, mais la rage au cœur d'avoir été vaincu. Brûlant de se venger, il attendit patiemment la nuit suivante. « Ce soir, pensait-il, il y aura beaucoup de monde au temple de la déesse *Kwanon*, mon adversaire d'hier y sera sans doute. » Et dès les premières heures de la nuit, il était à son poste et attendait ; mais le temps passait, et le jeune homme de la veille ne se montrait pas. La nuit était déjà fort avancée, lorsque enfin un son de flûte se fit entendre. « Quel plaisir ! ce ne peut être que la flûte de cet enfant, » se dit *Bennké* qui, tout joyeux et sans perdre un moment, court dans la direction d'où viennent les sons, et trouve, en effet, celui qu'il cherchait. « Voulez-vous me donner votre sabre ? » lui demande-t-il. « Je ne te le laisserai pas prendre si aisément. Si tu le veux, viens le chercher, » lui répond encore l'enfant. *Bennké* attaque, mais cette fois avec sa hallebarde ; l'enfant pare du sabre, puis : « Je voudrais bien m'amuser toute la nuit ainsi, mais je dois aller à *Kwanon*, » dit-il, et il s'éloigne. *Bennké* se précipite à la suite jusqu'à l'intérieur du temple, où l'enfant, devant la statue de la déesse, ouvre un livre et se met à réciter des prières. *Bennké* les

1. La légende rapporte que Yoshitsné renversa le géant d'un coup d'éventail.

récite avec lui. Au bout d'un instant, il le suit hors du temple, et il renouvelle sa demande: « Attends, je vais t'apprendre... » et ce disant, l'enfant l'assaille violemment à coups de dos de sabre et finit par le renverser; alors, le tenant sous lui: « Consens-tu, oui ou non, à m'obéir et à me suivre! » lui demande-t-il. « C'est évidemment ma destinée. Je vous suivrais, » répond *Bennké*. Le jeune homme alors se nomme: « Je suis *Oushiwaka*, de la famille *Minamoto*. »

Oushiwaka n'est autre que *Yoshitsné*, qui fut sauvé par sa mère du massacre ordonné an 1159 par *Kiyômori*. Un de ces êtres fabuleux appelés *tenngou* lui avait enseigné l'escrime. Ses aventures ont inspiré une foule d'artistes, comme *Hiroshighé* et *Hoksaï*. Il est généralement représenté en compagnie de *Bennké*, qui, plein d'admiration pour son vainqueur, était devenu le plus fidèle de ses partisans.

TRADUCTION

BENNKÉ. — *(Entrant)*. Je suis Bennké, chef du temple *Monsashibô* de *Saïto-Kitadani*. Je réalise enfin un désir depuis longtemps formé, et je vais faire une retraite de sept jours au temple *Jouzenji*. Je veux, dès cette nuit, faire au temple la visite de l'heure du Taureau (1). *(Appelant)* Holà! quelqu'un!
LE SERVITEUR. — Me voici.
BENNKÉ. — Cette nuit, je ferai la visite de l'heure du Taureau au Temple *Kitano*. Tu m'accompagneras.
LE SERVITEUR. — Je vous accompagnerai. Pourtant je voudrais vous voir renoncer à votre intention de faire cette nuit la visite de l'heure du Taureau.

1. Environ 2 heures du matin. Lorsqu'on voulait appeler des malheurs ou la mort sur un ennemi, on se rendait, à cette heure-là, dans un temple, en accomplissant certains rites. Cette manière d'envoûtement était populaire parmi les femmes.

Bennké. — Que dis-tu? Et pourquoi cela?

Le serviteur. — Le voici. Hier, vers le milieu de la nuit, comme nous traversions le pont de *Gōjō*, nous avons rencontré un jeune garçon d'environ 12 ou 13 ans, qui, brandissant un petit sabre, et bondissant léger comme un papillon ou un oiseau, se précipita sur nous et voulait nous tuer. Ce n'est pas sans raison que je cherche à vous retenir.

Bennké. — Papillon ou oiseau, il ne pouvait pas résister à plusieurs adversaires. Pourquoi ne l'avez-vous pas enveloppé et tué?

Le serviteur. — Quand nous cherchions à l'envelopper, il s'échappait avec une adresse étonnante ; impossible de l'approcher.

Bennké. — Bien qu'il ne vous laissât pas approcher, si cependant vous l'aviez attaqué et si vous aviez frappé sans relâche, il aurait fini certainement par être touché.

Le serviteur. — Lorsque nous l'attaquions, il se dérobait en changeant de place.

Bennké. — Quand vous l'enveloppiez...

Le serviteur. — Il nous écartait.

Bennké. — Quand vous vous rapprochiez...

Le serviteur. — Nos yeux...

Ensemble. — Ne l'apercevaient plus.

Le chœur. — C'est merveilleux! C'est extraordinaire! C'est étonnant, étonnant! Nous craignons qu'il ne soit blessé s'il vient à rencontrer cet être étrange. Bien que la capitale soit vaste, elle ne renferme rien de pareil. En vérité, c'est extraordinaire.

Bennké. — S'il en est ainsi, je renoncerai donc à mon intention de faire cette nuit la visite de l'heure du Taureau.

Le serviteur. — Et vous aurez bien raison.

Bennké. — Non, non! Un homme comme *Bennké* ne peut pas fuir sur un simple récit. J'aurai raison de cet être étrange *(Exit)*.

Le chœur. — Voici le soir; bientôt la nuit, la nuit va descendre; la nue déjà a changé d'aspect. Le vent souffle plus frais. *Bennké* attend, attend impatiemment que s'avance la nuit trop lente.

Oushiwaka *(Yoshitsné)*. — Oui, sur la recommandation pressante de ma mère, *Oushiwaka* montera au temple au point du jour. C'est donc ma dernière nuit! Je vais attendre l'instant tout proche où la lumière de la lune glissera sur les vagues de la rivière.

Le chœur. — Où s'en vont les nues dans la nuit ? De la brise nocturne le murmure au loin s'étend. O nuit d'automne! quel spectacle admirable ! Mon cœur saisi soudain en éprouve un frémissement. *Oushiwaka* attend, attend celui qui passe dans la nuit avancée!

Bennké. — *(Rentrant en scène)*. Voici l'instant de la nuit que j'attendais. De la tour du temple les sons de la cloche ont fui, s'éteignant sous les rayons intermittents de la lune qui m'éclaire (1)...

Soudain un son de flûte se fait entendre. Une forme humaine ne tarde pas à se montrer à l'entrée du pont. « La taille est petite : la tête est enveloppée d'un voile blanc ; les pieds sont chaussés de *guéta* laqués en noir : « C'est une femme, » pense Bennké. Et comme jamais il n'a cherché querelle à une femme, il s'apprête à la laisser passer. Mais voilà que cette prétendue femme s'approche du géant, tout en jouant de la flûte, et, d'un coup de pied adroit, jette à terre le sabre qu'il tenait à la main (2). »

1. D'après la *Revue française au Japon*, série III, fasc. III, Tōkyō, 1797.
2. Claudius Ferrand, *Fables et Légendes du Japon*, série I, p. 107 (Tōkyō, 1901).

Le nô
Aoï no Ouyé

La vie de cour à Kyôtô, avant le shôgounat, a été peinte pour la postérité dans les pages fameuses et interminables du *Ghenndji Monogatari* (1); mais les mœurs de cette époque sont représentées d'une façon plus vivante et non moins fidèle dans les « miniatures dramatiques » telles que *Aoï-no-Ouyé*, la douloureuse femme du prince *Ghenndji*.

Le thème de ce drame lyrique, c'est la jalousie, cette inextinguible jalousie, qui se torture elle-même, et qui est, de tous les démons, le plus difficile à chasser. La pauvre possédée, qui donne son nom à la pièce, n'apparaît point sur la scène. A sa place une longue bande de brocart, pliée de façon à figurer un lit de malade, est placée auprès de la rampe. Ainsi le spectateur, tout en ayant conscience de la présence d'*Aoï*, est obligé de concentrer son attention sur une apparition, qui surgit sous un double aspect. D'abord se présente l'esprit de la princesse *Rokoujo*, qui vient tirer vengeance de son déloyal amant (*Ghenndji* est le don Juan du Japon), en poursuivant la malheureuse *Aoï*, sous la forme d'une femme pâle et gémissante. Une *maïko*, ou prêtresse shinntoïste, est appelée pour exorciser le spectre. En vain l'exorciste frotte les grains verts de son chapelet en murmurant de ferventes prières; l'esprit gémit plus fort, plus atrocement, et ne cède qu'à un sortilège plus féroce, à un

---

1. V. sur le *Ghenndji*, un article d'ARVÈDE BARINE (*Revue politique et littéraire*, 14 avril 1883).

plus rude combat d'âme contre âme, qui lui est livré par un prêtre.

Cette victoire est de courte durée. Un terrible fantôme remplace maintenant *Rokoujo*: c'est le démon de la Jalousie, qui porte le célèbre masque *Hanja*. Pas à pas, le prêtre recule, tandis que le démon grimaçant, aux cornes dorées, aux oreilles pointues, surgissant du nuage qui le voile, avance en glissant, pour balayer son adversaire avec sa béquille menaçante. La bataille fait rage autour d'*Aoï-no-Ouyé* affaissée. Ni le prêtre ni le démon ne veulent céder la place; les cris, les fifres perçants des musiciens atteignent un diapason furieux; les adjurations succèdent aux adjurations; enfin, le mauvais esprit est chassé.

LE DIABLE DEVENU MOINE

(*Bois sculpté du XVIIe siècle*)
MUSÉE GUIMET

Rien ne saurait surpasser le réalisme de cette scène, jouée de façon si magistrale que les plus sceptiques éprouvent un peu de la terreur qu'inspire aux croyants ce duel effrayant. D'ailleurs, ce genre de péripéties est le plus fréquent dans le *nô*. Quelle face humaine, si grimée et si déformée fût-elle, pourrait égaler l'horreur diabolique du masque *Hanja*? Quel Méphistophélès ironique et sarcastique, pourrait être comparé au démon de la Jalousie, dans sa pantomime à attitudes hésitantes, suite de feintes et de menaces, d'attaques et de retraites? Et comme l'angoisse de la bataille est accrue par le « hurlement barbare » des musiciens, par les coups secs et intermittents du tambour, qui excitent l'auditoire sans le distraire! Les cris entrecoupés du chœur sont si subits et si opportuns qu'on les prendrait pour l'intervention d'un esprit invisible, mais toujours présent, dans cette lutte spectrale (1).

Le Kiyôghen
Kitzné Tsouki

(LA POSSESSION PAR LES RENARDS)

Beaucoup de *kiyôghèn* raillent la sottise ou la fourberie des paysans, et tous s'inspirent plus ou moins de croyances ou de pratiques religieuses. Le renard est une divinité champêtre qu'il importe de se rendre favorable pour assurer la protection des moissons. C'est lui qui dévaste les poulaillers, les rizières et garde les petits temples d'*Inari*, le dieu du riz. Il peut prendre la forme humaine, et la crédulité du bas peuple lui attribue les plus fâcheuses malices, comme en notre moyen âge. Le renard paraît à chaque instant dans les légendes populaires, sous le nom de *Kitzné*, en compagnie du blaireau, *Tanouki*. En général, il prend l'aspect d'une femme jeune et jolie pour égarer les voyageurs attardés. Ses métamorphoses sont fréquentes (2).

1. V. un *makimono* du Musée Guimet.
2. « De son côté, le blaireau peut se métamorphoser en objets inanimés, meubles et ustensiles de cuisine. Une légende très populaire, et qui a bien souvent inspiré les artistes, raconte qu'un marchand acheta un jour

Le fermier *Tanaka* a envoyé aux champs deux de ses hommes, avec des crécelles, pour écarter les oiseaux, et leur a recommandé de prendre garde à l'astucieux renard, à *Kitzné*, qui, par ses méfaits, est devenu la terreur du voisinage. La recommandation n'est que trop exactement observée. L'esprit des guetteurs est si bien rempli par la crainte de la possession par les renards, que, lorsqu'ils voient paraître leur maître, tenant à la main un pot de *saké*, récompense et rafraîchissement après la besogne, ils croient voir en lui *Kitzné* le tentateur et le jettent rudement hors de son propre champ de riz (1).

une grande marmite. Celle-ci ayant été placée sur le feu, il lui poussa une queue, quatre pattes et une tête, et elle s'enfuit à toute vitesse » (L. Gonse, *L'Art japonais*, p. 108).

1. D'après O. Edwards, *op. cit.*

LE RENARD SUGGÈRE A UN SIMPLE D'ESPRIT, REVÊTU D'UNE ARMURE EN PAILLE, QU'IL EST DEVENU GRAND SEIGNEUR

(Du *Japon Artistique*).

Le nô

Shunkwan

(LE GRAND-PRÊTRE EN EXIL)

En 1177, *Shunkwan* fut exilé à l'île du Diable (*Kikaïgashima*) avec d'autres prêtres rebelles, par l'impitoyable *Kiyòmori*. Le spectacle s'ouvre par un sacrifice que les exilés célèbrent en l'honneur de *Koumano-Gonghèn*, dont ils implorent un prompt retour dans leur patrie. Elle fait vraiment pitié la situation de ces bannis, misérables et suppliants, vêtus de la robe de chanvre bleue et blanche des pêcheurs ; leur dénuement est tel, qu'ils sont obligés de présenter au dieu en offrande de l'eau au lieu de *saké*, et des nattes de chanvre au lieu de la blanche corde à prières. Pourtant *Koumano-Gonghèn* entend et exauce leur prière. De Kyôtô arrive un messager impérial, porteur d'une lettre où la fille de *Shunkwan* annonce que le Fils du Ciel, seigneur du pays du Soleil levant, a daigné ordonner le rappel de ses sujets égarés, leur pardonne leurs torts et les invite à prier pour la venue tant souhaitée d'un héritier du trône. Rayonnant de joie et de reconnaissance, le vieillard examine de plus près le décret impérial, et découvre que son propre nom a été omis dans la liste des graciés. *Yasougori* et *Moritané* partiront, mais lui, *Shunkwan*, restera dans son île. Vainement ses compagnons d'exil se lamentent et protestent ; tous savent qu'il faut obéir. Ils s'embarquent donc, tandis que le grand-prêtre, vaincu par l'émotion, tombe, muet et désespéré, sur le rivage. Simple et poignante histoire, dit M. Edwards, interprétée d'une manière si touchante, que les procédés primitifs de la mise en scène et de la machinerie, semblent à peine insuffisants aux spectateurs européens.

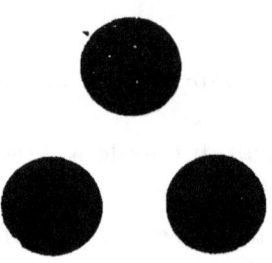

Kiôghèn du Samouraï amoureux

Un *samouraï* du moyen âge quitte sa maison pour répondre à l'appel de son seigneur et entrer en guerre contre un clan voisin.

Après avoir fourbi ses sabres et revêtu son armure, le guerrier s'attarde aux adieux. Sa jeune femme pleure abondamment et essaye de le retenir. Le samouraï hésite longuement; le sentiment du devoir et celui de l'amour entrent en lutte dans son cœur. Il balance, va, vient, fait quelques pas hors de la maison, et retourne auprès de sa femme dont la désolation fait peine à voir. Le *samouraï* lui donne d'excellentes raisons pour justifier son départ : il lui expose avec émotion que, s'il refuse de combattre, c'est pour lui le déshonneur. Mais les larmes redoublent.

« Car la raison n'est pas ce qui règle l'amour ».

Un serviteur, qui observe la jeune femme, s'aperçoit que ses larmes sont feintes; elle simule des pleurs en humectant ses paupières avec ses doigts, qu'elle trempe dans l'eau d'un baquet placé derrière elle.

Le malin serviteur substitue soudain au baquet un grand encrier ; en un instant, la figure de la dolente personne est barbouillée d'encre de Chine. Le samouraï découvre la supercherie, entre en fureur contre la perfide, et ne s'apaise que pour récompenser le subtil serviteur et rejoindre, l'âme tranquille, les troupes du daïmyo.

Le nô
Koï no Omoné

(LE FARDEAU DE L'AMOUR)

Le théâtre japonais ne donne pas seulement des peintures satiriques de l'amour ; il représente aussi les conséquences tragiques de cette passion, sans lui attribuer cependant l'importance qu'elle possède dans le théâtre occidental de l'antiquité ou de l'époque moderne (1).

L'amour romantique et fatal est peint dans un drame attribué à l'empereur *Go-Hanazono* (1429-1465), et signé par *Motokiyo*.

Le personnage épris, c'est *Yamashina Shoji*, vieillard de haute naissance, mais misérablement pauvre, à qui a été confié, par charité, l'entretien des chrysanthèmes de l'empereur. Un jour, par hasard, penché sur ses fleurs, il a, en levant la tête, aperçu une dame de la cour, et cette vue lui a inspiré une passion qu'il sent désespérée et incurable. Il confie son secret à un des courtisans, qui lui conseille de

1. V. sur ce sujet, LAFCADIO HEARN, Out of the East « The eternal feminine ».

faire plusieurs fois le tour du jardin en portant un fardeau ; peut-être, à la fin, la dame, « le voyant, deviendra-t-elle moins cruelle ». Ainsi fait-il. D'abord, le fardeau semble léger comme l'air, tant il est porté avec ardeur ; mais, graduellement, il se fait de plus en plus lourd, au point qu'enfin l'homme chancelle et tombe à terre, tué par son inutile amour.

Aussitôt après, son fantôme apparaît, spectre mélancolique aux longs cheveux blancs, avec de l'or au fond de ses yeux caves ; il porte une robe grise et un bâton d'osier tressé. L'apparition irritée frappe du pied, darde ses prunelles, et agitant son bâton, reproche durement à la dame son opiniâtre cruauté. Celle-ci n'intervient pas une seule fois, mais tant que dure la pièce, reste assise, immobile, statue plutôt que personnage vivant, les yeux fixés sur le fardeau. Ce fardeau lui-même, matériel et symbolique à la fois, gît, enveloppé de brocart vert, sur la scène. La présence d'un objet, au nombre des *dramatis personæ*, est d'un effet singulièrement frappant. L'impression tragique est encore accrue par la mimique lugubre du spectre vengeur. Quelle dignité et quelle harmonie dans ses gestes ! Il tourne lentement sur les talons, secoue les boucles de ses cheveux, tantôt frappant le sol de son bâton, tantôt levant, pour se voiler la face, la manche de son *kimono*. On sent que cette forme spectrale rend les « expressions » de la passion en un langage plus expressif que la parole même (1).

1. D'après O. Edwards, *op. cit.*

Kiyôghên
Rokou-Jizo

(LES SIX JIZO)

Tous les voyageurs connaissent familièrement six figures de divinités en pierre, siégant de compagnie au bord d'une route, abritée contre les intempéries, — quand elles sont abritées, — par un toit de bois sans ornement. Ce sont les « dieux mouillés », patrons des voyageurs, des enfants et des femmes enceintes. Ces divinités qui inspirent plus de souriante sympathie que d'effroi à leurs fidèles, sont représentées sous l'aspect de bonzes bienveillants, à la tête rasée, avec une bavette au cou, et, à la main, un bâton ou un livre.

Un pieux fermier, désireux d'attester au ciel sa reconnaissance pour une bonne récolte, décide de placer dans ses champs six statues de *Jizo*. Cherchant un sculpteur qui exécute son dessein, il rencontre un mauvais drôle, qui se vante de savoir tailler les statues plus rapidement qu'aucun autre au monde, et qui promet que les six *Jizo*, seront achevés pour le lendemain. Marché conclu : le pseudo-

sculpteur décide trois complices à personnifier *Jizo* et leur confie tous ses attributs. Dès que les statues vivantes sont bien en place, il convie le fermier à les admirer, et, prétendant que les trois autres sont à l'extrémité opposée du champ, envoie les dieux improvisés par un chemin de traverse, se mettre en position avant la venue de l'acheteur.
Celui-ci, cependant, frappé de vive admiration, désire revoir les trois premiers, puis encore les trois autres, tandis qu'enfin les personnages, fatigués de courir d'une extrémité du terrain à l'autre, oublient la pose et l'emblème à prendre, et, par leur risible embarras, découvrent la supercherie. Le fermier administre au faux artiste quelques vigoureux horions, pendant que les *Jizo* se hâtent de fuir.

No
de **Founa-Bennké**
(BENNKÉ SUR LA MER)

Quand l'action s'engage, *Bennké* est devenu le fidèle écuyer de *Yoshitsné*. Celui-ci vient de fuir, avec une poignée de partisans, pour échapper aux machinations de son frère *Yoritomo*. Sa marche est retardée par l'arrivée de *Shizouka*, une belle geisha, qui lui demande l'autorisation de lui dire adieu. *Bennké* refuse cette permission et déclare que son maître désire que *Shizouka* retourne immédiatement, sans audience, à *Kamakoura*, la capitale. Mais la jeune fille ne veut pas croire que son amant lui envoie un ordre si cruel; elle insiste pour danser, une fois encore, devant lui. La danse de Shizouka est très étudiée et très belle. *Yoshitsné*, profondément ému, donne à la jeune fille une tasse à *saké*, indiquant par là qu'elle peut, une dernière fois, boire avec lui ; mais *Bennké*, insensible à leurs embrasments, la prie de s'éloigner et donne l'ordre de mettre à la voile.

Les acteurs prennent place dans un navire, tandis que l'orchestre s'efforce de simuler une tempête. L'orage se déchaîne, et des spectres hideux, aux cheveux noirs et crépus, aux cornes dorées, porteurs de hallebardes souillées de sang, paraissent. Ce sont les fantômes du clan Taïra, massacré, deux ans auparavant, par les Minamoto, à *Dan-no-Oura*. *Yoshitsné*, avec l'ardeur de la jeunesse, s'élance contre les spectres en poussant son cri de guerre. Mais *Bennké* qui, à toutes ses attributions, joint les fonctions de prêtre, fait, d'un coup, tomber l'épée de son maître, et, exhibant un chapelet, hurle, aux démons déconfits, une volée d'exorcismes. Comme toujours, la pièce finit par la délivrance de David, sauvé par Goliath.

La pantomime Tsoutchigoumo

(L'ARAIGNÉE TERRESTRE)

La mimique, qui occupe dans le *nô* une place prépondérante, traite tout le sujet de *Tsoutchigoumo*. Il s'agit d'une bande de voleurs connu sous le nom d' « Araignée terrestre », qui fut exterminée par *Kimbaro*, serviteur d'*Yoremits*. La rumeur publique voulait voir dans les monstres anéantis, non pas des hommes, mais une race d'énormes insectes-démons. Aussi, la scène capitale décrit-elle une rencontre terrible entre ces monstres et les gardes impériaux. Les soldats sont armés d'épées et de flèches; les démons, masqués, empêtrent les armes et troublent le coup d'œil de leurs ennemis par un nuage de longs filaments de gaze, ressemblant aux fils d'une toile d'araignée. La pièce fait moindre encore que d'habitude la part de la musique, de l'intrigue et du poème : c'est une pure pantomime (1).

1. D'après Osman Edwards, *op. cit*.

Le no Takasago

Cette pièce est la plus populaire, — la plus belle peut-être, — parmi les drames lyriques. Sa composition est attribuée à Motokiyo, et M. Aston l'a traduite avec un sens très exact de l'ancien théâtre japonais (1).

DRAMATIS PERSONAE

Tomonari, gardien du sanctuaire shinntô d'*Aço, (Kioushiou.)*
Un vieillard, représentant le génie du pin de *Soumiyoshi.*
Une vieille femme, représentant le génie du pin de *Takasago.*
Le dieu de Soumiyoshi.
Le chœur.

Le chœur (*chante sur un mètre à peu près régulier*).
    Voici la première fois qu'il noue sa ceinture de voyage ;
    Son but est éloigné de plusieurs longs jours de route.
Tomonari (*parle en prose*). — Je suis Tomonari, gardien du temple d'*Aço,* dans la province de *Higo,* à *Kioushiou.* Je n'ai jamais vu la capitale ; je veux aller la voir et je pars ; je profiterai de mon voyage pour visiter la baie de *Takasago.*
Le chœur. (*Chant rhythmé*). — Il s'est décidé à partir pour un long voyage. Porté par les vagues qui se dressent le long du rivage, poussé par une brise printanière sur la route des navires, il part pour la baie de *Takasago.* Et nous ignorons combien de jours se passeront sans nouvelles de lui.
Vieillard et vieille femme (*Chant*). — Le vent printanier qui souffle à travers le pin de *Takasago* est tombé avec le soleil ; on entend la cloche du soir du temple d'Onôoué.
Vieille Femme. — Les vagues nous sont cachées par les rochers ensevelis dans le brouillard.

1. *A History of Japanese Literature*, Londres, 1899, p. 206 sqq.

Tous deux. — Le bruit seul indique le flux et le reflux.

Vieillard. — Qui puis-je prendre comme ami ? Sauf le pin de *Takasago*, mon vieux camarade, nul ne peut converser avec moi des jours passés sur lesquels la neige de l'oubli s'accumule. Je deviens de plus en plus vieux, habitué à n'entendre que le vent dans le pin, soit que je m'éveille, soit que je me couche dans mon nid, où la lune nocturne étend ses rayons et le printemps envoie ses frimas blancs. Je choisis donc mon cœur comme compagnon, et je lui confie mes pensées.

Tous Deux. — Balayons les pommes de pin qui gisent sous l'arbre, et les feuilles mortes détachées au souffle du vent de la rive.

Tomonari (*Parlé*). Pendant que j'attends que des villageois apparaissent, ces deux vieillards sont venus ici. Dites-moi, bonnes gens, voulez-vous me permettre une question ?

Vieillard. — Est-ce à moi que vous parlez ? Que me demandez-vous ?

Tomonari. — Quel est l'arbre qu'on appelle le pin de *Takasago* ?

Vieillard. — L'arbre dont nous nettoyons l'ombrage est le pin de *Takasago*.

Tomonari. — Lorsqu'on parle du pin de *Takasago* et du pin de *Souminoyé*, on dit qu'il ont « vieilli ensemble ». — Or, cet endroit-ci et le *Souminoyé* se trouvent dans des provinces éloignées l'une de l'autre. Comment donc peut-on les appeler « les pins qui vieillissent ensemble ? »

Vieillard. — Ainsi que vous en avez fait la remarque, on raconte, dans la préface du *Kokinshiou* que les pins de *Takasago* et de *Souminoyé* paraissent vieillir ensemble. Cela peut se faire cependant, de même que moi, je suis un vieilllard de la province de *Soumiyoshi*, dans la province de *Settsou*, et que la vieille femme que voici appartient à cet endroit-ci. Dis-moi toi-même comment cela peut se faire.

Tomonari (*en vers*). — C'est étrange !... Vous êtes devant moi, vous deux, vieux époux ; que voulez-vous donc dire en prétendant que vous vivez séparés, l'un dans le lointain *Souminoyé*, l'autre dans le *Takasago*, séparés l'un de l'autre par des rivages, des collines et des provinces ?

Vieille Femme (*en vers*). — Quel discours bizarre ? Car, malgré les montagnes et les fleuves qui séparent des époux, leur vie n'est-elle pas commune, si leurs cœurs sont unis par les mêmes pensées ?

....

(*Ici le chœur entonne un chant qui est l'accompagnement indispensable de tout mariage japonais. Des poupées qui représentent les deux vieillards sous le pin sont apportées sur une espèce de plateau. — Les artistes japonais représentent fréquemment cette scène*).

CHŒUR. — Sur les quatre mers
    Tranquilles sont les vagues.
    L'univers est en paix ;
    Doucement soufflent les vents des heures ;
    Les branches ne sont pas agitées
    Dans un tel moment,
    Les pins mêmes sont bénis ;
    Ils se rencontrent
    Pour vieillir ensemble.
    Vaines en vérité
    Sont nos paroles,
    Vaines nos actions de grâces
    D'être venus au monde
    Dans ces temps
    Riches de bénédictions
    De notre maître suprême.

....

VIEILLARD. — J'entends la cloche d'*Ouooué*, dans *Takasago*.
CHŒUR. — L'aurore approche,
    Et la gelée blanche tombe
    Sur les rameaux du pin ;
    Mais le vert sombre de ses feuilles
    Ne subit aucun changement (1).
    Matin et soir,

---

1. Il faut noter avec quel soin minutieux les descriptions japonaises notent les plus subtiles nuances d'un paysage et les dégradations insensibles des couleurs.

>   Sous son ombrage,
>   Les feuilles sont balayées,
>   Cependant il en reste toujours.
>   Il est vrai
>   Que ces pins
>   Ne perdent pas toutes leurs feuilles.
>   Leur verdure reste fraîche
>   Pendant de longues années,
>   Comme la vigne rampante de Masaka,
>   Même au milieu des arbres toujours verts,
>   Symbole de pérennité.
>   On les vante comme un emblème ;
>   Jusqu'à la fin des temps,
>   C'est l'emblème des pins qui ont vieilli ensemble.

Tomonari. — Vous qui m'avez fait connaître l'histoire antique de ces vieux pins dont les rameaux sont devenus fameux, dites-moi, je vous prie, comment on les nomme.

Vieillard et Vieille femme. — Pourquoi le cacher plus longtemps ? Nous sommes les esprits des pins de *Takasago* et de *Souminoyé*, qui ont vieilli ensemble sous la forme de deux vieux époux (1).

Chœur. — Merveille ! C'est un miracle accompli par les pins de ce lieu fameux.

Vieillard et vieille Femme. — Les plantes et les arbres n'ont pas d'âme.

>   Chœur. — Il est bon de vivre
>   Toujours et toujours
>   Dans ce pays
>   De notre grand souverain,
>   Sous sa loi.
>   Vers Soumiyoshi,
>   Il s'embarque sur un bateau de pêche
>   Qui repose sur la grève
>   Où roulent les vagues du soir.

---

1. Cette histoire japonaise de Philémon et Baucis est l'objet de nombreuses allusions dans les œuvres poétiques et dans les légendes du pays.

Et déployant sa voile
A la brise favorite,
Il s'élance en pleine mer,
Il s'élance en pleine mer.
De Takasago je fais voile
Dans cet esquif qui repose sur le rivage,
Et je pars avec la marée
Qui suit la lune ;
Je passe avec le vent
De la plage d'Awaji,
Je laisse loin derrière moi Narouwo,
Et me voici arrivé
A Souminoyé.

(*Le dieu de Soumiyoshi apparaît, et commence un dialogue avec le chœur*).

Le chœur. — Nous sommes heureux de cette manifestation :
Dorénavant nous révérerons
Ton esprit avec notre danse sacrée
A la clarté pure de la lune de Soumiyoshi.
....
Et maintenant, monde sans fin,
Les bras étendus des jeunes danseuses
Dans des robes sacerdotales,
Chasseront les influences malfaisantes ;
Leurs mains jointes sur leurs seins
Étreindront toute bonne fortune ;
L'hymne de mille automnes
Attirera les bénédictions sur le peuple,
Et le chant de dix mille ans
Prolongera la vie de notre souverain ;
Et pendant tout ce temps,
La voix de la brise
Soufflant à travers les pins
Qui vieillissent ensemble
Nous remplira de délices.

Le Saké (eau-de-vie de riz) de la Tante.
(Kiyoghèn)

Personnages.
{ Le neveu.
  La tante.
  Le neveu en diable.

LA SCÈNE SE PASSE DANS LA MAISON DE LA TANTE

Le neveu *(Entrant en scène).* — Je suis un habitant de ces environs ; ma tante est une marchande de *saké*. Tous les ans, elle a l'habitude de me donner à boire le *saké* de la première cuvée. A présent sa fabrication doit être terminée, et il est temps, je pense, que j'aille le boire *(Il marche).* Me voici bientôt arrivé. Ah ! j'y suis. Ma tante, êtes-vous chez vous ?

La tante *(Entrant en scène).* — Tiens ! voilà mon neveu ! tu es le bienvenu. Voyons, dis-moi un peu quelle pensée t'amène.

Le neveu. — Eh bien ! ma tante, pensant que le *saké* devait être fait, je suis venu, comme tous les ans, pour me régaler.

La tante. — Ah ! mon neveu ;... cette année j'ai découvert un vénérable vieillard dans les environs, et je lui ai offert le *saké* que je te fais boire ordinairement.

Le neveu. — Ah bah ! Voilà qui va bien ! Félicitations.

La tante. — Eh bien ?

Le neveu. — Eh bien ! je boirai de la seconde cuvée.

La tante. — Non, cette année j'ai changé d'idée, et désormais je ne te fais plus boire. Reviens me voir une autre fois.

Le neveu. — Bien ! Puisqu'il en est ainsi, je vais m'en retourner...

La tante. — Merci de ta visite.

Le neveu *(Se parlant à lui-même en chemin).* — Que ma tante est méchante ! Comment faire ? Tiens ! une bonne idée ! J'ai sur moi un masque de diable. Je vais le mettre et lui faire peur. De cette façon j'aurai du *saké*. (*Se masquant*), *il rentre chez sa tante et crie:* Viens que je te dévore !!!

La tante. (*Voyant un diable venir à elle, se jette à terre le visage caché par les mains*). — Oh! quelle horreur! Pardon, pardon!

Le neveu (*en diable*). — Je suis l'esprit de la cuve à *saké* de cette maison. Je sais que, tout à l'heure ton neveu est venu te voir, ton unique neveu; et tu ne lui as pas fait boire de *saké*. Cruelle que tu es! Je vais te mordre!

La tante (*toujours prosternée*). — Pardonnez-moi... Je vous en supplie...

Le diable. — Eh bien! Dorénavant feras-tu boire ton neveu?

La tante. — Oui, oui...

Le diable. — Puisque tu y consens, c'est bien; et tu mérites d'être dédommagée. Moi, l'esprit de la cuve, j'agirai de telle sorte que tu en sois récompensée.

La tante. — Oui, oui! je vous remercie...

Le diable. — Eh bien! Moi aussi, j'ai soif, je veux boire de ce *saké*.

La tante. — Voilà, voilà, prenez-en tant qu'il vous plaira.

Le diable (*Il commence à boire en déposant son masque sur le genou*). — Ne tourne pas ton visage de ce côté. Ha! tu vas te tourner...

La tante. — Non, non; je n'aurais pas l'audace de regarder.

Le diable (*buvant toujours*). — Tiens! Cette année il est bien réussi, le *saké*! — Ne regarde pas surtout de ce côté. Si tu regardes, je te dévore... Oh! Oh! me voilà ivre!... Vieille, approche-toi un peu et sers-moi d'appui... (*La tante, obéissant, arrive à reculons toujours sans regarder; le neveu s'accoude alors sur le dos de la vieille et s'endort en laissant le masque suspendu sur son genou dressé. En entendant ses ronflements, la tante s'échappe tout doucement après avoir fait glisser à terre son fardeau qui continue à dormir, et jetant un regard furtif elle reconnaît son neveu*).

La tante. — Toi, le diable? Tu n'es que mon neveu... (*Furieuse elle menace de l'assommer à coups de poing*).

Le neveu. — Ah! quelle honte! Pardon, ma tante, Pardon!... (*Il se sauve*).

140   LE THÉATRE AU JAPON

LA TANTE. — Coquin! Je ne te laisserai pas partir ainsi...
(*Elle le poursuit et la toile tombe*) (1).

1. D'après la *Rec. fr. du Jap.*, série III, fasc. 4, p. 126 sqq.

FIGURATION DE CRAPAUD PAR UN ACTEUR

(Extrait du *Japon artistique*)

TROISIÈME PARTIE

(Coll. S. Bing).

DRAME PROFANE

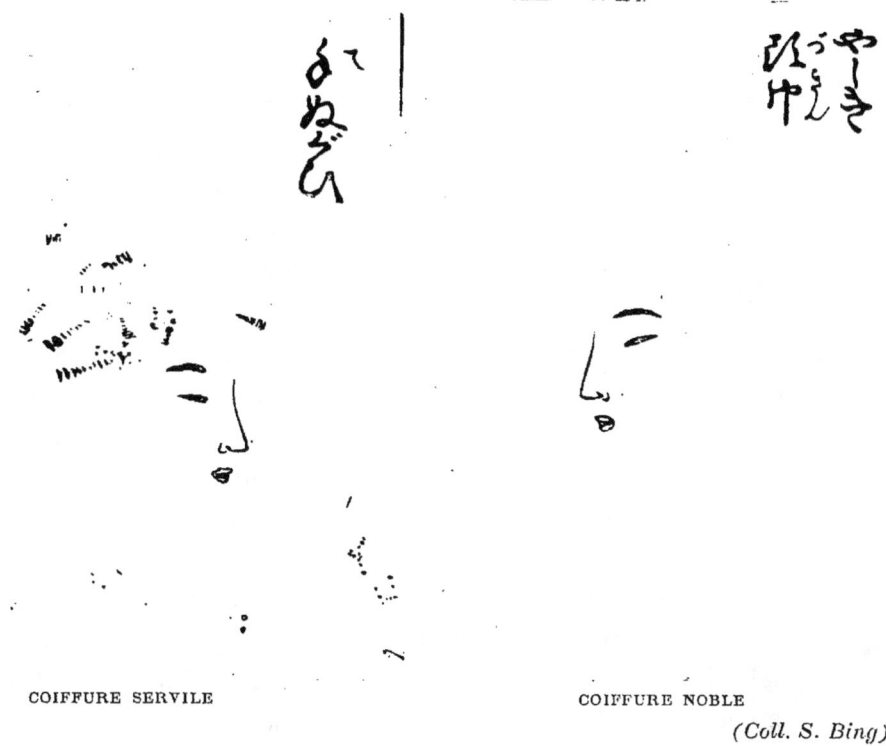

COIFFURE SERVILE   COIFFURE NOBLE
                        (Coll. S. Bing)

I

Naissance du drame vulgaire
Katari, Monogatari, Djiorouri

Dans les littératures qui possèdent un art privilégié, aristocratique, réservé aux délicats et aux lettrés, tel que le *nô*, le théâtre populaire se développe séparément, plus soucieux d'accueillir les sujets et les personnages de la vie réelle que de mériter l'applaudissement d'une rare élite. A côté du drame de cour, froid et artificiel, naît le drame humain, interprète de la réalité vivante, rénovateur des gens surannés.

Tandis que le *nô*, figé dans sa forme séculaire, et soumis depuis les Ashikaga à un étroit formulaire hiératique, se desséchait dans les palais des grands seigneurs ; tandis que le zèle des artistes et des érudits s'efforçait de galvaniser, aux jours solennels, les personnages artificiels de ce théâtre de convention, le drame profane surgissait, dans le cours du XVIIe siècle, affranchi des procédés arbitraires, uniquement fondé sur le libre jeu des passions et des caractères. Le *nô* célébrait les dieux et les héros. Le théâtre moderne met en scène des hommes. La fiction scénique passe des sanctuaires dans les palais, et des palais dans les salles publiques. Au merveilleux se substitue progressivement le réel ; aux sujets mythologiques ou légendaires succèdent les scènes historiques et la peinture des mœurs. La composition dramatique n'est plus un exercice littéraire ingénieux, ou une laborieuse restitution d'antiquaire. L'intérêt essentiel des sujets réside dans l'étude du cœur humain.

Il ne serait pas absolument exact de dire que le drame populaire ne doit rien au *nô*, mais il est certain qu'il a suivi une ligne de développement indépendante du drame sacré (1). Ses origines ne sont cependant pas nettement établies. On peut toujours rattacher aux débuts du théâtre les éléments épars de composition dramatique. C'est trop facile pour rien prouver. Néanmoins, à travers les ténèbres des commencements, à travers toutes les lacunes d'une histoire qui n'est pas encore fouillée, malgré l'insuffisance des documents authentiques, il semble bien que les pièces modernes soient nées de la récitation lyrique, si populaire au Japon.

Les récits lyriques remontent aux plus anciens temps de l'histoire, à la période qui précéda l'introduction des carac-

---

1. W. G. ASTON, *A history of Japanese Literature*, p. 273.

tères idéographiques de la Chine. Or, s'il n'y a pas d'histoire avant l'écriture, suivant le mot de Renan (1), « ce qui existe souvent avec un grand éclat et un grand développement, ce sont les chants populaires », les récits fabuleux, les légendes mythiques, les contes épiques, qui bercent, en tout pays, l'enfance de l'humanité. L'ancien Yamato était parcouru par des troupes de conteurs nomades, poétiques jongleurs, rapsodes inspirés, qui charmaient leur auditoire par d'émouvantes histoires (2). Ces récits rhythmés, avec des inflexions revenant régulièrement, comme dans les cérémonies du culte, se nommaient *katari* (3). Mais le goût décidé des Japonais pour l'improvisation dans tous les arts dénatura rapidement ces compositions primitives; aussi, pour garder à ces vénérables récits leur intégrité originelle, il se forma une caste de conteurs, ou *kataribé*. L'introduction de l'écriture, vers le V⁰ siècle, permit aux *kataribé* de conserver fidèlement leurs œuvres dans la pureté d'un texte authentique, et leur corporation, devenue inutile, disparut (4).

Toutefois, le *katari* persista. On retrouve sa trace dans les ouvrages nommés *monogatari*, qui conservent le rhythme et les inflexions du *katari*.

Parmi ces *monogatari*, en vogue au XIVᵉ siècle, il faut

---

1. *Histoire du peuple d'Israël*, t. II, p. 223.
2. Encore aujourd'hui, le « hanashika », ou conteur du Japon, est un personnage fort populaire à la ville et à la campagne, doué d'une belle voix et connaissant les légendes anciennes. Il parcourt le *Tokaïdo*, et l'un succède à l'autre sur les routes. (ARNOLD, *Wandering words*, p. 328).
3. FOUKOUTCHI-GUÉN-ITCHIRO (*Kokouminn-no-Tomo*) et *Far East*, III.
4. FOUKOUTCHI, *ibid*.

citer le *Takétori* (1), l'*Icé* (2), le *Ghenndji* (3), le *Heïké* (4). Seul, le *Heïké monogatari* a gardé sa vieille forme rhythmée. Il était chanté avec accompagnement de *biwa* (5) par de véritables bardes, et les auteurs de *nô* lui ont emprunté plusieurs passages pour leurs drames. A partir de 1426, le *Soga-monogatari*, qui a donné lieu à tant de pièces de théâtre, et le *Yoshitsné-ki*, furent déclamés avec accompagnement de petits *tzoudzoumi*.

Le *Heïké* ne possède pas la perfection rhythmique du genre *katari*. « Lorsqu'on le déclamait, on y ajoutait des notes de chant ou bien des mots d'intonation bouddhique et

---

1. V. *La Légende du Takétori*, en français, par Hoshida (*Far East*, vol. II, p. 12 sqq.).
2. Récits sur le pays d'*Icé*, dans le *Tôkaïdô*.
3. Le *Ghenndji monogatari*, écrit en langue yamato, date du X⁰ siècle. Il fut composé par *Mouraçaki Shikibou*, dame d'honneur de l'impératrice *Zôtô-Mon-Yin*, qui décrit la vie élégante de Kyōtō. *Mouraçaki Shikibou* est représentée par les artistes dans le pavillon du temple d'*Ishiyama*, où elle compose en contemplant le lac *Biwa*, par une belle nuit d'août : « dans le vaste paysage, la pleine lune se reflète sur l'immense nappe d'argent, l'âme de la jeune femme se remplit de sérénité, et une inspiration divine lui dicte ce long roman des aventures amoureuses du prince *Ghenndji*, que des générations de lettrés admirent comme le plus parfait des ouvrages classiques » (Michel Revon, *Hoksaï*, p. 232).
4. Le *Heïké*, comme les autres monogatari, raconte les luttes terribles des *Taïra* contre les *Minamoto*. Il fut composé, selon le P. de Ratzenhausen, par un « rapsode de talent et aveugle comme Homère. » C'est un aveugle, en effet, Joboutsou, qui récita le premier ce *monogatari* en 1190. Mais l'auteur de l'ouvrage fut sans doute *Zenshi Youkinaga*, de la province de *Shinano* (Foukoutchi-ghèn-Itchiro). D'après certains critiques, le *Heïké* serait postérieur à l'ère Jōkiou (1219-1222). Il existe de cet ouvrage un manuscrit de l'an 1308 (V. une traduction partielle dans les *Récits de l'histoire du Japon au XII⁰ siècle*, trad. Turettini, Genève, 1871).
5. Luth à quatre cordes, accordées deux à deux. Quoique d'origine chinoise, le *biwa* japonais diffère du *biwa* chinois (V. une histoire de cet instrument dans le *Chrysanthemum* de 1881).

quelques emprunts musicaux faits aux *kagoura*, *rōieï*, *fouzokou* et *imayo*, dans le but de le rendre plus agréable à l'auditoire (1). »

Un autre ouvrage chanté par les jongleurs est le *Taïheiki*, conçu dans la forme métrique du *naga-outa*, et qui se rattache, pour la plupart de ses récits, au cycle des *Taïra* et des *Minamoto*. C'est une sorte d'épopée guerrière, qu'on avait coutume de lire aux soldats pour enflammer leur courage (2). Le *Taïheiki* était suivi d'histoires plus ou moins dramatiques, « récitées, dit M. Aston, par un personnage assis à un pupitre, et qui s'accompagnait de coups d'éventail pour marquer la mesure ou accentuer le rhythme (3) ». Ainsi se constitua le genre lyrique nommé *djiôrouri*, qui se développa dès l'époque d'*Oda Nobounaga* (1573-1581).

Le *djiôrouri* s'accompagna du *shamicenn*, instrument à

---

1. Foukoutchi-Guèn-Itchiro (*Far East*, vol. I, n° 4).
2. On se méprendrait étrangement sur la nature de cet écrit, si l'on s'en rapportait à la traduction littérale de son titre : « Histoire de la paix » (V. L. de Rosny, *Intr. lang. jap.*, p. 54, et *Lotus*, janvier 1873).
3. Aston, *Jap. Lit.*, p. 273-274.

trois cordes récemment importé des îles *Loutchou* (1). Ce genre nouveau doit son nom à une princesse aimée du fameux *Yoshitsné*, et dont les aventures étaient racontées dans le *djiôrouri Djiou-ni dan Sōshi*, tiré lui-même du *Heïké monogatari*. Il traitait d'intrigues amoureuses et chantait « les prouesses des chevaliers » (2). Dans l'ère *Kwanei* (1624-1643), le mot *djiôrouri* désignait la déclamation lyrique, par un ou plusieurs personnages, des *monogatari* et autres histoires romanesques.

Vers le milieu du XVIIe siècle, une corporation de chanteurs de *djiôrouri*, « *djiôrouri katari* », exécutait à Eddo des pièces écrites par *Oka Seibei* et *Yonomiya Yajirō*, dont quelques-unes nous sont parvenues sous le nom de *Kompira-bon*. Elles racontent les aventures d'un géant au visage pourpre, dont les exploits consistaient à dompter les démons et à exterminer les bêtes féroces. Ces aventures font encore les délices des écoliers japonais (3).

Après avoir été supprimé par le pouvoir, le *djiôrouri* fleurit avec un nouvel éclat, à Eddo, avec *Miyako Bounyemon*. Il s'est perpétué jusqu'au XIXe siècle avec *Kiyômoto Enjousaï* et *Tomimoto Bouzen* (4).

---

1. Le *shamicenn* fut substitué au *biwa* pour donner au récitatif plus d'ampleur et à la musique plus de sentiment descriptif (PIGGOTT. *Music of Japan*, p. 36). V. sur le *shamicenn*, chap. : Musique, p. 255.
2. J. HITOMI, *Le Japon*, p. 198.
3. ASTON, *Jap. lit.*, p. 274.
4. D'après PIGGOTT, *op. cit.*, p. 36. Les styles principaux du *Djiôrouri* étaient le *Setsou-kyôboushi*, le *Kiya-boushi* et le *Inouyé-boushi*. Il était partagé entre les écoles de *Toça, Ito, Ouji, Handayou*, etc.

II

Les conteurs et l'action dramatique

Les Marionnettes

Dans le *djiôrouri* domine encore l'élément lyrique. Le récitatif, alourdi par le commentaire d'une musique descriptive, manque nécessairement de vivacité dans le récit et de mouvement dans l'action. Aussi, le goût de la déclamation dramatique, sans accompagnement musical, se développa de bonne heure au Japon. Il se manifesta d'abord dans les salles de conteurs.

L'origine des narrations remonte, s'il faut en croire la tradition, au XIIe siècle. Le P. de Ratzenhausen rapporte que l'empereur *Toba* obligea ses courtisans à narrer une fable pendant que ses chirurgiens lui cautérisaient une blessure (1). L'histoire ne dit pas si l'auguste malade en éprouva quelque soulagement; mais le talent d'improvisation tira un puissant encouragement de la protection officielle. La récitation entra si bien dans les mœurs, qu'elle devint le complément indispensable de toute réunion de jeunes gens. « Quelques-uns se réunissaient le soir dans une salle contenant cent luminaires; une histoire de revenants devait être dite par chaque assistant : chaque narrateur éteignait un luminaire. Quand l'extinction des feux était complète, les esprits apparaissaient (2). » Il se forma de véritables associations de conteurs ou *Yosé* (3). Un livre nous est parvenu, manuel classique, « vade-mecum » de ces associations : il contient des mythes d'origine chinoise et des histoires relatives aux longues guerres des Taïra et des Minamoto. L'auteur de ce livre, qui l'intitule « cure de sommeil », est un moine bouddhiste, *Amakouenn Sakoudenn* (4). Nous voyons que ses sujets sont empruntés au cycle d'histoires qui se répandirent dans tout le Japon au début du moyen âge et devinrent rapidement populaires.

Si vif a été en tout temps le goût des Japonais pour le théâtre, que les romanciers modernes, à l'exemple des anciens auteurs de *monogatari*, ont adopté dans leurs ouvrages la forme dramatique. Les fameux romans de *Kioden* (1761-1816), de *Tanehiko*, auteur de l'*Inaka Ghenndji* et d'histoires dialoguées appelées *shohonjidaté*, de *Samba*, et plus récemment, du célèbre *Bakinn*, auteur du *Hakkenden*, offrent une si complète ressemblance avec le théâtre, qu'ils

---

1. Études publiées par les Pères de la Compagnie de Jésus.
2. P. de Ratzenhausen, *op. cit.*
3. *Yosé* signifie littéralement : *salle de réunion*, et *Kôskakou : salle de commentaires*.
4. Ōouchi (*Hansei-Zasshi*, X. nº 6, p. 11).

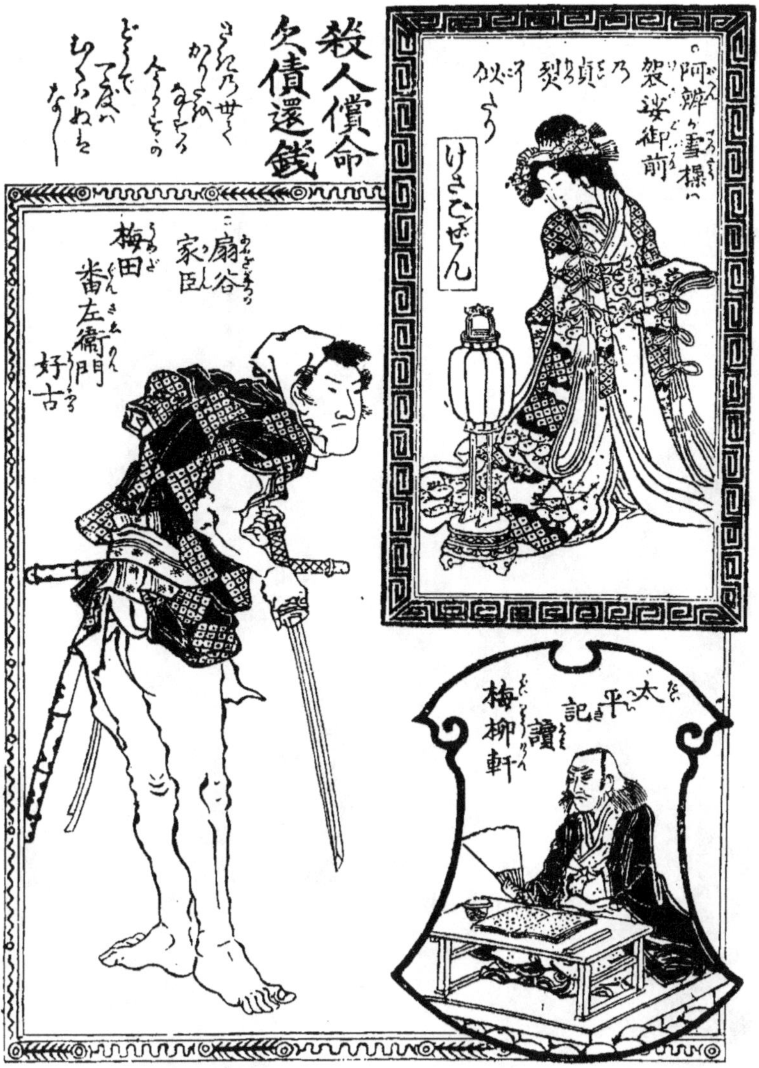

PLANCHE V. — PERSONNAGES DE ROMANS

(Coll. S. Bing).

peuvent être mis à la scène, presque sans changement. « Ces romans ne sont pas autre chose, dit M. Tsouboutchi (1), que des pièces dont les livres et les chapitres tiennent lieu d'actes et de scènes : le décor est indiqué par des phrases descriptives, et les dialogues par des conversations vives et animées. Il n'est pas jusqu'à l'attitude des personnages qui ne soit dessinée par les illustrations des peintres : *Hoksaï* a représenté de véritables acteurs dans le *Shimmpenn souïko ghadenn*, histoire de cent huit braves chinois, de *Bakinn* (2). Ainsi s'explique la tendance fréquemment reprochée aux romanciers japonais de multiplier à l'excès incidents, crimes et catastrophes. « On éprouve beaucoup de plaisir, dit un critique japonais, à la lecture de ces romans, qui nous captivent à la fois par la peinture magnifique des jeux de scène et par un dialogue plus animé que celui d'un monotone dramaturge (3). »

Ainsi, à diverses époques, le drame *parlé* tendait à se substituer au drame *lyrique*. Depuis les premiers *kataribé*, qui formaient, dès le VIIIe siècle, une corporation de récitants chargés de déclamer des « paroles anciennes » devant l'empereur, jusqu'aux conteurs et aux romanciers des temps modernes, nous voyons s'accentuer chaque jour le goût populaire pour le récit dramatique. Au XVIe siècle, le public s'assemblait volontiers dans des salles de conteurs, qui existent encore en grand nombre aujourd'hui (4). Bientôt le récit déclamé ne lui suffira plus ; il exigera le mouvement

---

1. *Hansei-Zasshi*, v. XII, n° 6, p. 8.
2. V. Michel Revon, *Hoksaï*, p. 80.
3. Y. Tsouboutchi, *Old Japanese plays* (*Hansei Zasshi*, XII, 6, p. 8).
4. Ces salles de conteurs se divisaient en plusieurs catégories : salles où l'on rit, salles où l'on se passionne, où l'on pleure, où l'on se distrait,

scénique et le jeu des acteurs. L'institution d'un théâtre de marionnettes fournira d'abord un premier aliment au goût des Japonais pour l'action dramatique.

Au début du XVIIe siècle, s'établit, parmi certains auteurs de Kyôtô, la coutume de réciter ou d'improviser devant des poupées de théâtre, dont la mimique était conforme aux sentiments exprimés. Ce fut l'origine des marionnettes, qui se répandirent dans tout le Japon sous le nom d'*Ayatsouri-ninghyo-shibaï*. Un certain *Satzouma-Joûn*, natif de Sakaï, près d'Ohsaka, fut le principal propagateur de ce genre, qui est encore de mode en Chine, dans les représentations que les mandarins donnent chez eux (1).

Les pièces de *Satzouma-Joûn*, qui étaient en grande vogue vers 1625, traitaient surtout de sujets guerriers, et plus tard les auteurs dramatiques les plus fameux, en particulier *Tcikamatsou Monzayemon*, n'ont pas dédaigné de composer des œuvres scéniques pour les théâtres de marionnettes. Lorsque la pièce appartenait au genre *djiôrouri*, la musique soulignait l'action (2). Le chanteur s'accompagnait du *shamicenn* et s'habillait du *kamishino*, ancien costume national. Le *ghidayou* de nos jours a conservé cette tradition (3).

---

où l'on s'effraie. Les salles où l'on pleure étaient musicales; c'est là, que se développèrent les *djiôrouri*. (T. HAYASHI, *Le Japon*, 1er mai 1886, p. 80.)

1. Dans le théâtre javanais, les marionnettes figurent des héros, des personnages légendaires, dont les types, comme les caractères, sont parfaitement définis (LEFAIVRE, *A travers le monde*, p. 203. Paris, 1895).

En dehors de ces scènes de marionnettes, un personnage étranger à l'action, intervient dans la représentation et récite un livret dont les acteurs miment les différentes scènes. Il s'appelle *Dalang* (V. DE RIENZI, *Océanie*, t, II, p. 83).

2. J. HITOMI, *Le Japon*, p. 198.

3. V. plus loin ; *Le Théâtre contemporain*.

La marionnette est, si l'on peut ainsi dire, le prototype des acteurs du théâtre populaire au Japon, et peut-être aussi dans les pays d'Occident (1). Suivant M. Chamberlain, les acteurs du *shibaï*, préoccupés à l'origine d'imiter la raideur des gestes de poupées, ont gardé quelque chose du jeu saccadé et mécanique de leurs modèles(2). M. Braüns a aussi observé que les pantomimes japonaises offrent toujours « une certaine stéréotypie des mouvements (3) ».

Il est évident que les récits des conteurs dans les salles de réunion ou des récitants en présence de marionnettes, devaient conduire à un art dramatique d'improvisation. Toute pièce destinée à la récitation tend nécessairement vers la forme théâtrale, grâce au surcroît sensible d'effet qu'on obtient par le geste, par la variété du ton, par la diversité du relief scénique accordé à chaque personnage. Un monologue, un dialogue même, n'est pas un drame; mais le conteur qui revêt le caractère de ses héros devient un « acteur »: il emprunte au théâtre, suivant la remarque de M. Lanson, un des éléments essentiels de sa définition, celui-là même par lequel il sort du domaine de la littérature, et qu'Aristote appelle ὄψις. Ces récits contiennent donc en germe

---

1. Il arrivait souvent à Rome, dans les représentations de la *Satura*, que « l'acteur principal se bornait à faire les gestes, tandis qu'un second jouait de la flûte et qu'un troisième chantait les vers » (JEANROY et PUECH). Dans le moyen âge français, MAGNIN nous apprend qu'à Dieppe le *Mystère de Noël* et celui de l'*Annonciation* étaient célébrés en l'église Saint-Jacques par de véritables marionnettes; que, dans les offices de l'Assomption, dans cette même église, la statue de la Vierge élevait les bras et levait la tête, comme pour exprimer le désir d'arriver au ciel.

2. *Things japanese*, p. 343.

3. *La Tradition*, vol. IV, p. 27. Paris, 1890. Les poupées japonaises étaient fort compliquées. Elles renfermaient un mécanisme qui leur permettait de mouvoir les yeux, les sourcils, d'ouvrir et fermer la bouche, de saisir et agiter un éventail (ASTON, *Jap. Lit.*, p. 275).

la comédie japonaise, et encore de nos jours les acteurs nipons sont des « improvisateurs sur plans » (1). Comme leurs ancêtres des *Yosé*, ils jouent des pièces dont l'intrigue n'est pas toujours arrêtée et dont la rédaction n'est jamais définitive.

1. Alfred Lequeux, *Le Théâtre japonais*, p. 19. Paris, 1889 (Leroux, éd.).

GENS DU PEUPLE ASSISTANT A UNE FÊTE

(Extrait du *Japon artistiq*

(Coll. S. Bing)

III

Okouni-Kabouki

Le XVIIe siècle est pour le Japon une époque de renaissance (1). A cette époque, l'art dramatique est représenté par le *nô* traditionnel et par le *kiyôghèn*, dans le théâtre aristocratique; — et par le *djiôrouri* lyrique, dans le théâtre vulgaire. Le drame psychologique, tirant tout son intérêt de la lutte des passions, de la peinture tragique ou comique des caractères et des mœurs, le drame humain, en un mot, n'existe qu'à l'état embryonnaire, dans le roman et la narration publique. Il va naître, se développer et atteindre son épanouissement sous le nom de *kabouki*.

1. *Iyeyas*, le fondateur de la dynastie des *Tokougawa*, qui occupa le *shôgounat* jusqu'à notre époque, de 1603 à 1868, peut être considéré comme le « promoteur d'une Renaissance japonaise, qui coïncide avec notre XVIIe siècle » (LEQUEUX, *le Japon artistique*, avril 1890).

Ce nouveu genre dramatique, brisant le cadre arbitraire des anciennes compositions, inaugure le drame moderne, vivant, populaire, libre d'allure, franc d'accent, image fidèle d'une société en évolution. Il se dégage lentement des procédés conventionnels et hiératiques pour se déployer dans le riche domaine de l'histoire nationale, de l'observation humaine, et dans la peinture de la vie courante.

Cette rénovation dramatique est l'œuvre d'une comédienne célèbre, *Okouni*.

A l'époque d'Oda Nobounaga (1), Okouni faisait partie du collège des *maïko*, qui exécutaient les danses sacrées dans le fameux temple d'*Idzoumo*, « dont le nom seul suffit à éveiller de pieux sentiments dans l'âme de tout Japonais (2). D'après Metchnikoff, ce temple fut brûlé par des insurgés (3); selon M. Takashima, il tombait simplement en ruines par l'effet du temps. Quoi qu'il en soit, *Okouni* entreprit de faire restaurer ce sanctuaire vénéré du *shinntô*. Dans cette louable intention, elle se rendit à Kyôtô, en compagnie d'un acteur nommé *Nagoya Sanzabouro*, et donna des représentions dont le produit devait être affecté à la reconstruction projetée. C'est en 1575 que la danseuse sacrée parut pour la première fois en présence du *shôgoun* et des personnages les plus considérables du temps, « sur une estrade recouverte d'une tente, où elle récita des vers

---

1. *Nobounaga*, né en 1533, d'une famille de petits *daïmyô* d'*Owari*, arriva à une telle puissance qu'il déposa le *shôgoun Yoshiaki*, en 1573, et mit ainsi fin à la dynastie des *Ashikaga*, qui détenait le pouvoir depuis 1336. En haine des bonzes, *Nobounaga* encouragea la propagande des jésuites (V. P. Papinot, *Noms principaux*, p. 145, Hongkong, 1899).
2. Takashima (*Kokouminn no Tomo*, et *Far East*, II, 9.)
3. *L'Empire japonais*, p. 217.

et chanta des *outa* avec ses compagnes (1). » Renonçant à la *kagoura*, qu'elle avait dansé jusqu'à l'âge de vingt ans dans l'enceinte du temple d'*Id-zoumo*, elle fit revivre la danse *shirabyôshi*, renouvela le *nô*, trouva des rhythmes originaux et créa une musique nouvelle. Elle composa des chants pour ses danses et les exécuta avec accompagnement de flûtes, de *Tzoud-zoumi* et d'instruments à cordes. Mais surtout elle « joua des comédies avec le concours de danseuses habiles » (2) et représenta avec vérité des scènes historiques.

Ses représentations avaient lieu sur les bords du *Kamogawa*, et c'est encore à cet endroit que se trouve actuellement la rue des théâtres à Kyôtô (3).

Nous ne pouvons pas juger exactement de la

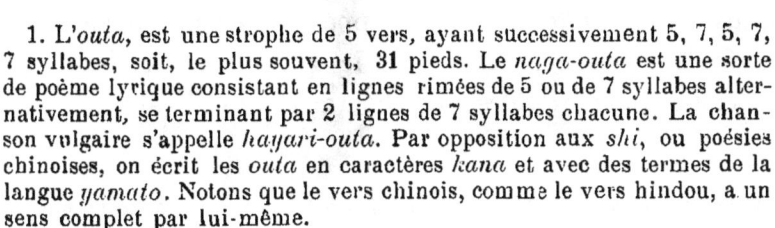

---

1. L'*outa*, est une strophe de 5 vers, ayant successivement 5, 7, 5, 7, 7 syllabes, soit, le plus souvent, 31 pieds. Le *naga-outa* est une sorte de poème lyrique consistant en lignes rimées de 5 ou de 7 syllabes alternativement, se terminant par 2 lignes de 7 syllabes chacune. La chanson vulgaire s'appelle *hayari-outa*. Par opposition aux *shi*, ou poésies chinoises, on écrit les *outa* en caractères *kana* et avec des termes de la langue *yamato*. Notons que le vers chinois, comme le vers hindou, a un sens complet par lui-même.
2. FOUKOUTCHI-GHÉN-ITCHIRO (*Far East,* v. I, IV, 1898).
3. ASTON, *Jap. Lit,* p. 274. Ce premier établissement théâtral sur les

transformation introduite par *Okouni* dans le drame japonais : nous ne possédons ni les paroles, ni l'intrigue de ses pièces. Nous savons seulement qu'elle interpréta des *monogatari* et emprunta ses sujets aux chroniques si populaires déjà dans les salles de conteurs.

Les peintures et les livres de l'époque nous révèlent la souplesse du talent d'*Okouni* et la diversité de ses rôles. Elle est parfois représentée avec une couronne d'or et des robes brodées « d'une beauté non terrestre ». Dans d'autres *kakémono*, elle porte une robe de prêtre avec un rosaire en cristal suspendu à son cou. On rapporte encore qu'elle s'habillait de magnifiques vêtements masculins, avec les deux sabres et l'*inro* attaché à la ceinture.

Pendant qu'elle jouait des rôles d'homme, son mari *Nagoya Sanzabouro* interprétait les personnages féminins. Une autre actrice, *Sadoshima Mousakitchi*, suivit l'exemple d'*Okouni*, et monta sur la scène avec d'autres femmes. En 1643, un édit supprima ces représentations comme entachées d'immoralité. La présence d'acteurs et d'actrices sur la même scène fut interdite, car « le théâtre est une institution publique qui a pour unique but d'encourager au bien et de corriger le vice ». Pour observer le principe de la séparation des sexes, qui a toujours été pratiqué avec une certaine rigueur dans l'Extrême-Orient, *Okouni* forma une troupe de jeunes garçons qui jouaient indifféremment tous les rôles. Ceux-ci, à leur tour, furent frappés d'interdiction en 1667. Enfin le gouvernement adopta le système qui consistait à attribuer tous les rôles à des hommes, et qui est encore en

---

bords du *Kamo-gawa* fit appeler plus tard les acteurs « mendiants de la rivière ». A Eddo, les comédiens étaient également installés sur les bords de la Soumida.

vigueur. Les hommes qui jouent un rôle féminin sont appelés *onnagata* (1).

Okouni était, dit-on, remarquable par sa beauté, non moins que par son talent. Malheureusement, dit M. Takashima (2), les vicissitudes de la fortune forcèrent cette grande artiste à jouer devant le public comme une comédienne vulgaire, au grand regret des délicats qu'elle avait charmés auparavant (3).

Nous ne saurions partager les regrets de M. Takashima : l'action décisive exercée par *Okouni* sur son auditoire populaire orienta définitivement le théâtre national vers les représentations de nos jours. *Okouni* a fondé le théâtre moderne sur la sincérité de l'observation et sur la vérité drama-

---

1. En ces dernières années, quelques exceptions à cette règle ont été consenties en faveur de la danseuse *Sada-Yakko* et des comédiennes *Onna Dhanshou* et *Keisho*. Il existe cependant des troupes composées uniquement de femmes, comme à Canton (V. M. COURANT, *Le Théâtre en Chine, Revue de Paris*, 15 mai 1900, p. 340).

La même règle était observée dans l'antiquité classique et le moyen âge occidental. « Un office, dit Magnin, s'est conservé jusqu'à nous, avec la musique et le détail de la mise en scène. Trois diacres, revêtus de dalmatiques, et portant sur la tête des voiles à la manière des femmes « ad similitudinem mulierum », représentaient les trois Marie... En 1434, dans le Mystère de sainte Catherine, un notaire, Jean Didier, fut chargé du personnage de Catherine » (Ch. LOUANDRE, *Théâtre au moyen âge*).

Les femmes étaient donc exclues de la scène. Le surnom de *Gorju* indique le travestissement exagéré de l'acteur chargé de jouer les commères et les grosses bourgeoises.

2. *Far East*, II, n° 9.

3. M. LAFCADIO HEARN raconte une histoire touchante sur *Okouni* :

Comme elle venait de *Kitsouki* à *Kyôto*, avec *Sanzabouro*, sorte de héros de roman comique, batailleur et téméraire, son extraordinaire beauté séduisit un autre fougueux ferrailleur rencontré durant le voyage. Sanzabouro tua son rival. Jamais l'image du malheureux ne s'effaça de l'esprit d'*Okouni*. Après la mort de Sanzabouro, elle retourna à *Kitsouki*, coupa sa chevelure et entra au couvent, afin de prier pour l'âme de celui qui avait péri, victime de sa fatale beauté (V. B. H. CHAMBERLAIN, *The classical Poetry of the Japanese*, p. 404).

tique. On a pu dire en ce sens que le drame proprement dit au Japon n'a pas plus de trois siècles d'existence.

Les pièces d'*Okouni* sont connues sous le nom d'*Okouni-kabouki*. Le mot *kabouki* désignait d'abord des « femmes qui figuraient au théâtre »; il s'appliqua ensuite à la danse des hommes (*otoko-maï*) et finit par devenir synonyme de *drame* (1).

ACTEUR

(*Collection S. Bing.*)

1. C'est ainsi que *Kabouki-Shimpô* signifie : *Revue théâtrale*, et que les pièces de M. Foukoutchi sont jouées au *Kaboukiza-Théâtre*. Le mot *kabouki* était déjà usité dans la période *Ocho* (début du XIVe siècle).

Les *okouni-kabouki* obtinrent, dès leur apparition, l'approbation générale. Les danses de ces pièces gagnèrent en variété, l'intrigue se développa, les sujets se renouvelèrent. Des auteurs hardis composèrent des pièces de deux ou trois actes, alors que les autres genres ne comportaient qu'un seul acte.

L'interdiction faite aux femmes, en 1643, de se donner en spectacle, ne s'appliquait pas aux *gueisha*, qui exécutaient depuis plusieurs siècles le *shirabyoshi*, et depuis le temps des *Ashikaga*, l'*odori*. Cette dernière danse n'est pas sans rapport avec la danse dénommée *maï*. (1) L'*odori* était très apprécié dans toutes les classes de la société, depuis le shôgoun, les daïmyô et les samouraï, jusqu'au commun du peuple (2).

Quelques auteurs pensent que cette classe de danseuses et chanteuses date de l'ère *Horéki* (1751-1763). Jusqu'à cette époque, dit M. Albert Thomas, « nous voyons la courtisane ou quelquefois la *shinzo*, candidate courtisane, jouer elle-même du *shamicenn* et danser pour amuser les habitués des maisons à thé et des autres lieux de même genre. Nous voyons ensuite les courtisanes, dont les mœurs deviennent de plus en plus dissolues, délaisser bientôt totalement la musique et la danse, et les textes établissent que vers la fin du XVIIIᵉ siècle, on se vit contraint, pour conserver à ces établissements leurs divertissements, d'avoir recours à des musiciens et à des bouffons aveugles. D'ailleurs, une foule d'estampes, et notamment celles de Nihigawa Soukenobou,

---

1. Les Japonais disent : le *maï* des mains et l'*odori* des pieds ; ces expressions décrivent suffisamment ces deux sortes de danses.
2. Suivant M. *Foukoutchi-ghèn-Itchiro*, la corporation des *gueisha* aurait son origine dans les danseuses du *shirabyoshi*, et remonterait par conséquent au XIᵉ siècle.

nous représentent différentes scènes de ce genre, où l'on voit toujours figurer, dans une salle de festin, les trois personnages du joyeux viveur, de la courtisane et du musicien aveugle. Mais — la chose était inévitable — les clients se plaignirent bientôt que le rôle de ce dernier fût entièrement dépourvu d'intérêt, de sorte que les aveugles furent peu à peu congédiés et que chaque maison de ce genre dut engager à leur place un certain nombre de jeunes *maïko* ou danseuses. C'est là, croyons-nous, la véritable origine des *gueisha*, que l'on rencontre non seulement dans le quartier de Yoshiwara (la plaine du bonheur), mais dans presque toutes les maisons à thé du Japon (1) ».

1. *Les Geishas*, Paris, 1900 *(Institut de Bibliographie)*.

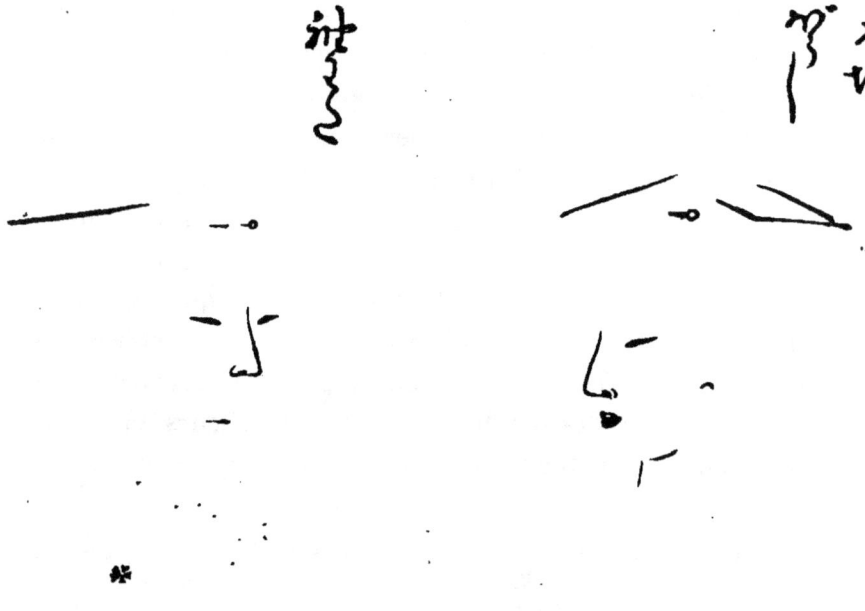

COIFFURE SODÉWATA   COIFFURE D'OHSAKA

(Coll. S. B

IV

Le Théâtre moderne (Shibaï)

Les pièces nouvelles d'Okouni étaient représentées en plein air. Aussi, le théâtre profane et vulgaire est-il désigné, dans la langue parlée, sous le nom de *Shibaï*, ou « *gazon-théâtre* » (tertre gazonné servant de scène) (1). La langue écrite a adopté le mot plus poétique de *Ri-yenn*, « jardin des pêchers », d'origine chinoise (2),

---

1. « Cette expression, dit M. Bousquet (*Le Japon de nos jours*, I, p. 361), vient de ce que les premières scènes dramatiques furent jouées sur un tertre de gazon à la porte des temples. » *Shibaya* désigne le lieu de la représentation. *Mitford* signale que les caractères chinois qui expriment le mot *shiba-i*, dans le Dictionnaire de Hepburn, sont *chi-chang* (*keih-chang* dans le Lexique de Morrison), ce qui signifie « arène dramatique ». Les caractères généralement employés, et qui sont étymologiquement corrects, sont *chi-chii* (*che-keu*, dans Morrison), ce qui signifie *parterre* ou *tertre gazonné* (*Tales of old Jap.*, p. 149).

Rappelons que, suivant le même auteur (p. 150), la première danse *sambashô* fut exécutée par des prêtres sur un tertre gazonné, près de la dépression volcanique de Nara.

2. On sait combien la langue chinoise abonde en métaphores. Le

Le premier *Kabouki-Shibaï,* ou théâtre populaire, distinct du *Nô* et du *Ayatsouri-Shibaï,* (théâtre de marionnettes), paraît avoir été établi à Kyōtō au début du XVIIᵉ siècle (1).

Jusqu'au fameux Iyeyas, les représentations ne furent jamais, comme dans notre moyen âge que des divertissements exceptionnels donnés dans les temples ou dans les palais (2). Il serait téméraire, avec les renseignements si parcimonieux des lettrés, d'exposer sans quelque incertitude la transformation des divers genres lyriques en déclamation rapsodique, puis en récit dramatique. Lorsque parut la prêtresse Okouni, le théâtre était, pour ainsi dire, absorbé dans le cérémonial du culte. Au XVIIᵉ siècle, des comédiens de métier remplacent les clercs; l'idiome vulgaire balbutie des dialogues nouveaux; l'art cherche à se poser à lui-même des règles fixes: il allie aux traditions religieuses les inspirations de la vie courante; il est à la fois chevaleresque, religieux, satirique et national. La transformation fut lente, comme toutes les transformations; elle se fit par une succession de mouvements inaperçus, parfois contradictoires, mais qui concouraient tous à l'évolution générale, « *consi-*

---

théâtre s'est appelé successivement : —sous les *Souï,* « amusements des rues paisibles »; — sous les *Thang,* « musique du jardin des poiriers »; — sous les *Soung,* « amusement des forêts en fleurs », — et sous les *Mongols,* « joies de la paix assurée ».

1. Aston, *Jap. Lit.,* p. 274.
2. En France, les représentations dans les églises persistèrent après la période des mystères. On constate encore, par les statuts synodaux d'Orléans, à la date des années 1525 et 1587, l'usage des jeux scéniques dans les églises. En Italie, sous le pape Innocent VIII, Laurent de Médicis, à l'occasion du mariage de l'une de ses filles avec un neveu de ce pape, composa un mystère et le fit jouer dans une église, à Florence. A Angers, en 1486, on célébra une messe sur la scène même (d'après E. Thévenin).

dérant, comme disait Rabelais, *que nature ne endure mutations soubdaines sans grande violence* ». Et, en effet, le *djiôrouri*, et ses dérivés, comme le *ghidayou-boushi*, ont conservé jusqu'à nos jours leurs caractères constitutifs : poésie, musique et danse. Cependant le dialogue gagne toujours en étendue, et l'action dramatique présente une intrigue bien marquée depuis la scène initiale jusqu'à la catastrophe finale.

Le fondateur du théâtre moderne, celui que M. Foukoutchi-guèn-Itchiro appelle « le Shakespeare du Japon », est *Tcikamatsou-Monzayemon* (1653-1734), « esprit audacieux et profond, qui finit par s'affranchir de toutes les conventions, et dont les pièces, même lorsqu'elles étaient jouées par des marionnettes, étaient si émouvantes qu'elles arrachaient des larmes aux spectateurs(1)». La ville natale de ce dramaturge de génie a été aussi longuement discutée que celle d'Homère. Suivant M. Aston, il serait né d'une famille de *samouraï*, à *Haghi*, dans la province de *Nagato* (2). On prétend qu'il devint d'abord prêtre ; lui-même nous apprend qu'il servit dans plusieurs maisons nobles de Kyōtō et devint *rôninn* (3). Il mourut à Ohsaka en 1724, « après avoir renoncé, le premier de sa famille, à porter le casque et la cuirasse (4) ». Il laissa plus de cent œuvres dramatiques.

---

1. *Kokouminn-no-Tomo*.
2. *Jap. Lit.*, p. 275.
3. *Rôninn*, « homme de la vague », chevalier errant, sorte d'*outlaw*. Le *rôninn* est un *samouraï* qui, pour une cause quelconque, quittait le service du seigneur, et, privé de sa pension, vivait généralement de brigandage. « Les *rôninn*, dit M. Appert, s'offraient à tout individu qui avait besoin d'hommes déterminés pour tenter un coup d'audace (*Ancien Japon*, p. 216. Tōkyō, 1888).
4. V. le *Nippon hyaketsou den*, vol. IX, p. 94. (rapporté par VALENZIANI, *Oriente*, Rome, 1894, n° 4, p. 202).

Le plus ancien ouvrage de *Tcikamatsou Monzayemon* fut écrit en 1685. En 1690, il s'établit à Ohsaka et composa pour les théâtres de marionnettes des pièces déclamées par le fameux *Takemoto Ghidayou*. « Depuis cette époque jusqu'à sa mort, dit M. Aston, il produisit à des intervalles très rapprochés une série de drames qui, malgré leurs défauts, ne laissent aucun doute sur son génie fertile et inventif (1). Ses *djiôrouri* sont au nombre de 97, dont 74 drames historiques et 23 pièces de mœurs. Ils sont fort admirés des lettrés pour la pureté du style et la fermeté de la composition, qui, jusqu'alors, était restée flottante et décousue (2).

Le fondateur du théâtre populaire conserva dans ses pièces le récitatif du chœur, qui rattache le drame aux déclamation des *katari*, et constitue le noyau même de l'action. Non seulement le chœur fournit le fil directeur de l'histoire, qui enchaîne l'une à l'autre les scènes représentées, mais il vient en aide à l'imagination en expliquant la signification des poses, de la mise en scène, beaucoup mieux que ne pourraient le faire les acteurs. Le dialogue n'a qu'une importance secondaire, qui ira néanmoins grandissant (3).

C'est surtout pour les théâtres de Kyōtō, d'Ohsaka et d'Edo que furent composés les drames de l'école vulgaire (4).

---

1. *Jap. Lit.*, p. 276.
2. *Far East,* v. I, n. 4.
3. D'après Aston, *Jap. Lit.*, p. 276.
4. Observons que la naissance d'une école populaire de drame coïncide avec l'apparition, au XVIIe siècle, d'une école vulgaire de peinture. Presque tous les peintres de cette époque traitent de sujets de théâtre. Citons, après *Moronobou*, fondateur de l'école réaliste, les *Tori-i*, avec leurs estampes en couleurs aux tons éteints; *Hanabousa Itchô*, dont les caricatures étaient si hardies qu'elles le firent exiler dans l'île de

PLANCHE VI. — AFFICHE DE THÉATRE
Avec les armoiries des acteurs Itshimoura Ouyémon et Ségawa Kikounozyo.

(Coll. P. Molinard).

Les acteurs écrivaient eux-mêmes, et souvent improvisaient les paroles de leurs rôles. Nous ne trouvons guère, jusqu'à nos jours, d'auteur dramatique qui ne soit un comédien. C'est ainsi, dit Metchnikoff, que *Tcikamatsou Monzayemon* fut à la fois un Talma et un Shakespeare japonais (1).

Un contemporain célèbre de Tcikamatsou, nommé *Takemoto Tcikougo* (ou *Ghidayou*) inventeur du *ghidayouboushi*, composa 90 pièces de théâtre, toutes historiques, sauf 22. Le chanteur de *ghidayou*, qui figure encore dans

Hatchi-djo; *Harounobou*, le grand charmeur du XVIII° siècle, qui peignit avec tant de sentiment poétique et gracieux les beautés célèbres des Maisons Vertes, mais dédaigna malheureusement de faire des portraits d'acteurs. Son contemporain *Shounsho* traita les premières scènes de théâtre que nous possédions. Ses portraits d'acteurs, dans les rôles de femmes, sont particulièrement remarquables par leur grâce, leur élégance, leur vie dramatique. *Outamaro*, comme *Harounobou*, refusa de dessiner des acteurs célèbres, disant fièrement : « Je ne veux pas briller à la faveur des acteurs, je veux fonder une école qui ne doive rien qu'au talent du peintre. »

Au XIX° siècle, *Toyokouni* « a porté plus loin que personne la force de la mimique théâtrale; son œuvre immense est comme une encyclopédie du geste ». On lui doit des illustrations du *Ghenndji monogatari* et du drame des *Quarante-sept rôninn*. *Kounisada*, son élève, mort en 1864, excelle, dit M. Duret, dans le groupement des personnages et l'arrangement pittoresque des accessoires. *Kouniyoshi* fut son collaborateur; il a donné une suite fameuse de l'*Histoire des quarante-sept rôninn* et a produit un nombre énorme de gravures en couleur représentant des scènes de théâtre et des portraits d'acteurs. Il s'est largement inspiré de *Hoksaï* (v. Michel Revon, *Hoksaï*, p. 215). Celui-ci nous montre « l'acteur qui se farde dans sa loge; le danseur ou la danseuse qui se livre à son art, grossier ou sublime, depuis les danses rustiques, les danses populaires, les danses du lion ou des moineaux, jusqu'à ces antiques danses sacrées, mêlées de pantomimes, de déclamation et de chant qui, dans le décor d'un grand théâtre ou d'un vieux temple... sont peut-être ce que l'art dramatique d'un peuple peut produire de plus parfait. »

1. *L'Empire japonais*, p. 217 (Genève, 1881).

les théâtres du Japon, était vêtu de l'ancien costume national et s'accompagnait du *shamicenn*.

Tcikamatsou eut de nombreux disciples et imitateurs d'origine populaire ou appartenant à la caste militaire et passés dans les rangs du peuple. Parmi ceux qui suivirent l'exemple du maître avec le plus de succès, il faut citer *Namiki Sosouké*, qui, neuf ans avant la mort de *Tcikamatsou*, écrivit des drames pour un théâtre d'Ohsaka, et vint à Eddo en 1742. Quelques années après, il retourna à Ohsaka, « où la mort le reçut, le septième jour de la neuvième lune de la seconde année *Kwanghenn*. » (1745) (1).

Il écrivit un drame(2) qui se déroulait dans la vallée d'*Itchino-tani*, célèbre par la victoire qu'y remportèrent les *Minamoto* sur les *Taïra*, en 1184. Cette œuvre fut terminée par cinq disciples de *Sosouké* : *Açada Itchio*, *Namioka Keïji*, *Namiki Ciôza*, *Namba Sanzô* et *Tojotaké Ghinrokou*, qui la publièrent en 1752 (3).

Un autre auteur, *Tcikamatsou Haïghi*, fit jouer le drame *Outa-saï-mon* dans la première année de l'ère *Aneï* (1780). Fils d'un lettré, disciple de Confucius, *Haïghi*, après une jeunesse assez turbulente, fit preuve d'une vive intelligence et d'une grande facilité de composition. Il adopta toutes les nouveautés introduites dans le théâtre japonais par *Tcikamatsou Monzayemon*, véritable fondateur du drame moderne.

Enfin, parmi les imitateurs de *Tcikamatsou*, il faut faire

---

1. VALENZIANI, *Osome e Hisamatsu* (*Oriente*, Rome, 1894, n° 4, p. 65).

2. Titre : *Itchinotani foutaba gounki*, ou « Souvenirs des premières armes de deux jeunes gens dans l'assaut d'Itchinotani. »

3. VALENZIANI, *op. cit.*, p. 58 (La Spiagga di Suma).

SCÈNE DE DRAME
TIRÉE DES « QUARANTE-SEPT RONINN ».
(Extrait du Japon artistique).

DRAME PROFANE

une place à part à *Takéda Idzoumo*, auteur d'un drame populaire entre tous : *Tchiousshingoura*, histoire des *quarante-sept rôninn* (1), qui parut en 1748. Les pièces de *Tcikamatsou* avaient généralement cinq actes ; *Tchiousshingoura* en a onze. Dans leur caractère général, dit M. Aston, les pièces d'*Idzoumo* ressemblent fort à celles de son devancier. C'est la même abondance d'incidents, le même mélange de tragique et de comique, le même désir de frapper violemment les spectateurs par l'étalage d'un pathétique meurtrier, et de flatter les basses passions. Cependant, chez *Idzoumo*, les situations sont moins invraisemblables, les personnages se rapprochent davantage de l'humanité commune ; ils sont moins guindés et moins emphatiques dans leur langage (2).

Idzoumo mourut en 1756. Quelques années plus tard, le *djiôrouri* avait perdu, pour une bonne part, son caractère poétique. Il tendra de plus en plus vers la forme des drames historiques et des pièces de mœurs.

La musique des *djiôrouri*, suivant Piggott, est généralement lourde et vulgaire. *Miyako Itchou* imagina des chants plus doux, qui furent interdits par le Gouvernement, parce qu'ils accompagnaient des pièces licencieuses. Ce genre fut repris plus tard par *Miyako Bounyemon*, mais il parut trop langoureux pour le goût populaire, et un artiste, nommé *Bouzen*, lui substitua le *tomimoto-boushi*. A la fin du XVIIIe siècle, la musique à la mode fut l'œuvre de *Kiyomoto Enjousaï*, d'*Oudji Kadayou*, de *Foudjimatsou* (3), etc.

---

1. La mort des quarante-sept *rôninn*, vengeurs de leur maître *Açano*, a fait surgir des romans, des dessins et des tragédies en très grand nombre (v. l'analyse, p. 209). En 1802, ce drame parut en deux volumes illustrés par *Hoksaï*, sous le titre : *Tchiousshingoura hiakwari kiôka*.

2. V. Aston, *Jap. Lit.*, p. 313.

3. D'après Piggott, *The Music of Japan*, p. 36.

Comme le *djiôrouri*, l'art dramatique chinois, sous la dynastie mon-

Le drame en prose eut moins de vogue que le drame lyrique, et ne se développa qu'au XVIIIe siècles. Ses principaux représentants sont *Tsoudchi Jiheï* (1760-1819) et *Kawataké Mokouami* (1816-1893). Ces auteurs ont le souci visible d'exposer une action vive et une, en vue d'un effet scénique progressif.

Le XVIIIe et le XIXe siècles, jusqu'à la restauration de 1868, ont vécu entièrement sur leur passé dramatique. Le *nô* et le *kiyôghèn* conservent leur vogue, qui dure encore, dans le cercle de la société la plus raffinée ; le *kabouki* accuse une tendance de plus en plus marquée vers le réalisme et le naturel.

Depuis l'ère *Keian* jusqu'à l'ère *Temmeï*, de la moitié du XVIIe siècle à la fin du XVIIIe, l'activité théâtrale est à peu près limitée aux théâtres d'*Eddo*, de *Kyôtô*, et d'*Ohsaka*. Les pièces, toujours conçues sur le même plan, « exhibent des momies sans vie, des personnages d'un type arrêté et conventionnel, conforme au formulaire de l'école (1) ». C'est le triomphe de la recette littéraire. Le théâtre semble atteint d'épuisement. Des pastiches, ou plutôt des contrefaçons banales des drames de *Tcikamatsou* ou d'*Idzoumo*, des tragédies qui tournent au mélodrame, et des comédies qui tombent dans la farce caricaturale, tels sont les spectacles de la scène à cette époque.

Les critiques japonais ont expliqué cette longue stérilité du théâtre par des raisons littéraires et des motifs d'ordre social.

En tout temps, une sorte de discrédit s'est attaché à qui-

---

gole, était accompagné d'airs de musique (M. COURANT, *Le Théâtre en Chine*, p. 349).

1. Y. TSOUBOUTCHI, *Hansei Zusshi*, XII, 6.

conque touchait au théâtre. Si les acteurs de *nô* étaient honorés, les comédiens du *shibaï* étaient tenus en suspicion plus ou moins légitime. Ils étaient sans caste, et on les comptait avec les chiffres employés pour dénombrer les animaux (1). Administrativement, ils appartenaient à la plus basse classe de la population, celle des *hi-nin* (pas hommes), qui comprenait les mendiants, les filles perdues, la corporation des équarrisseurs et toutes les personnes touchant par profession aux cadavres et par conséquent considérées comme impures (*kitanaki*) (2). On les appelait communément les « mendiants de la rivière », ou « les habitués des rivières à sec » (*kawaramono*) (3). Généralement tenus à l'écart, surveillés étroitement, les acteurs ne purent, pendant longtemps, se promener à visage découvert. Ils étaient obligés de se coiffer d'une sorte de casque, qui leur emboîtait la tête, et qui était percé de deux trous ronds à la hauteur des yeux. Une encyclopédie rapporte encore que les acteurs furent longtemps contraints d'avoir les sourcils et les cheveux complètement rasés : ils adoptèrent alors la coiffure factice appelée *kadzoura* et y joignirent un bandeau pourpre (4). Peu à peu, cependant, leur situation s'améliora, et depuis 1868, le mépris qui s'attachait à la profession d'acteur tend à disparaître (5).

1. Ainsi : *Ippiki, nihiki*, et non point : *Hitori, foutari*... Les Japonais peuvent seuls apprécier cette insulte, dit M. Chamberlain (*Things japanese*, p. 344).
2. V. Metchnikoff, *L'Empire japonais*, p. 218.
3. Le surnom de « mendiants du bord de l'eau » vint aux acteurs de l'établissement du premier théâtre populaire, à *Eddo*, non loin de la rivière (1606).
4. Encyclopédie *Wa-kan-San-saï-dou-yé*, t. XVI, p. 16.
5. En Chine, dit M. Courant, « le fait seul de paraître en scène est considéré comme dégradant : on cite l'exemple d'un lettré qui, ayant

D'autre part, les lettrés dédaignaient la composition dramatique, abandonnant ce genre, qu'ils jugeaient inférieur, au talent d'un petit nombre d'écrivains plus complètement affranchis des préjugés, ou moins soucieux de leur réputation littéraire (1). La société des *daïmyo* et des *samouraï* ignorait systématiquement et de parti-pris les drames et les dramaturges, se bornait à assister aux scènes de *nô* et de *kiyôghèn*, et cherchait dans la lecture de romans interminables la satisfaction de son goût pour l'émotion dramatique. Les *monogatari* et autres livres de chevalerie ou d'amour, riches en incidents variés et écrits dans un style scénique, remplaçaient le jeu des comédiens pour les hautes classes de la société. Le théâtre était, aux yeux des grands, « l'école de l'ignorant » ; il avait pour objet l'instruction, plutôt que l'amusement du peuple ; il était l'éducateur de la plèbe ; il lui enseignait le respect du passé, la fidélité au souverain, — ces deux vertus fondamentales de la société japonaise, — le mâle courage, la bravoure indomptable, l'héroïsme guerrier des ancêtres. On comprend quel genre d'intérêt un public ignorant et peu délicat pouvait prendre à ces spectacles. Ce qu'il admirait surtout, c'était la conformité du langage et du jeu théâtral avec la réalité de tous les jours. Ainsi s'avilit, devant un auditoire d'illettrés, la majesté originelle des personnages, la noblesse du style, la grandeur soutenue de l'œuvre entière. Le public exigea un

---

rempli un rôle dans une représentation privée, à Koei-yang, fut d'abord dépouillé de son titre officiel, puis chassé de sa famille et de son clan... Ce métier est l'un des quatre qui impriment une tare ineffaçable à celui qui l'exerce, à son fils et à son petit-fils ; ce n'est que la quatrième génération qui rentre dans le droit commun » (*op. cit.*, p. 340).

1. Tel est le dédain des Japonais pour ce genre « secondaire », que les traités de littérature ne développent point l'histoire du théâtre populaire. Ils étudient seulement le *nô*.

théâtre à sa mesure ; le drame fut médiocre et vulgaire. De plus, suivant M. *Y. Tsouboutchi*, la déplorable réputation des acteurs écartait les bons lettrés de la scène. Aussi les pièces de cette époque ne montrent ni fraîcheur, ni vigueur; ce sont des imitations arrangées non pour l'esprit, mais uniquement pour les yeux. Le drame, sans originalité, sombre dans la platitude populacière.

Une autre raison, d'après M. Foukoutchi-guèn-Itchiro détermina le caractère vulgaire du théâtre et l'arrêt de son développement au XVIIIe siècle : c'est l'ordonnance de 1681, prohibant le port des épées dans les salles de spectacle.

Beaucoup de *samouraï*, qui formaient la partie la plus instruite du public, fréquentaient les théâtres en portant leurs épées à la ceinture et faisaient régner la terreur, répandaient parfois le désordre dans l'auditoire. Pour éviter entre les spectateurs toute querelle à main armée, les directeurs de théâtres essayèrent d'obtenir l'obligation pour les samouraï de renoncer au port des deux sabres, s'ils voulaient être admis aux spectacles. Mais ceux-ci ne voulurent pas renoncer au bénéfice de leur *samouraïte*, car un samouraï sans sabres n'est plus un samouraï. Les désordres continuèrent. C'est alors que les directeurs imaginèrent de faire inscrire leurs théâtres parmi les maisons de plaisir ou *dattobashô*, parce qu'une ordonnance shogounale de l'ère *Empô* (1673-1680) interdit le port des armes dans ces maisons spéciales. « Les directeurs, qui étaient terrorisés par la caste turbulente des guerriers, voyant que les maisons de plaisir n'étaient plus tyrannisées par les samouraï depuis l'ordonnance de *Reighèn* (1675), envièrent leur sort et demandèrent que leurs établissements fussent enregistrés comme *dattobashô*. Le shogounat accéda à leur demande, en 1681, et comprit même dans la prohibition les théâtres de poupées

RÉPÉTITION THÉATRALE, PAR SHOUNYEÏ (Extrait du *Japon artistique*).

En conséquence, les *samouraï*, sans être l'objet d'une interdiction formelle, furent empêchés d'aller au spectacle, parce qu'ils ne jugeaient pas convenable d'abandonner leurs épées (1).

C'est pourquoi, dans le cours du XVIIIe siècle, « le ton des œuvres dramatiques, le vocabulaire et l'action, tout perdit de sa beauté pour devenir vulgaire et commun (2) », car les *samouraï*, s'excluant eux-mêmes du théâtre, l'auditoire ne se trouva plus composé que de petits boutiquiers et de gens du bas peuple. Les auteurs, dit M. Cordier, continuèrent, comme par le passé, « de mettre en relief les grands exemples connus de loyauté, de fidélité, de justice ou de piété filiale, mais ils cessèrent de les exprimer sous la forme mesurée d'autrefois ; ils en enflèrent démesurément le caractère, ils en poussèrent jusqu'à la démence les traits. Le peinture de la vie devint une charge épileptique de la vie (3) ».

Très peu de pièces nous sont parvenues, soit dans le genre historique (*djidaïmono*), soit dans le genre réaliste (*sewamono*), qui s'est surtout développé au XIXe siècle. Nous possédons cependant un recueil (*ehon*), publié à *Ohsaka*, au XVIIe siècle, avec des frontispices coloriés et des gravures

---

1. Le sabre était, dit M. Gonse, « l'emblème parlant de l'histoire du Japon. « Le principal privilège des *samouraï* consistait à porter deux sabres et à pouvoir se faire justice eux-mêmes sur la classe inférieure. Le port des deux sabres, suivant Appert, subsista jusqu'en 1876. C'étaient des armes terribles : une lame de moyenne grandeur, bien trempée, tranchait d'un seul coup la tête d'un homme. Pendant les grandes luttes féodales, on employa généralement des sabres à deux mains. A cette époque, tout Japonais portant un sabre devait être prêt à chaque instant à sacrifier sa vie en s'ouvrant le ventre : c'était le genre de suicide nommé *harakiri* (v. p. 245).
2. *Far East*, v. I, n° 4.
3. *T'oung Pao*, (série II, v. I, 1900).

DRAME PROFANE 179

sur bois très artistiques, qui décrit minutieusement les costumes, les jeux de scène et le plan des pièces. Il nous reste aussi quelques recueils du même genre publiés à *Eddo* et qui étendirent dans tout l'Empire la suprématie théâtrale de cette ville (1). Ces copies, exécutées par des garçons de théâtre, ne sont plus conservées que par des bouquinistes.

Elles avaient été écrites exclusivement pour la scène, « les lecteurs, en général, considérant comme perdu le temps qu'ils consacrent à comprendre un style particulier, les abréviations en usage et à distinguer les noms des personnages de ceux des acteurs qui les jouent. C'est pourquoi ces copies étaient lues seulement par quelques amateurs, quand ils dé-

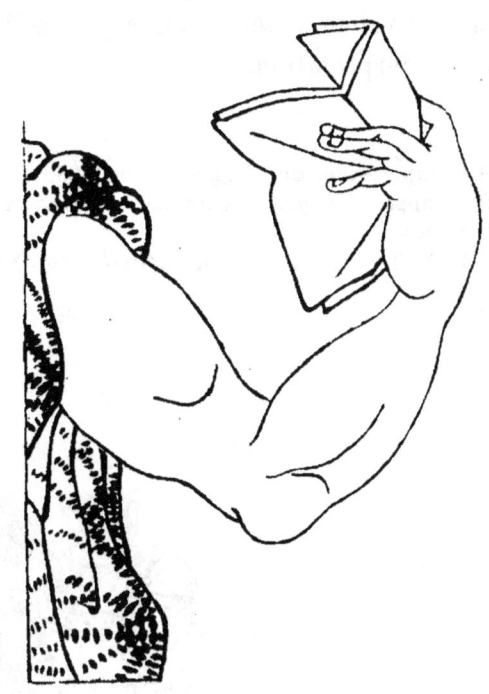

EXTRAIT D'UN MANUEL SUR LES GESTES AU THÉATRE PAR SHOUNYEÏ
(Tiré du *Japon artistique*).

---

1. *Tôkyô*, autrefois *Eddo*, a une origine relativement moderne. En 1456, un guerrier du nom de *Ota Dokwann* y construisit une forteresse. Les avantages militaires de cette position ne tardèrent pas à être connus de *Hideyoshi*, le « Napoléon du Japon », qui dépêcha un de ses lieutenants, *Iyèyas*, pour en prendre possession. Devenu shôgoun, *Iyèyas* s'installa à Eddo, et le Japon eut désormais deux capitales : *Kyôtô* et *Eddo*,

siraient connaître les pièces classiques (1) ». Vers le milieu du XVIIIe siècle, quelques drames furent grossièrement imprimés sous le nom de *Kouçazoshi*. Ce sont de petits volumes illustrés par les graveurs de l'école réaliste *Oukioyé*, et sans valeur littéraire. Ces pièces tiraient tout leur mérite de l'interprétation.

A la suppression du shogounat, en 1868, le *mikado* vint habiter *Eddo*, qu'il appela *Tōkyō*, ou capitale de l'Est. (Kyōtō signifie « capitale de l'Ouest ».
    1. Y. Tsouboutchi (*Hansei Zasshi*, vol. XII, n° 6 p. 7 s.q.q.).

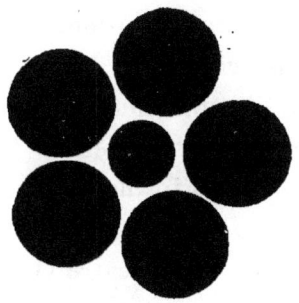

V

Le Théâtre contemporain

La restauration du pouvoir mikadonal fut marquée par une transformation sociale et intellectuelle dont la soudaineté fera toujours l'étonnement des historiens. Sur les ruines volontairement accumulées d'une société millénaire, une génération nouvelle s'éleva, qui entreprit la tâche étonnante de plier l'âme héréditaire de la nation aux procédés de l'esprit occidental. Le peuple japonais s'éveilla du long sommeil de la civilisation chinoise dans la pleine lumière de la civilisation européenne. Au XVIIe siècle, une ordonnance d'Iyémitz punissait de mort l'étude des langues étrangères ; en 1871, l'empereur « promettait de s'inspirer, pour l'organisation politique, des meilleurs systèmes de l'Europe (1) ». L'esprit japonais se façonne chaque jour davantage à l'image de l'Occident.

1. *Notes sur le Japon*, par M. DE SERNAY.

Aussi le moment présent, en littérature comme en art, représente une période de transition, une époque d'ardente et audacieuse transformation. Au théâtre, les œuvres abondent, diverses d'inspiration et d'exécution, dans la confusion des genres et des systèmes. Le drame sacré est parfois représenté, sous sa forme traditionnelle, devant les lettrés et les amoureux du passé, mais il n'est plus qu'un divertissement d'érudits. Le théâtre vulgaire, au contraire, est en plein travail de rénovation.

Les pièces du théâtre populaire se divisent en trois catégories : les *Djidaïmono*, ou pièces historiques ; les *Sewamono*, ou pièces de mœurs, dont le ressort principal est l'amour ; les *Oyémono*, ou pièces tirées des malheurs de quelque famille illustre. Les pièces historiques sont les plus appréciées du public. Elles ne diffèrent pas sensiblement des compositions anciennes de *Tcikamatsou* et d'*Idzoumo*.

Une école de novateurs a jugé que ces drames n'étaient plus en harmonie avec le goût contemporain. C'est le *Soshishibaï*, ou « Théâtre des étudiants ».

Cette compagnie de jeunes lettrés manifesta, vers 1885, son intention de donner au Japon un théâtre inspiré de la civilisation nouvelle, également affranchi des extravagances romantiques et des descriptions réalistes du *kabouki-shibaï*. L'école nouvelle proclama hautement sa résolution de renoncer aux « invraisemblances romanesques, aux meurtres, vols, apparitions, dévouements surhumains, pillages, tumultes, actes d'obscénité et de cruauté qui coûtaient si peu à l'imagination des auteurs anciens, pour exciter l'émotion de l'auditoire(1) ». Les novateurs devaient s'efforcer de peindre la vie contemporaine dans toutes les classes de la

---

1. Takashima, *Kokouminn-no-Tomo*, et *Far East*, I,,7.

société, et de substituer l'observation personnelle aux procédés conventionnels.

Les chefs du *Soshi-Shibaï*, MM. *Kadofouji et Kawakami*, débutèrent, à *Ohsaka*, par des traductions, comme il est d'usage dans les théâtres indépendants. « *Monte-Cristo* et les *Trois Mousquetaires*, dit M. Osman Edwards, étaient assurément des nouveautés intéressantes, mais lorsque le public demanda un auteur de génie, il ne parut point un autre Tcikamatsou. Il est vrai que M. Kawakami s'enflamma à l'idée de représenter la guerre de Chine et prit à Port-Arthur et à Wei-haï-wei de nombreuses photographies, qui lui permirent de monter sa pièce avec l'exactitude documentaire la moins contestable, mais cette représentation n'avait pas plus de valeur scénique et littéraire qu'une pantomime, comme le *Tour du Monde en 80 jours*, qui n'est pas autre chose qu'un panorama (1) ». En 1898, M. *Osada* n'hésita pas à produire sur la scène une version japonaise du *Monde où l'on s'ennuie*.

Ces essais étaient trop hâtifs pour être heureux. Le *Soshi-shibaï* a été mieux inspiré dans « l'imitation de la vie actuelle des Japonais, surtout celle des avocats, des juges, de la police et des étudiants (2) ».

Une autre groupe d'écrivains moins hardis n'a point essayé d'acclimater sans transition ni ménagements des productions étrangères, mais de conserver le genre traditionnel « avec la double préoccupation d'éviter l'invraisemblance et le

---

1. *Transactions and Proceedings of the Japan Society*, vol. V, part II : Japanese theatres, pp. 142 sqq.

M. Kawakami a représenté diverses pièces japonaises à l'Exposition de 1900, avec Mme Sada Yakko, en particulier *Kéça* et la *Guésha et le Samouraï*.

2. J. Hitomi, *Le Japon*.

LE PARTERRE

On voit sur la scène l'orchestre et le chœur, derrière les personnages du drame. Au parterre, les spectateurs sont parqués dans leurs logettes.

Extrait du *Japon artistique*.

romanesque (1) ». M. *Tsouboutchi*, romancier, critique et auteur dramatique, s'efforce, dans ses pièces, d'éviter les violences et la truculence trop familières aux anciens dramaturges, pour étudier avec profondeur et finesse les caractères. Dans ses drames historiques, comme *Maki-no-kata*, représenté en 1897, et *Kikou-to-kiri*, joué en 1898, M. *Tsouboutchi* réduit l'ancien *djiôrouri* à un dialogue dramatique. Cet auteur a traduit des pièces de Shakespeare comme *Othello*, sous le titre de *Sizaroukidan*. M. *Foukoutchi* a écrit une adaptation des *Misérables*, et M. *Yoda Gakoukaï* a tiré de sa connaissance de l'Occident des œuvres d'une allure plus moderne que les pièces ordinairement jouées dans les théâtres *Shintomi*, *Kabouki* ou *Méji* (2). Ces théâtres sont d'ailleurs construits sur le modèle des scènes européennes.

Il ne semble donc pas que le drame national puisse trouver sa rénovation dans l'adaptation prématurée de sujets européens, dans l'imitation sans choix de nos pièces à thèse, dans la copie servile de nos vaudevilles. L'action indispensable du temps a manqué aux efforts des novateurs. L'assimilation du théâtre occidental avec la littérature du Nipon est encore bien imparfaite. « Jusqu'à ces dernières années, dit un critique japonais, notre drame a évolué régulièrement ; or, depuis l'invasion des idées occidentales, il s'est développé soudain, mais plutôt en théorie qu'en pratique. Nous ne pouvons pas juger encore exactement de la rénovation dramatique provoquée par la renaissance de ces dernières années (3) ».

---

1. Osman Edwards, *op. cit.* p. 157.
2. V. Takashima, *Far East*, II, nº 9.
3. Takashima Souteta, *Far East*, II, 9.

L'avenir du théâtre japonais se trouve-t-il, non point dans le renouvellement des genres, mais plutôt dans le drame traditionnel? Nous devons répondre négativement, dit M. Tsouboutchi: « Depuis la restauration, nous n'avons pas, à vraiment parler, de littérature dramatique nationale. Toutes les œuvres que nous admirons appartiennent à l'ancien Japon. Mais ne prenons-nous pas la voix du passé pour notre propre voix? Le nouveau Japon, jusqu'ici, n'a pas de voix. Il est comme muet, comme mort (1). » Et M. Tsouboutchi termine son appel aux écrivains de son pays par un encouragement à l'imitation occidentale. On croirait entendre les exhortations de Joachim du Bellay : « Ne prenez point de repos, s'écrie le lettré japonais, jusqu'à ce que la voix du nouveau et grand Japon soit assez puissante pour se faire entendre aux peuples de l'Ouest. »

En somme, tandis que le *nô* fait prévaloir la dévotion et le culte du passé sur l'émotion dramatique, tandis que le drame historique met en scène des personnages héroïques et traditionnels, dont les aventures forment une sorte d'histoire sainte, une véritable « légende dorée », la pièce de mœurs seule, la comédie bourgeoise, semble riche de promesses, « parce qu'elle se développe dans des conditions de naturel et de réalité (2) ». Dans les sujets empruntés à la vie familière, en effet, l'action, qui n'est pas gênée par le souci de la vérité historique, avance avec plus de hâte et d'intérêt. En outre, « les Japonais ont, à un haut degré, la force comique, le don de saisir et d'exprimer finement les ridicules, de mettre en relief le côté grotesque des choses... Dans la

---

1. Y. Tsouboutchi, *L'avenir de notre littérature* (Kokouminn-no-Tomo).
2. Humbert, *op. cit.*, p. 224

littérature populaire, avec quelle verve ils savent prendre sur le fait, au prix de quelque trivialité, peut être, les réalités de l'existence ! Le répertoire comique ouvre donc la plus large carrière à leur imagination (1) ».

C'est, en effet, dans l'observation des hommes et des caractères que le théâtre japonais peut trouver un élément essentiel de rénovation. Les anciennes formes dramatiques ne conserveront leur vitalité qu'en se transformant. Les antiquaires et les artistes pourront les regretter ; ils ne les ressusciteront pas. On n'insuffle pas la vie à un cadavre. A la vérité, dit M. Revon, « un peuple ne se dépouille pas en un jour des habitudes de penser et de sentir qu'ont enfoncées en lui des siècles d'histoire », mais une race, douée au plus haut point de la faculté d'assimilation, peut tirer un heureux parti des enseignements des races étrangères et combiner l'observation de la réalité avec l'imitation « qui n'est point un esclavage ». Les littératures d'inspiration gréco-latine ne doivent-elles pas leurs chefs-d'œuvre à la collaboration de l'âme moderne avec le pur génie de l'antiquité?

1. G. Bousquet, *Le Japon de nos jours*, p. 394.

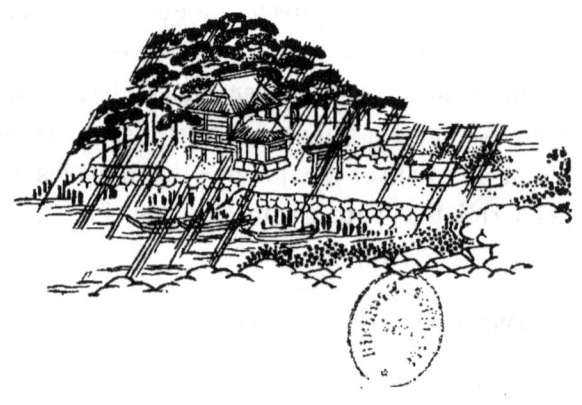

QUATRIÈME PARTIE

LES PROCÉDÉS
LITTÉRAIRES

Tiré de la
MANGOUA
d'Hoksaï

(*Coll. Bing*).

I

La Technique

Il n'existe pas, à vrai dire, de technique dramatique expressément formulée dans la littérature japonaise. Le dédain des lettrés pour le théâtre vulgaire, le caractère relativement élémentaire des pièces dans la facture et l'étude des mœurs ou des caractères, tels sont les motifs qui ont empêché un Bhârata, un Aristote ou un d'Aubignac japonais d'énoncer les règles du genre.

D'autre part, le plus grand nombre des pièces n'ont pas été écrites. S'il nous reste quelques *ehon* grossièrement imprimés à Ohsaka et à Edo, si *Tanehiko* nous a laissé quelques drames connus, sous forme de romans (*shōhonjidate*) (1), il

---

1. V. Aston, *Jap. Lit.*, p. 365.

n'en est pas moins vrai que les auteurs dramatiques n'écrivent d'ordinaire qu'un « canevas plus ou moins détaillé, sur lequel les comédiens brodent à leur aise (1) ». Les auteurs sont des « improvisateurs sur plans » ; souvent même ils composent les pièces qu'ils jouent (2). La technique eut donc peu à se développer, et les règles exposées par les érudits dans diverses encyclopédies se bornent à énoncer les conclusions d'un vague empirisme. Toutefois, malgré l'absence d'un code littéraire, les auteurs ont senti la nécessité des trois stages essentiels de l'action et ont obéi inconsciemment aux lois générales de l'art dramatique.

Il ne semble pas que l'influence du théâtre chinois se soit exercée plus sensiblement sur la technique que sur le développement du théâtre japonais. A la vérité, les doctrines et les sujets bouddhiques tiennent une place importante dans la dramaturgie comme dans la littérature du Nipon, surtout depuis l'époque du bonze Kōbō-Daishi jusqu'au XVIᵉ siècle. Les écrivains de cette période, en effet, sont presque exclusivement des prêtres appartenant aux sectes Singoun, Zen, Tenryou, Engakou. L'explication même des livres de Confucius fut confiée à des religieux bouddhistes, et M. S. Ooutchi rapporte que l'empereur Godaïgo (1319-1338) écouta une conférence du bonze Ghenné-Hôin sur les livres sacrés chinois (3). Toutefois, l'*outa*, qui est le mètre fondamental de la poésie dramatique, n'est point d'invention ou

---

1. A. LEQUEUX, *Le Théâtre japonais* (Paris, 1889), p. 19.
2. Les auteurs chinois sont presque tous des acteurs, « car ceux-ci sont à peu près seuls à connaître les règles de la composition et de la poésie dramatiques » (COURANT, *Théâtre chinois*, p. 341).
3. *Hansei-Zasshi*, v. XII, 6. — M. Ooutchi signale que *Mouraçaki-Shikibou*, dame d'honneur de la cour, écrivit le manuscrit du *Ghenndji Monogatari* sur le verso du « *Daï Hannya Kyō* » (Mahapragnā-Soutra), ce qui témoignerait de sa dévotion au bouddhisme.

d'introduction bouddhique, puisqu'il remonte, d'après la tradition, au temps immémorial du règne des dieux.

D'autre part, tandis que les Chinois, « pour la forme du drame, ne quittaient pas les voies anciennes (1) », les Japonais imposaient aux procédés élémentaires de leur théâtre une succession de changements qui aboutirent à des formes nouvelles et complexes. Ces transformations progressives, qui se manifestent par un ensemble de faits intimement liés entre eux et concourant tous à l'évolution générale, constituent une histoire dont nous pouvons suivre le développement.

A l'époque où le théâtre fut institué en Chine, vers le VIIe siècle (2), sous la forme de ballets et de processions, jusqu'au XVIIe siècle, l'art scénique des Japonais se bornait aux genres anciens peu modifiés. Le *nô* seul possédait un dialogue et une intrigue suivie. Il est donc peu probable que le théâtre chinois, qui fut surtout florissant sous les *Youan* (1229-1340), ait exercé une influence réelle sur le développement du théâtre nipon. Les caractères distinctifs, individuels, du drame japonais, ont persisté après l'invasion de la civilisation chinoise, qui ne possédait, d'ailleurs, qu'un art rudimentaire, conventionnel et peu vivant. Dans la dramaturgie, le Japon n'est donc guère, comme on l'a dit, l'élève de la Chine.

Les auteurs chinois et japonais s'accordent cependant

---

1. Du Méril, *Histoire de la comédie chinoise*, p. 49.
2. Un célèbre souverain chinois du VIIIe siècle, *Ming-Hoang*, était passionné pour les amusements empruntés aux « barbares » de l'Asie Centrale aux Hindous. C'est à lui, dit M. Courant, que les Chinois font remonter l'invention de leur art dramatique (*op. cit.*, p. 349). Le drame chinois proprement dit, ébauché sous les *Thang*, ne fut vraiment constitué que sous la dynastie mongole, aux XIIIe et XIVe siècles.

dans l'application intégrale de la fameuse maxime de Molière : « Vous êtes de plaisantes gens, avec vos règles dont vous embarrassez les ignorants et nous assourdissez tous les jours ; je voudrais bien savoir si la grande règle de toutes les règles n'est pas de plaire. » Les écrivains, en effet, ne s'inquiètent point de savoir s'ils violent les règles de la rhétorique, pourvu qu'ils émeuvent et intéressent le spectateur. Ils ne s'astreignent à observer aucune prescription littéraire.

L'unité de temps est singulièrement transgressée, par exemple, dans cette composition chinoise, analysée par Barrow (1), « où une femme devient enceinte et accouche sur la scène d'un enfant qui est, peu d'instants après, en état ne marcher. » Au Japon, selon Thunberg, la durée d'une pièce comprend parfois les événements d'un siècle entier, tout le temps d'une dynastie.

L'indifférence pour l'unité de lieu ne le cède en rien au dédain pour l'unité des temps. Le *nô*, lui-même, malgré l'opinion de M. Chamberlain, prend des licences avec les règles classiques du genre. Dans le fameux *nô Takasago*, la scène passe successivement de Kioushiou à Harima, et ensuite de Harima à Soumiyoshi (2).

L'unité d'action elle-même n'est pas toujours observée. En réalité, dit M. Bousquet, il n'y a pas d'action, ni souvent progression d'intérêt du prologue au dénouement. Il est rare de trouver dans les pièces japonaises un enchaînement rigoureux de péripéties amenant une crise logiquement préparée. Point de conflit psychologique ; le plus

---

1. *La pagode de Si-hou*.
2. V. Aston, *Jap. Lit.*, p. 204, et une traduction de ce *nô*, p. 206 sqq.

fréquemment, point d'unité d'intérêt (1). Les événements surviennent, sans transitions étudiées ni préparations lointaines. Les scènes sont juxtaposées, cohérentes simplement par l'intelligence qui les relie entre elles. Dans les quarante-sept *rôninn*, « le premier héros meurt; il est oublié au profit d'un second héros qui poursuit le même dessein, mais s'ouvre le ventre de désespoir et cède la place à un troisième (2). » Souvent, dit aussi Metchnikoff, on joue en une séance un seul acte de plusieurs pièces pour recommencer le jour suivant (3).

C'est pourquoi, le théâtre japonais, comme le théâtre chinois, « ne peut produire ce puissant effet d'ensemble, qui est dû au développement des caractères, à l'enchaînement des péripéties, au nœud serré de l'action (4). » Les Japonais, qui ont inventé le roman perpétuel et sans fin, n'ont pas la notion de la composition définie, telle que la comprennent les peuples d'éducation classique. L'art des préparations leur est à peu près inconnu. C'est ainsi que le *nô* commence généralement par l'arrivée sur la scène d'un personnage qui décline ses noms et qualités, et fait connaître à l'assistance ses aventures et les circonstances du drame (5). Les développements du dialogue sont remplacés par la pantomime

---

1. *Le Japon de nos jours,* I, p. 356 sqq.
2. *Le Japon de nos jours,* p. 373.
3. *L'Empire japonais,* p. 220 (Genève, 1881).
4. M. Courant, *op. cit.,* p. 348.
5. Aston, *Jap. Lit.*, p. 202. En Chine, écrivait le P. de Prémare à M. Fourmont l'aîné, le comédien ne commence jamais à parler pour la première fois, qu'il ne dise: « Je suis Oreste, ou bien Agamennon. » — — Dans le théâtre annamite, « chaque personnage, en entrant en scène pour la première fois, dit d'abord ce qu'il est, ce que sont ses parents, et les liens qui l'attachent à l'action, son utilité dans cette action, et le dénouement qui fera de lui un heureux ou un malheureux » (E. M. Laumann, *La Machinerie au théâtre.* Paris, 1897).

ou le récit du chœur. Les tableaux se succèdent comme en un kaléidoscope. Ce procédé, par la concentration même de son drame bref, produit un art de paroxysme, une impression violente, directe, en successives détentes d'effets. Aussi les pièces japonaises ont-elles une durée très restreinte, et plusieurs sont représentées dans la même journée.

Suivant M. Hitomi, les représentations actuelles se composent généralement de deux pièces, l'une de sept actes, et l'autre de un à trois. Dans d'autres cas, on joue d'abord une pièce historique (*djidaïmono*) en quatre actes, puis une pantomime appelée *nakamakou* (acte du milieu), enfin une pièce de mœurs (*sewamono*), en trois actes.

Le jeu des acteurs, aux yeux des Japonais, a une importance capitale. Mais s'ils sont restés indifférents, jusqu'à ces derniers temps, à la technique dramatique, ils ne sont pas plus sensibles au mérite tiré de la nouveauté des sujets ou de l'imprévu des dénouements. Et c'est pourquoi le drame historique a fleuri chez eux. Ils ne se lassent jamais d'assister aux scènes tragiques de l'histoire nationale, si fécondes en grandes actions. Les luttes épiques des Taïra et des Minamoto soulèvent dans les cœurs une émotion toujours nouvelle, et les malheurs de ces illustres familles ne le cèdent pas en touchante popularité aux infortunes des Atrides et des Pélopides chez les anciens Grecs. La vie tourmentée de ces héros forme, au Japon, un fonds inépuisable de sujets pathétiques, mais connus des spectateurs dans tous leurs détails.

Il est naturel qu'un théâtre qui tire de l'histoire ou de la légende ses personnages et ses intrigues, engendre la permanence des situations et la persistance des types dramatiques. Aussi tout le mérite de ces compositions « réside dans la vérité des sentiments et la sincérité des détails et des mœurs.

Certains procédés de composition sont communs au théâtre du Japon et aux théâtres occidentaux.

Dans le drame sacré, le *kiyôghèn*, lorsqu'il ne constitue pas un spectacle complet et indépendant, prend le caractère du *drame satyrique* dans la tragédie grecque (1). C'est un intermède agréable, qui repose le spectateur, distrait son attention et ravive par le contraste l'intérêt dramatique (2). Il supprime aussi les entr'actes des *nô*.

L'ambassade hollandaise, dans son édition de 1680, observe encore que les Japonais « font le plan de leurs pièces dans un *Prologue*, excepté de la fin qu'ils taisent, pour surprendre les spectateurs qui, sans cela, n'y prendraient pas tant de plaisir (3). Tels sont les prologues d'Euripide, qui exposent les sujets, parce que l'auteur tragique encadrait ses personnages dans de nouvelles légendes : tels sont les prologues de Plaute, « qui argumentum narrant (4); tels sont encore les prologues des pièces chinoises du temps des *Youan*, « qui déclinent les noms des personnages, dit Bazin, et font connaître l'argument de la fable sur laquelle l'action est fondée ».

Ces ressemblances sont inévitables, inhérentes aux conditions mêmes du prologue, à sa raison d'être.

L'existence du *chœur* répond aussi aux exigences naturelles de l'art dramatique. Le chœur est représenté sur la

1. V. plus haut, p. 93.
2. V. sur le *kiyôghèn* : *Ambassades mémorables de la Compagnie des Indes Orientales* (1680), p. 124; Charlevoix, *Histoire du Japon*, I, p. 76; Kæmpfer, *op. cit.*, t. II, liv. IV, p. 41.
3. *Ambassades de la compagnie des Indes Orientales*, p. 124, Amsterdam, 1680).
4. Térence: *Andrienne*, prologue, vers 6.

scène japonaise par un personnage qu'on ne voit pas, mais qu'on entend souvent, « qui sert d'intermédiaire poétique entre l'acteur et le spectateur, qui s'adresse parfois aux héros de la pièce pour leur donner du courage et de la prudence, qui conseille les uns, invective les autres, qui annonce, explique et conclut, qui pleure, s'indigne, palpite avec le drame..., cet homme est le chœur antique dans toute sa pureté(1) ». Ce personnage, ou *Ji*, qui s'accompagne du chamicen, « représente le bon sens populaire et la morale commune, dit M. Lequeux ; mais il explique surtout le développement du drame ; il raconte au besoin ce qui se passe hors de la scène, et dévoile les sentiments intérieurs des personnages (2) ». Il explique les pantomimes sur un ton de mélopée psalmodiée, ou commente, en un langage lyrique, les malheurs des personnages ; sa voix, toujours soutenue par une symphonie musicale, se fait, suivant le cas, terrible ou harmonieuse, parfois chantante. Quand les catastrophes éclatent, ses accents expressifs émeuvent douloureusement l'auditoire, comme dans le drame chinois « le personnage qui chante, dit Bazin, arrache des larmes aux spectateurs (3). »

Le caractère lyrique du chœur peut s'expliquer par la seule histoire du développement dramatique au Japon. De

---

1. Émile Guimet, *Le théâtre au Japon*, p. 11 (Paris, 1886).
2. *Le Théâtre japonais*. p. 12 (Paris, 1889). Il en est de même, suivant la remarque de M. Aston, dans quelques drames les plus anciens de Shakespeare (*Jap. Lit.*, p. 204).
3. La tragédie chinoise, dit P. de Prémare, « a des morceaux de poésie lyrique très ressemblants aux chœurs grecs et qui sont chantés avec accompagnement. Dans ces passages le sens est souvent sacrifié au son » (Trad. de l'*Orphelin de Tchao*). — Dans l'Inde, « il y avait toujours un chœur humain ou divin, réel ou surnaturel » (Sylvain Lévi, *Le Théâtre indien*, p. 233).

même que le dithyrambe a enfanté la tragédie grecque, de même la *kagoura* sacrée s'est transformée laborieusement en drame. Le chœur conserve la marque de cette origine : il raisonne, car c'est un confident ; mais surtout il chante, car il est l'interprète poétique des sentiments les plus nobles et les plus profonds de l'humanité. Et, pour traduire ses pensées de pitié, d'admiration ou d'effroi, il emprunte à la musique l'émouvante beauté de son langage. Les chœurs de Racine, les stances de Corneille rompent avec le ton habituel de la tragédie, comme le chœur japonais et le « personnage qui chante » du théâtre chinois adoptent la forme harmonieuse et touchante de la poésie lyrique.

Les procédés essentiels du théâtre classique se retrouvent donc sur les scènes d'Extrême-Orient. Les *masques* usités jusqu'au XVIIe siècle, nous montrent des *senes austeri, senes mites, juvenes severi, juvenes luxuriosi, matronae, puellae, meretriculae*, etc. (1). Nous reconnaissons aussi sur la scène du *shibaï* les personnages traditionnels de la comédie gréco-romaine, types véritablement humains, et non pas seulement aryens ou anaryens. « Les Japonais, lisons-nous dans la relation de l'ambassade hollandaise de 1680, représentent l'amour d'un *vieillard* sévère, le caractère d'un *valet* fourbe et malicieux, ou d'une *courtisane* qui n'omet rien pour plumer un galant, et enfin d'un *jeune homme* qui se plonge dans les débauches (2). »

1. V. plus haut, p. 99.
2. Amsterdam, 1680, p. 125. Cette identité de caractères produira nécessairement la ressemblance des scènes et les péripéties ordinaires de la comédie classique plus ou moins modifiées. — Le théâtre chinois nous offre aussi les rôles habituels des scènes occidentales. « Cet homme qui enfle la voix, mais qui n'est pas à craindre, c'est M. Tigre-de-Papier ; cette femme de vertu équivoque, c'est Mme la Prude. Il n'y a que les maris trompés qui manquent à la scène... Les autres principaux

Les principaux rôles consacrés par le drame moderne sont, d'après M. Takashima, l'*Aragotoshi,* caractère dur; le *Djitsougotoshi,* caractère historique, fidèle et loyal; le *Wagotoshi,* jeune homme avenant, et le *Djitsouakoushi,* personnage méchant.

Enfin, à l'exemple de la tragédie grecque, le théâtre japonais, pour rendre l'histoire tragique, a été obligé de la rendre légendaire (1). Il s'applique à la montrer à ses contemporains comme arrivée jusqu'à eux par une tradition lointaine et poétique. D'autre part, l'autorité shogounale exerçait une

censure rigoureuse sur tout drame historique traitant d'événements récents. Aussi, dit Metchnikoff, les romanciers et les auteurs dramatiques reportent invariablement au temps des Ashikaga toutes les histoires lugubres où les représentants du pouvoir apparaissent sous un jour défavorable (2). C'est ainsi que le drame des *Quarante-Sept Rônninn* qui, historiquement se passa en 1701, a été transporté, par les auteurs dramatiques, au XIVᵉ siècle. Les costumes mêmes des héros de la pièce, des Açano et des Kira, sont, par le même

---

personnages sont, parmi les hommes, un grand dignitaire, un père âgé, un jeune bachelier; et, parmi les femmes une soubrette, une entremetteuse, une jeune fille noble et une courtisane (Tcheng-ki Tong, *Théâtre chinois,* p. 110 sqq.).

1. En Grèce, le théâtre met l'histoire, pour ainsi dire, « à la même distance de ses contemporains que le meurtre d'Agamennon ou la prise de Troie » (Croiset, *Litt. gr.,* III, p. 104).

2. *L'Empire japonais,* p. 470.

anachronisme, à la mode du temps des Ashikaga (1). La même règle a été longtemps imposée aux peintres.

1. Lorsque, peu d'années après la mort des Quarante-Sept, un auteur eut l'idée de transporter sur la scène l'épisode des *rônin,* la direction littéraire du gouvernement « fit observer que la famille d'Assano et celle de Kira pourraient trouver mauvais de se voir données en spectacle, que cela pouvait réveiller de nouvelles haines à moitié assoupies, que cette tentative littéraire était dangereuse et que, finalement, l'auteur ferait bien de renoncer à son projet. »

« Mais la direction littéraire fit remarquer, d'autre part, que le théâtre japonais avait pour but d'entretenir les idées de dévouement pour les daïmio, que toutes les pièces historiques ou prétendues telles représentaient toujours des scènes de serviteurs sacrifiant leur vie pour leurs maîtres, que l'épisode des rôninn était parfaitement dans l'ordre d'idées recommandé, et que si l'auteur voulait conserver son sujet en changeant les noms, l'époque, les costumes et peu le sujet, la pièce serait autorisée. »

« L'auteur suivit ce conseil, il changea costumes, époque et noms, modifia la cause de l'insulte; mais le public sut retrouver, à travers les embellissements littéraires, le terrible fait divers qui le passionnait encore ». Émile GUIMET, *op. cit.*, p. 17.

II

Les Sujets

A. — Pièces Historiques

Lorsque s'ouvrit la première shibaya, à Édo, en 1624, il n'existait point, à vraiment parler, de littérature dramatique au Japon. Sur des tréteaux grossièrement aménagés, en plein air ou dans les palais des daïmyô, se déroulaient des épisodes « pris dans l'histoire des dieux ou des héros » (1), et figurés, plutôt que représentés, par la mimique des danseurs et la musique des instruments sacrés. Ces œuvres, dont quelques sommaires seulement ont été conservés dans les *ehon* d'Ohsaka et de Édo, ne manifestent qu'un art de composition rédimentaire. Elles se bornent à traduire les légendes shinntoïstes ou des mythes chinois en servant de prétexte à de somptueuses exhibitions sacerdotales.

---

1. Kæmpfer, *op. cit.*, t. II, liv. IV, p. 41.

Dans le cours du XVII⁰ siècle, après *Okouni: Tcikamatsou* introduisit au théâtre de véritables poèmes dramatiques, conformes à un plan déterminé, « dont le sujet était emprunté à l'histoire nationale, et dont le répertoire forme encore aujourd'hui, dit M. Bousquet, une source de renseignements précieux sur les mœurs du temps passé ». A la fin du XVIII⁰ siècle, les auteurs puisent également aux archives des annales nationales : « Les sujets de leurs pièces, selon Thunberg, sont, en général, des actions héroïques, exprimées en vers, et que l'on déclame ou que l'on chante. » Les Japonais se plaisent surtout à voir revivre sur la scène leurs ancêtres à l'âme loyale, au cœur fort, au bras prompt. C'est seulement dans la période de pénétration occidentale que leur théâtre adopta un genre de « pièces reposant sur des aventures ou des intrigues de pure invention, ou ressemblant à nos proverbes en action par le but moral qu'elles se proposent (1) ».

Mais la forme dramatique par excellence, le genre caractéristique et puissamment expressif de l'esprit japonais, celui qui nous révèle les secrets d'une étonnante civilisation, qui nous découvre les ressorts cachés d'une vie morale faite de mâle courage et d'héroïsme surhumain, c'est le genre historique.

Généralement, dit M. Hitomi, « le héros des pièces historiques est un chevalier courageux et généreux, ou un samouraï très fidèle à son seigneur, ou encore, une gouvernante énergique et vaillante qui empêche un jeune héritier de succomber aux intrigues des méchants. Le devoir y joue toujours un grand rôle ».

C'est en effet le sentiment du devoir, conforme à la mo-

---

1. De Jancigny, *Le Japon*.

rale nationale et traditionnelle, qui est le ressort du drame historique. C'est l'exemple d'ancêtres valeureux qui excite l'intérêt passionné des Japonais pour l'humanité agissante et souffrante qui les a précédés dans l'archipel.

Certes, l'histoire du Japon n'est que trop riche en sanglantes tragédies, en luttes épiques sur les champs de bataille, en scènes pathétiques dans les conspirations de palais ou les rivalités de clans, en épisodes émouvants de vengeance, en actes attendrissants de fidélité et de dévouement. Le froid récit des annalistes japonais atteint sans effort à la grandeur tragique, et provoque, sans artifice, la « terreur » et la « pitié ». Les héros terribles ou douloureux de l'ancien Japon, en un temps où l'habitude du soupçon assombrissait les esprits et armait les bras, sont des figures d'épopée.

Voici d'abord, sous le règne de l'empereur *Keïko* (71-130), le « brave du Japon », *Yamato-Daké,* qui fut envoyé à l'âge de seize ans dans l'île de Kioushiou, pour réduire les *Koumaço* révoltés. Il se déguisa en femme et assassina le chef des rebelles, *Kawakami Takerou.* Pendant son expédition contre les Barbares de l'Est, sa fière compagne, *Oto-Tatchibana Himé* se jeta à la mer pour apaiser les flots irrités (1).

Voici les plus illustres membres de la famille des *Foujiwara,* « qui prit le pouvoir à la cour dès l'introduction du bouddhisme et le garda pendant toute la brillante période qui suivit; puis, les chefs des deux clans fameux qui se

---

1. Le premier exploit du farouche Yamato-Daké avait été le meurtre de son frère aîné, qui avait le tort de ne pas assister aux repas de famille. « Je l'ai rappelé à ses devoirs », dit un jour Yamato-Daké. Il l'avait tué. — Les artistes représentent ce terrible guerrier se frayant, avec l'épée, un chemin à travers les herbes en flammes, ou bien combattant les mauvais génies.

disputèrent ensuite la prépondérance, durant la seconde moitié du XIe siècle et tout le XIIe, et remplirent le pays du bruit de leurs colossales querelles, jusqu'au jour où le grand *Minamoto Yoritomo*, écrasant son terrible rival

LA FEMME DE YAMATO-DAKÉ SE JETANT DANS LA MER

(*Coll. S. Bing*).

Kiyomori, renversa pour jamais les *Taïra* et devint shiôghoun. *Yoritomo* lui-même est là, et son jeune frère

Yoshitsné (1), le loyal guerrier qu'il fit mettre à mort, et le légendaire fidèle de Yoshitsné, *Bennké*. Tout auprès, voici *Koumagaï Naozané*, ce fier général de Yoritomo qui, obligé de tuer dans une bataille le noble *Atsmori*, délicat rejeton du clan rival, tenta de le sauver en sacrifiant son propre fils (2). Plus tard, au XIVᵉ siècle, et du côté de l'empereur, c'est *Ksnoki Maçashighé*, le brave qui tenta de renverser les *Ashikagha* et, battu, s'ouvrit le ventre avec ses meilleurs fidèles au milieu de son armée plutôt que de se rendre à l'ennemi. Tous ces noms, toutes ces scènes aujourd'hui encore sont l'orgueil des vrais Japonais, et qui jouissent d'un perpétuel triomphe dans les théâtres (3) ».

Parmi les femmes, l'histoire ancienne nous offre aussi de grandes et nobles figures. C'est *Kéça*, qui sacrifia sa vie au salut de son mari; c'est la douce *Shidzka,* si héroïquement dévouée à *Yoshitsné ;* et c'est *Tokiwa*, femme de *Minamoto Yoshitomo*, qui consentit, pour sauver sa mère et ses enfants, à devenir la concubine de *Kiyômori*, et dont la touchante histoire est presque celle d'Andromaque (4).

---

1. Yoshitsné a été parfois identifié avec Genghis-Khan (v. SUYEMATZ, *The identity of the great conqueror Genghis Khan with the japanese hero Yoshitsune* (Londres, 1879).
2. La mort d'*Atsmori* a servi de thème à un drame de *Namiki Sosouké*, représenté en 1751. V. plus loin une traduction partielle, p. 215.
3. MICHEL REVON, *Hokzaï*, p. 225.
4. « Elle était, dit M. Revon, la plus merveilleuse femme du Japon, ayant été choisie par une sélection successive entre mille, puis cent, puis dix jeunes filles, les plus belles de Kiôtô. Après la mort de Yoritomo, en 1159, elle s'enfuit avec ses trois fils, dont le plus jeune, Yoshitsné, était un enfant d'un an, et se cacha tour à tour dans diverses provinces. Le terrible Kiyomori, pour découvrir le lieu de retraite des rejetons de son ennemi, fit mettre à la torture la mère de Tokioua. Son calcul était juste : car Tokioua, estimant que la piété filiale doit passer même avant les sentiments maternels, rentra aussitôt dans la capitale et se livra avec ses enfants à Kiyomori. Ce dernier avait l'intention de la

Dans l'histoire moderne, que de noms fameux! *Oda Nobounaga*, au XVIᵉ siècle, méditait de faire entrer le Japon dans le concert des nations; *Hidéyoshi*, le Napoléon du Japon, essaya de conquérir la Chine; *Iyéyas*, qui fonda la puissante dynastie des *Tokougawa*, destinée à exercer le shôgounat jusqu'à la restauration de 1868(1). Dans la caste des *samouraï*, les actes de tranquille courage et d'une intrépidité qui ne recule jamais devant la mort sont innombrables. Parmi le pauvre monde rustique, quel admirable exemple que celui du paysan *Sôghorô*, « qui ne craignit pas d'aller jeter une pétition dans le palanquin du *shôgoun* Iyémitz, pour réclamer la levée des taxes qui écrasaient ses frères du fief de Sakoura! Sôghorô fut crucifié, mais les taxes furent levées ».

Plus près de nous enfin, ce sont les *Quarante-sept rônins*, les « fidèles serviteurs », dont l'histoire, « fameuse et populaire entre toutes, a fait surgir les romans et les tragédies par dizaines, les dessins par milliers, et continue d'attirer sans cesse, de nos jours, des flots de spectateurs dans les théâtres de la capitale :

« Le jeune Açano, seigneur d'Akao, étant à Eddo auprès du shiôghoun, fut chargé de la difficile mission de recevoir un envoyé du Mikado avec toutes les cérémonies requises ; il prit donc des leçons d'étiquette auprès d'un vieux noble, Kira Kotské-no-ské,

---

faire périr par le feu ou par l'eau, et d'immoler ensuite ses fils; mais lorsqu'il la vit, si belle, sa fureur tomba; il l'épargna et épargna ses enfants pour la décider à devenir sa maîtresse, et, courageuse dans l'amour maternel comme dans l'amour filial, elle se sacrifia à ses désirs (C'est l'histoire d'Andromaque, mais rendue plus complexe et plus tragique encore par l'introduction du sentiment de la piété filiale). »

1. Une poésie passée à l'état de proverbe résume le caractère des trois héros : *Nobounaga* dit : « Si le rossignol ne chante pas quand je veux l'entendre, je le tue; » *Hidéyoshi* : « Je le fais chanter; » *Iyéyas* : « J'attends. »

homme intéressé et arrogant qui, ne recevant pas du jeune chevalier autant de présents qu'il en pouvait rêver, lui fit subir une longue série d'outrages; un jour Açano, affolé par une suprême insulte, tira son sabre et blessa à la face le vieux Kira, qui put s'enfuir; mais la querelle avait eu lieu dans l'enceinte du palais, crime capital : Açano fut condamné sur-le-champ à s'ouvrir le ventre, sa fortune fut confisquée, sa famille fut déclarée éteinte, et tous les membres de son clan, dispersés, devinrent chevaliers errants. Ceci se passait au mois d'avril 1701. Oïshi Kouranoské, le plus ancien serviteur du seigneur mort, convoqua aussitôt quarante-six autres fidèles, choisis parmi les meilleurs, pour préparer la vengeance obligatoire; après avoir tenu un conseil où ils firent d'avance le sacrifice de leurs vies, les quarante-sept résolurent de se séparer pour échapper à la surveillance de la police, les uns se firent charpentiers, forgerons, marchands, et après quelque temps se servirent de leur métier pour s'introduire dans la demeure de Kira et en étudier les dispositions intérieures; les autres se jetèrent avec éclat dans la vie des foires et des lieux suspects; Oïshi lui-même, après avoir divorcé et abandonné ses enfants, partit pour Kiôtô, où il épousa publiquement une vile prostituée, puis se plongea dans une telle existence d'ivrogne et de débauché que le dernier des hommes ne l'eût pas rencontré sans le couvrir de mépris; Kira apprenait tout par sa police secrète : il dormit tranquille. Dans la soirée du 30 janvier 1703, au milieu d'une formidable tempête de neige, Oïshi se trouvait à Eddo au milieu de sa troupe; il arrêtait le plan d'attaque, donnait à chacun ses ordres, fixait l'heure décisive. Soudain, aux coups de minuit, tous se retrouvèrent devant la maison de Kira, et comme les voisins réveillés s'inquiétaient de voir dans le quartier tous ces hommes d'armes, ils prirent soin de les rassurer avec politesse, expliquant leur dessein; on s'inclina. Alors Oïshi, se plaçant devant la grande porte du seigneur, fit entendre un roulement de tambour solennel : tous les braves de Kira s'armaient et accouraient en désordre; aussitôt quelques-uns des assaillants s'élancent contre eux par la porte ouverte, tandis que les autres escaladent le toit et les murs du jardin avec des échelles de cordes; après une rude mêlée, les quarante-sept arrivent à tuer tous leurs ennemis, n'épargnent que les femmes et les enfants, et enfin, maîtres de la place, recherchent le puissant seigneur, qu'ils trouvent caché dans une armoire.

LE RÔNINN YADSOUAMA DONNE LE SIGNAL DE L'ATTAQUE (PAR KOUNIYOSHI)

Cependant, Oïshi, entouré de ses hommes, s'agenouille devant le vieillard, avec le respect qu'exigent son rang et son âge, puis lui

expose humblement le but de l'attaque, et, après avoir fait lui-
même les préparatifs de mort, l'invite à s'ouvrir le ventre ; mais
en vain: Kira a trop peur; alors le chef lui coupe la tête, froidement,
avec le même poignard dont Açano s'était servi pour son suicide;
puis les quarante-sept éteignent les feux de la maison pour éviter
un incendie possible, consolent les veuves et les orphelins, et
enfin se retirent, emportant dans un baquet la tête sanglante. Les
voici, à la pointe du jour, qui traversent les rues en bon ordre,
calmes et joyeux: le peuple les salue avec admiration; un grand
seigneur, les voyant passer devant sa maison, leur envoie des
rafraîchissements, avec un message de sympathie ; la police se
cache ; ils arrivent au monastère où leur jeune maître a été ense-
veli ; l'abbé lui-même les reçoit à la porte. Ils entrent, déposent la
tête de Kira devant la tombe d'Açano, brûlent de l'encens tour à
tour, par rang d'ancienneté, pendant que les moines se mettent en
prières ; puis tous se relèvent, leur tâche finie, et tandis qu'Oïshi
règle avec l'abbé les détails de leurs propres funérailles, ils attendent
debout la sentence de mort. L'ordre officiel arrive : ils se séparent
et vont s'ouvrir le ventre, avec une tranquillité héroïque, chacun
dans la maison de quelque ancien seigneur. On les ensevelit côte
à côte, près de la tombe de leur maître, dans le paisible cimetière
où, aujourd'hui encore, depuis bientôt deux siècles, ils écoutent
battre près d'eux le cœur de la nation (1) ».

Cette histoire, qui est l'apothéose du point d'honneur et
de l'héroïsme dans la mort volontaire, n'a pas seulement été
traitée au théâtre (2). Les peintres en ont représenté fréquemment les scènes, et comme ils n'oublient jamais de

---

1. MICHEL REVON, *Hoksaï*, pp. 241 sqq.
2. V. TAMENAGA SHOUNSOUI, « les fidèles rôninn », trad. B.-H. GAUS-
SERON (Paris, 1882). — *Tchiousshinghoura*, or the loyal league, trad.
FRED. DICKINS (introd. par HOFFMANN ATKINSON. New-York, 1876,
et Londres, 1880. Trad. française de cet ouvrage, par A. Dousdebès,
Paris, 1886. — *Tchiousshinghoura*, trad. IOUOITCHI INÔOUÉ, Tōkyō, 1895.
— *Histoire des 47 Rôninn*, dans MITFORD, *Tales of old Japan*, p. 205.
— *Les 47 Lônines*, drame japonais, par ALFRED ROUSSIN (*Revue des
Deux-Mondes*, du 1er avril 1873).

prendre note de l'aspect du paysage où se passe l'action, ils placent dans un décor neigeux les épisodes de cette sanglante tragédie. « Amoureux des beautés de la nature, ils ne peuvent séparer le fait du paysage... Il y a certaines vues de pruniers en fleurs, de brouillard sur les montagnes, de feuillages roussis par l'automne, qui sont fatalement destinées à encadrer des faits historiques devenus populaires, autant par la beauté de la mise en scène que par l'intérêt des situations. Ce peuple artiste a mis son histoire en tableaux (1) ».

Parmi les drames historiques tirés de la rivalité des Taïra et des Minamoto, l'une des plus célèbres est « *Itchi no tani foutaba gounki* », les « Premières armes d'Atsmori à Itchinotani. » Il est dû à *Namiki Sōsouké*, qui vivait à Naniwa au XVIIIᵉ siècle, pendant la période *Kyōhō* (1713-1735) et fut un rival de *Tcikamatsou Takéda*.

L'intrigue repose sur l'épisode bien connu de la prise de Foukouhara par les Minamoto. Un des vétérans de l'armée victorieuse *Koumagaï Naozané*, poursuivait le jeune prince *Atsmori* et allait lui trancher la tête, lorsqu'il reconnut dans son ennemi un adolescent. « Se souvenant alors de son propre fils, qu'il avait vu tomber dans cette terrible journée, Koumagaï voulut épargner Atsmori. » Mais réfléchissant, dit M. Arrivet, qu'il ne lui ferait grâce que pour l'abandonner à des mains plus cruelles, considérant en outre que sa pitié pourrait passer pour trahison, il prit le parti de sacrifier ce jeune infortuné qui se soumit héroïquement à la fatale loi de la guerre. Sa hideuse besogne accomplie, Koumagaï renonça à la gloire des armes et se retira dans le monastère de Kourodani où, sous l'habit de bonze, il passa le reste de ses jours. Tel est le fait historique sur lequel repose le drame dont nous allons donner le troisième acte, qui est considéré comme le meilleur.

1. *Prom. Japonaises.*

Voici comment l'auteur, donnant libre carrière à son imagination, en a conçu le plan : Yoshitsné, ayant été dans son enfance délivré de captivité par les Taïra, voulut reconnaître ce bienfait en sauvant Atsmori dont la tête ne pouvait manquer d'être un trophée de la victoire, mais craignant les reproches de son frère aîné, Yoritomo, il eut recours à un stratagème. Assuré du dévouement de son fidèle sujet, Koumagaï, qui avait un fils du même âge qu'Atsmori, il imagina de lui faire comprendre qu'il ferait acte d'héroïsme s'il substituait son propre enfant au jeune prince qui allait tomber entre ses mains. Dans ce but, il fit suspendre auprès des cerisiers plantés dans le camp de Koumagaï un écriteau où étaient tracés ces mots : « Isshi wo kireba isshi wo tatsu beshi. » Le sens le plus naturel, eu égard à l'endroit, était bien : « Plutôt que de couper une branche (de ces cerisiers) coupez-vous un doigt, » mais il y avait aussi une signification toute différente qui ne pouvait, à ce que pense l'auteur, échapper à Koumagaï : « Si vous avez à tuer un enfant, tuez votre propre enfant. » Celui-ci comprit l'ordre de son maître et obéit sans discuter.

Il se rendit donc avec son fils *Kojirō* à la porte d'*Itchi no tani* qu'avait à défendre *Atsmori*, et quand il l'eut fait prisonnier, il tua à sa place son propre fils, dont la tête présentée à *Yoshitsné* fut acceptée par un accord tacite comme étant celle d'*Atsmori*, tandis que celui-ci était mis en sécurité loin du théâtre de la guerre.

Brisé par cet effort surhumain, *Koumagaï* demande et obtient la permission de quitter l'armée et se retire dans un monastère, comme dans le récit historique.

TRADUCTION

Les premières armes d'Atsmori (1)

TROISIÈME ACTE

(La scène se passe dans une maison ouverte sur un jardin)

DRAMATIS PERSONAE :

Yoshitsné, général de l'armée des Minamoto.
Koumagaï, un de ses capitaines.
Sagami, femme de Koumagaï.
Gunij, serviteur de Koumagaï.
Foujinotsouboné, mère d'Atsmori.
Kaghétaka, officier de l'armée des Minamoto.
Mounékiyo, sujet des Taïra caché sous le nom de Midarokou.

Sagami, *seule, est assise dans l'attitude d'une personne lasse et inquiète.*

Koumagaï *entre préoccupé, sombre, et, au moment où il va s'asseoir, il aperçoit sa femme. — Son front se rembrunit. A cet instant paraît Gunji.*

Gunji. — Maître, Kaghétaka est là qui vous attend ; il a conduit ici le sculpteur de Mikaghé qu'il désire interroger devant vous.

Koumagaï. — Que veut-il donc savoir ?... Je suis à lui dans un instant. En attendant, offre-lui du vin.

(*Voyant que Gunji veut parler à Sagami*). Allons, dépêche-toi !

Gunji sort.

---

1. D'après la traduction française de M. A. Arrivet.

Koumagaï (*s'adressant à sa femme*). — Comment! Toi ici! Que viens-tu faire? Je t'avais pourtant interdit même de m'écrire, et voilà que tu arrives dans mon camp, au milieu de mes soldats! Qu'y a-t-il donc de si urgent? Tu vois bien que ce n'est pas ici la place d'une femme!

Sagami. — Je savais que j'encourrais votre colère, mais un motif impérieux m'a conduite ici malgré tout. Il s'agit de Kojiro, notre fils; c'est sa première campagne et je suis continuellement inquiète à cause de ses nouvelles, mais personne n'a pu m'en donner. Pensant qu'un peu plus loin je serais plus heureuse, je me suis avancée lieue par lieue: toujours en vain; tant enfin qu'après avoir fait plus de cent lieues, je suis arrivée à la capitale. Là, on m'a dit qu'un combat acharné s'était livré à Itchi no tani et je n'ai pu résister à l'inquiétude, je suis repartie aussitôt, et me voici enfin au terme de mon voyage.

Pardonnez, je vous prie, à la mère de votre fils! De grâce, répondez-moi. N'est-il rien arrivé à Kojiro! Comment se porte-t-il?

Koumagaï (*toujours sévère*). — Faible femme! On ne paraît sur le champ de bataille que décidé à mourir, et tu demandes si ton fils se porte bien?

Et s'il était mort...?

Sagami (*se faisant violence*). — S'il est mort en combattant un adversaire digne de lui, j'aurai au moins la consolation de songer qu'il s'est vaillamment comporté.

Koumagaï. — Eh bien! écoute les prouesses de Kojirō. — Il a disputé à Hirayama, mon collègue, l'honneur de porter le premier coup aux ennemis, et, pénétrant dans leur citadelle, il s'est illustré par mainte action d'éclat capable de perpétuer la gloire de notre nom. Mais ce n'a pas été sans recevoir quelque coup.

Sagami. — Il est blessé!... Où?... Gravement?

Koumagaï. — Comme te voilà inquiète! Et s'il était gravement blessé, ne serais-tu plus la femme forte de tout à l'heure.

Sagami. — Oh! je serais fière, bien sûr, de savoir que mon fils a été assez brave pour s'exposer à de telles blessures; mais je voudrais savoir... A ce moment, étiez-vous avec lui dans la mêlée; étiez-vous auprès de Kojirō?

KOUMAGAÏ. — Oui, femme, j'y étais, et le voyant en danger, je volai dans la citadelle, j'étreignis mon fils, et malgré lui, je le ramenai dans mon camp. Pour ce qui me concerne, j'ai dans ce combat tranché la tête d'Atsmori, un des chefs des Taïra.

(*A ce moment une femme fait irruption sur la scène en s'efforçant de dégainer un sabre, et en criant*).

UNE FEMME. — Meurs, Koumagaï ! Vengeance ! Vengeance !

KOUMAGAÏ. — (*Saisissant le bout du fourreau*). Téméraire! Qui êtes-vous pour oser crier ainsi vengeance ?

SAGAMI. (*S'interposant*). — Patience, patience ! C'est Foujinotsouboné !

KOUMAGAÏ. (*S'inclinant avec respect*). — J'étais si loin de penser que vous pussiez, en pareil lieu, m'honorer de votre visite.

FOUJINOTSOUBONÉ. — Koumagaï ! Comment peux-tu avoir eu la cruauté de tuer mon fils. Il faut ne pas avoir de cœur sous la mamelle ! Il faut être lâche pour tuer un adolescent !

SAGAMI ! — Tu m'as jadis juré fidélité. Aide-moi à venger mon fils.

Sagami (*s'adressant à son mari*). — Vous savez bien que le prince Atsmori est de sang impérial. Pourquoi l'avoir mis à mort ? A quel motif avez-vous obéi ?... Mais parlez donc!

Koumagaï. — Questions superflues! C'est la personne même du jeune empereur que nous avons à combattre. Pourquoi hésiterions-nous à tuer tous les Taïra que nous rencontrons? Pourquoi ferions-nous exception pour le seul Atsmori? Foujinotsouboné, vous pouvez me blâmer, mais sachez qu'il n'est pas possible d'agir comme on veut à la guerre.

Daignez m'écouter, je vous prie. Voici ce qui s'est passé dans cette lamentable journée et comment je me suis vu dans le cas de sacrifier votre fils. Les soldats de Taïra venaient sur nous aux cris féroces de "Sus à Koumagaï! Sus à Hirayama!" Parmi eux, se distinguait un cavalier à l'armure écarlate. Hirayama court à lui, mais ne peut le joindre ; le cavalier lui échappe et va gagner le rivage, lorsque je m'élance pour lui couper la retraite, et élevant mon fanon, je lui crie: Arrête! arrête, chevalier! Koumagaï te défie. A ces mots il tourne bride, fond sur moi, et une lutte s'engage, corps à corps ; bientôt nous roulons tous deux entre nos chevaux et je parviens à le terrasser. Alors, lui, ôtant d'une main son casque et démasquant son visage, je reconnus à ses fins sourcils, à ses dents teintes en noir, à la distinction et à la noblesse de tous ses traits que celui que j'allais immoler était un tout jeune prince. La pitié me vint au cœur, mon bras levé retomba sans force, cette tête délicate que j'allais abattre était semblable à celle de mon fils. Il était presque du même âge... Tuerai-je donc cet enfant, m'écriai-je, ses parents peut-être vivent encore...! Mes entrailles de père s'émurent à la pensée de leur douleur. Je le relevai, j'essuyai la poussière et la boue dont il était couvert et lui dis: Fuyez, fuyez vite!...

Sagami. — Ah! vous lui avez dit cela...? Vous ne vouliez donc pas le tuer?

Koumagaï. — Non, je voulais positivement le sauver, mais il me répondit fièrement: " Tombé entre des mains ennemies, pourrais-je être assez lâche pour redouter la mort? Tuez-moi, prenez ma tête!"

Foujinotsouboné. — " Prenez ma tête"... Oh! mon fils!...

Koumagaï. — Cette conduite héroïque m'émut jusqu'au fond de l'âme, je sentis que les larmes roulaient dans mes yeux, et je pensai davantage à mon fils. Le hasard des batailles ne lui réservait-il pas une fin pareille ? Je voulais le sauver malgré lui, quand soudain, du haut d'une colline d'où Hirayama m'observait, partit le cri retentissant de « Trahison!... Koumagaï, vociférait-il, tu veux sauver notre ennemi! » Pouvais-je passer pour un traître...? Je me ressaisis et dis au malheureux vaincu : « le sort en est jeté, prince, il faut mourir! Si vous avez quelque volonté à exprimer, dites, je transmettrai votre dernière parole à vos parents et à vos amis. — Mon père, répondit-il, a dû s'abandonner à la merci des flots. Qui sait s'il vit encore?... Quant à ma mère, elle est restée dans la ville, abandonnée au caprice de la fortune, sans soutien ni consolation, que peut-elle bien être devenue? Elle, qui était si heureuse autrefois! Quelle anxiété doit être la sienne! Ce tourment indicible me suivra dans la tombe. — O Koumagaï, ayez pitié de nos malheurs! »

Foujinotsouboné. — Incomparable enfant! attaché à ce point à ta mère, pourquoi donc ne pas être resté auprès d'elle ; Pourquoi n'avoir pas suivi le conseil de Tsounémori, ton père? pourquoi te rendre à Itchi no tani? Quand tu as été prêt à partir splendidement armé, ta jeunesse, ta belle prestance, ton intrépidité, me faisaient présager pour toi un brillant avenir, et j'encourageai moi-même ton départ. Hélas! quel sort t'était réservé, pauvre enfant, et que me reste-t-il après t'avoir perdu! Des larmes inépuisables, une douleur déchirante, inexprimable, sans remède.

Sagami (*très émue, mais prenant à dessein un ton sévère*). — Eh quoi! Foujinotsouboné, vous voyez bien que tous les Taïra se sont enfuis à Yashima, Atsmori seul, malgré sa jeunesse, a accepté le combat. S'il est mort, tout l'honneur lui revient. Préféreriez-vous donc pour lui une fuite honteuse et la réprobation générale à l'héroïsme glorieux dont il a fait preuve! Votre douleur vous égare.

Koumagaï. — C'est bien parlé, femme; mais tu n'as pas de temps à perdre. Foujinotsouboné ne doit pas rester ici. — Hâte-toi de l'emmener, mets-la en sûreté quelque part. Pendant ce temps, je vais aller présenter la tête d'Atsmori au général.

(*Appelant son serviteur*). — Gunji !
(*Il sort*).

Foujinotsouboné (*montrant une flûte à Sagami*). — Cette petite flûte, mon fils la portait toujours sur sa poitrine. Après sa mort, son âme est apparue à la fille du sculpteur qui avait préparé sa pierre tombale, et la lui donna comme prix du travail de son père. — Celle-ci me l'a confiée et la voici ! Le ciel n'a-t-il pas voulu en la faisant ainsi passer entre mes mains que le lien du sang se perpétuât jusqu'à l'éternité ? — O âme de mon fils ! où es-tu ? Si tu es encore dans ce monde, si tu m'entends, pourquoi ne viens-tu pas consoler ta pauvre mère ?
(*Serrant la flûte sur son sein*). O chère flûte !

Sagami. — C'est un précieux trésor. Mais tirez-en quelques sons ; cela sera plus agréable à l'âme de votre fils que tous les livres de prière que vous pourriez lire, et vous en éprouverez quelque consolation comme si vous l'entendiez vous-même.

Foujinotsouboné. (*Dès qu'elle commence à jouer, l'ombre d'un guerrier apparaît sur le shōji* (1) *elle s'écrie surprise*) Mon fils !!!...
(*Elle s'approche de l'ombre*).

Sagami (*l'arrêtant*). — Patience, de grâce. — Jadis, Sanétaka étant mort dans une contrée lointaine, son ombre apparut à travers la fumée de l'encens au milieu de sa famille éplorée. Ne serait-ce pas pour réaliser un projet qu'il avait toujours caressé de son vivant ? Je ne doute pas que cette image ne soit celle du prince votre fils, mais si vous en approchez, je crains qu'elle ne s'évanouisse, car au delà de la tombe il n'existe plus de lien de parenté.

Foujinotsouboné. — Cependant, j'ai entendu dire qu'après la mort, l'âme erre çà et là et ne quitte ce monde qu'au bout de quarante-neuf jours. — Laisse-moi voir mon fils, laisse-moi lui parler... Oh ! un seul mot... !
(*Elle ouvre le shōji, mais ne voit plus qu'une armure rouge*).
Ah !...

---

1. Cadre léger, recouvert de papier, qui en glissant dans une rainure tient lieu de porte ou de fenêtre dans les maisons japonaises.

Sagami. — Était-ce donc l'ombre de cette armure ? Notre émotion ne nous l'a-t-elle pas fait prendre pour l'apparition du prince lui-même ?

(*Toutes deux, les yeux baignés de larmes, tiennent l'armure embrassée ; à ce moment Koumagaï revient portant un coffret qui renferme une tête récemment coupée*).

Sagami (*arrêtant Koumagaï par la manche*). — Je vous en prie, permettez à Foujinotsouboné de dire un dernier adieu à la tête de son fils. Elle était si loin de lui lorsqu'il est mort si misérablement.

Foujinotsouboné. — Par pitié ! Koumagaï ! Les bêtes elles-mêmes pleurent leurs petits ; tu as bien un enfant, toi ! juge de ma douleur ! Ne me refuse pas cette dernière consolation !

Koumagaï. — Il ne peut être permis à personne de voir cette tête avant que le général l'ait examinée. — Le temps presse, laissez-moi partir (*il repousse les deux femmes et se met en marche*).

Une voix (*dans le fond*). — Inutile, Koumagaï, Yoshitsné est ici.

(Yoshitsné *entre: tous s'inclinent, surpris*),

Yoshitsné. — Koumagaï, je ne puis m'expliquer ton retard à me présenter la tête d'Atsmori, et ta demande soudaine de congé au moment décisif de la campagne. — Je désire avoir l'explication de ta conduite, c'est pour cela que je suis venu ici secrètement. Je viens d'entendre tes propres paroles ; montre-moi maintenant la tête d'Atsmori.

Koumagaï. — Avec tout mon respect, général.

(*Il descend dans le jardin, enlève un écriteau planté auprès des cerisiers et le présente à Yoshitsné*).

Lorsque la cour de Horikawa voulut envoyer Rokouyata au camp de Tadanori, elle lui donna une branche en fleurs avec un tanzakou (1). — C'est peut-être pour imiter cet exemple que vous avez fait tracer par Bennké, votre serviteur, l'expression de votre volonté sur cette planchette, en m'ordonnant de tuer Atsmori. Je viens d'agir conformément à vos désirs. Veuillez examiner, général.

1. Bande de papier sur laquelle est écrite une poésie.

(*Il ôte le couvercle du coffret*).

Sagami (*apercevant la tête.*) — Quoi !... cette tête !...

(*Elle se précipite sur le coffret, mais Koumagaï la repousse, en lui imposant silence du regard. — Foujinotsouboné s'approche également suppliante*).

Koumagaï (*refermant le coffret*). — Attendez, vous dis-je, vous pourrez voir tout à l'heure.

(*Se tournant vers Yoshitsné*). — Le prince Atsmori est de sang impérial, il est parmi les hommes comme ces cerisiers qui sont les rois des arbres. — Or, vous avez fait savoir par cet écriteau que mieux vaut se couper le doigt que de couper une branche de cerisier. — Pouvais-je donc le frapper avant de me frapper moi-même. — Ne devais-je pas faire couler mon propre sang plutôt que de répandre un sang impérial ? — Ai-je bien accompli votre volonté ?

Yoshitsné (*Il examine la tête, puis donnant son assentiment*). — Tu as parfaitement saisi ma pensée. Ce que tu as fait est bien fait. C'est là, en effet, la tête que je voulais voir. S'il y a quelqu'un de ses parents, montre-la lui pour qu'il puisse la pleurer.

Koumagaï. — Femme, présente ceci à Foujinotsouboné.

Sagami (*aveuglée par les larmes, et faisant un effort suprême pour maîtriser sa douleur*). — J'obéis... Foujinotsouboné, la voilà cette tête pour laquelle vous avez versé tant de larmes.

Foujinotsouboné. — Quoi donc !

SAGAMI. — Oui, regardez bien et cessez de vous lamenter. Donnez à cette tête les louanges qu'elle mérite. Ah! vous ne pouvez pas comprendre! Laissez-moi épancher toute ma douleur. Quand j'étais à votre service, je fis la connaissance de Koumagaï qui devint mon mari, et nous allâmes vivre dans une province de l'Est. Là, j'ai donné le jour à un fils, mon fils unique, et c'est lui, c'est lui qui est ce... cet Atsmori que vous voyez. A cette époque, vous aussi vous avez donné le jour à un fils qui est le prince Atsmori. Vivant séparés, ces deux enfants ont compté seize années de bonheur et d'innocence, et voilà qu'au bout de ce temps, l'un sacrifie sa vie à l'autre qu'il n'avait jamais connu. N'est-ce pas le destin qui l'a voulu ainsi.

(*Parlant à Koumagaï d'une voix plaintive*). — Au moins, ce cher enfant est-il mort avec calme?

KOUMAGAÏ *reste muet*...

FOUJINOTSOUBONÉ. — O Sagami, je n'aurais jamais soupçonné pareille chose. Quel dévouement, mais quel supplice! Oh! que tu dois souffrir! Présomptueuse que je suis, j'ai crié vengeance, j'ai voulu tuer ton mari, j'en suis au désespoir, je meurs de honte.

O Koumagaï, c'est à toi que mon fils doit la vie, et à quel prix! Comment puis-je être assez reconnaissante.

(*Considérant la tête de Kojirō*). — O chère tête! que je voudrais ne t'avoir pas connue quand tu étais en vie (*Elle pleure*). Mais chose étrange, complètement inexplicable. Ce tombeau érigé sur le rivage! cette flûte que m'a donnée la fille du sculpteur, qui la tenait, disait-elle, de l'ombre de mon fils! cette image, enfin, qui apparaissait sur le shoji lorsque j'ai commencé à jouer, et qui a disparu aussitôt, sans que je puisse lui adresser la parole, que signifie tout cela?

YOSHITSNÉ. — Voilà l'explication que vous désirez, Foujinotsouboné : Lorsque vous avez joué de la flûte, le fantôme allait entrer dans la salle, mais je l'ai arrêté à cause des autres personnes qui auraient pu le reconnaître, et je ne vous ai laissé voir son visage qu'à travers le shoji.

(*Foujinotsouboné, délivrée de la douleur qui l'oppressait, respire librement, mais ses larmes ne cessent de couler.*

A ce moment, retentit le son de la conque guerrière).

Yoshitsné (*à Koumagaï*). — On nous annonce l'arrivée des renforts. Que chacun se tienne prêt !

Kaghétaka (*entrant soudainement*). — Soupçonnant que pareille chose fût arrivée, je me suis introduit dans ce camp. Mes prévisions ne m'ont pas trompé. Vous, Yoshitsné et Koumagaï, vous avez épargné Atsmori. — Il faut qu'on le sache à Kamakoura.

(*Il sort brusquement, mais un ciseau, lancé d'une main sûre, l'atteint mortellement*).

(*Entre un vieillard*).

Le Vieillard (*d'un air satisfait*). — Vous voilà débarrassés de ce misérable. Quant à moi, j'ai entendu avec joie ce que vous avez raconté de l'apparition. Mes vœux sont accomplis, je n'ai plus rien à faire ici, je pars. Messeigneurs, je vous salue.

Yoshitsné. — Un instant, vieillard. Attends, Mounékiyo !

Le Vieillard (*surpris*). — Mounékiyo, dites-vous ? Moi, pauvre vieillard à cheveux blancs ! Je m'appelle Midarokou, et tout le monde me connaît sous ce nom dans le village de Mikaghé.

Yoshitsné. — « Une grande haine, une grande joie ou une grande tristesse ne sauraient s'oublier de la vie. » Le proverbe a raison. Jadis après la mort de mon père, lorsque je fuyais avec mes deux frères, au milieu de la neige, réchauffé seulement sur le sein de ma mère, c'est toi qui nous a délivrés du danger de tomber aux mains de nos ennemis. Ce bienfait nous causa une si grande joie, que tes traits se sont alors gravés ineffaçablement dans ma mémoire. Je n'avais alors que trois ans, mais je n'oublierai jamais. La tache que je vois là entre tes sourcils, est la preuve indiscutable que tu es mon bienfaiteur. Peux-tu encore dissimuler ? Depuis la mort de Shinghémori, on n'a pu rien savoir de toi ; combien je suis heureux de te revoir !

Mounékiyo. — Quelle sagesse précoce était la vôtre. Tel Rōshi (1) annonçait dès sa naissance ce qu'il serait un jour. Tel Sōshi (2), son disciple, qui pouvait observer et reconnaître les traits des

---

1. Rōshi (Lao Tsze).
2. Sōshi (Tseng Tsze).

hommes dès l'âge de trois ans. — Général Yoshitsné, puisque vous savez qui je suis, daignez écouter Mounékiyo. Si je ne vous avais pas sauvé, qui eût pu franchir ces formidables barrières de Tekkaï et de Hiyodorigoyé que la nature elle-même a élevées ? Et si Ikéno Gozen et moi n'avions pas mis en liberté Yoritomo, la maison des Taïra serait encore toute-puissante. Oh ! quelle irréparable faute j'ai commise !... Lorsque le prince Komatsou se vit au moment de mourir, il pressentit la ruine prochaine des Taïra et, m'ayant fait appeler, il m'ordonna de quitter l'armée et le monde, afin qu'il y eût quelqu'un qui priât pour le repos de leur âme. Il me donna alors une somme de trente mille « ryo » d'or que je devais envoyer en Chine pour subvenir à la construction d'un temple à Ikawo-san, et me confia sa fille pour l'élever dans ma retraite. Je me suis retiré avec elle dans le village de Mikaghé où j'exerce la profession de sculpteur sur pierre. — Dans les environs de Naki, de Koya, et dans divers autres endroits de cette province, on rencontre un grand nombre de pierres funéraires récemment taillées, mais personne ne sait qui les a élevées. Sachez que ce sont les témoignages de ma dévotion aux mânes des Taïra.

Il y a quelque temps, le prince Atsmori vint me commander une pierre tumulaire, mais je ne pus le reconnaître, l'ayant quitté dans ses plus tendres années. Néanmoins, je trouvai dans toute sa personne quelque chose qui trahissait un Taïra et j'acceptai avec plaisir son ordre. Ah ! était-ce donc pour Kojirō qu'il me faisait travailler ?

(*Haut*). — Quel désolant spectacle, de voir tous les princes de la maison de Taïra périr par les mains de ces mêmes Yoritomo et Yoshistné que j'ai moi-même sauvés ! O destin, tu l'as voulu ! Mais que dis-je ! c'est moi qui suis la cause de tous ces malheurs. Je suis comme un « ver (1) dans le corps du lion ». — Toutes les âmes de ces princes et de leurs sujets m'accusent de trahison et me maudiront éternellement, malheureux que je suis !

Yoshitsné (*se tournant vers Koumagaï*). — Koumagaï, prends ce coffre à armure et apporte-le ici.

1. Proverbe qui s'appliquait aux traîtres.

Koumagaï. — J'obéis.
(*Il enlève le coffre qui paraît lourd et le dépose devant Yoshitsné*).
Yoshitsné. — Voici un cadeau pour ta fille d'adoption. Je désire que tu le lui remettes toi-même, Midarokou.
Yoshitsné. — Midarokou!... Que dites-vous?
Yoshitsné. — Oui, si tu es Mounékiyo, n'es-tu pas encore un des Taïra; et un général des Minamoto pourrait-il avoir affaire à un partisan des Taïra?
Monékiyo. — Je comprends alors, Midarokou accepte votre présent. Mais il me semble qu'il ne convient guère à une fille. Permettez-moi de voir l'armure qu'il contient.
Il ôte le couvercle et voit Atsmori.
Foujinotsouboné (*l'apercevant*) — Mon fils!
Mounékiyo (*remettant le couvercle.*) — C'est une erreur. Vous voyez bien qu'il n'y a rien dans ce coffre.
(*A part*) Quel soulagement!
(*S'adressant à Koumagaï*) Combien nous vous sommes redevables, Koumagaï! Vous vous êtes coupé un doigt pour épargner une branche.
Sagami (*à son mari.*) — Notre fils est tombé victime de la fidélité; ô brave, brave enfant! Mais comment donc avez-vous pu réussir à substituer Kojirō à Atsmori, chacun étant dans un clan opposé?
Koumagaï. — Qu'il te suffise de savoir que celui que j'ai amené dans mon camp était Atsmori, tandis que celui qui est mort à sa place est Kojirō.
Sagami. — Oh! il faut tout de même que vous ayez un cœur de pierre, car enfin ce n'est pas seulement votre fils, mais le mien, Soutenue par l'espoir de le revoir, j'ai fait presque sans m'arrêter, plus de cent lieues. Au moins auriez-vous dû m'épargner le détail de ce qui est arrivé. Mais sans précaution aucune, vous me dites : « J'ai tué Kojirō. » Est-ce-là, selon vous, un procédé louable.?
(*Elle pleure*).
Koumagaï *et tous les autres restent émus et silencieux.*
Yoshitsné (*brusquement*). — Nous n'avons pas de temps à perdre; il faut descendre vers l'Ouest.

Koumagaï. — Général, j'ai une grâce à vous demander, car ma résolution est prise, comme j'ai eu l'honneur de vous en faire part. — Il faut que je vous quitte, et voici pourquoi...
(*Il ôte son casque et montre à Yoshitsné sa tête complètement rasée comme celle des bonzes*).
Yoshitsné. — Alors je ne m'y oppose pas. Quand les guerriers font preuve de courage, c'est pour laisser un souvenir glorieux à leur postérité. Maintenant que ton fils unique n'est plus, qui gardera ton honneur militaire? Koumagaï, tu as raison de vouloir quitter l'armée. Je suis tout disposé à te donner congé. Deviens bonze, passe tranquillement le reste de tes jours et n'oublie pas, je te le recommande, de prier pour l'âme de Yoshitomo, mon père, et celle de ma mère Tokiwa.
Koumagaï. — Je vous remercie très humblement, général.
(*Il se lève, se dépouille de son armure et se trouve vêtu d'une robe blanche et d'un « késa*(1) *»*).
Sagami (*surprise*). — Quoi!...
Koumagaï. — Pourquoi t'étonner ainsi? — Par une faveur exceptionnelle du général, j'obtiens congé au milieu de l'expédition; mes vœux sont accomplis. Je n'ai plus qu'à attendre le jour, où, dans le pays de Mida, je serai assis sur la fleur de lotus avec mon Kojirō. Je prendrai désormais le nom de Renshō(2). « En portant le Bouddha, on peut se purifier d'une infinité de fautes. » Les seize années que mon fils a vécu ont passé comme un rêve. (*Des larmes montent à ses yeux, puis portant la main à sa tête rasée*). Puisse ce sacrifice être utile aux mânes de mon fils!
(*Tous sont attendris*).
Mounékiyo (*chargeant sur ses épaules le coffre à cuirasse et se disposant à partir*). — Yoshitsné, si jamais Atsmori reparaissait sur la scène du monde, et que ralliant les débris des Taïra il répondit à votre bienfait en vous livrant bataille, que feriez-vous?
Yoshitsné. — Le ciel est maître de nos destinées; je ne saurais les empêcher de s'accomplir. D'ailleurs, Yoritomo et moi, n'avons-nous pas sacrifié la reconnaissance à la haine? Pourquoi trou-

---

1. Espèce d'étole que les bonzes portent en sautoir sur l'épaule gauche.
2. *Ren* : lotus; *shō* : vie.

verais-je mauvais qu'Atsmori traitât les Minamoto comme nous avons traité les Taïra ?

Koumagaï. — Alors, séparé du monde, et affranchi de tout lien avec les Minamoto et les Taïra, j'aurai pour rôle d'alléger les épreuves réservées aux guerriers des deux partis dans le lieu d'expiation de « Shoura » et de les en délivrer.

Mounékiyo. — Quant à moi, je profiterai de cette occasion pour redevenir Mounékiyo et rentrer dans mon ancien rôle.

Koumagaï. — Eh bien! mon ami, je vais me rendre à Kourodani pour y devenir disciple de Honen. — Un devoir sacré m'y appelle, il faut nous séparer (*se tournant vers Yoshitsné*). Général, soyez heureux !

(*Tous se lèvent, Koumagaï avec sa femme, Mounékiyo avec Foujinotsouboné*).

Sagami et Foujinotsouboné (*ensemble*). — Fasse le destin qu'un jour nous puissions nous revoir !

Koumagaï et Mounékiyo. — Tant que nous vivrons, l'espoir ne nous abandonnera pas.

Tous à la fois. — Adieu (1) !

1. *Revue française du Japon*, 4ᵉ année, fasc. II, nov. 1895 : *Théâtre japonais*, par A. Arrivet.

B. — Pièces de mœurs

Un des drames les plus connus du genre *sewamono*, et l'un de ceux qui nous font le mieux connaître l'âme japonaise, met en scène le beau chevalier *Gompatchi* et sa fidèle amante *Komouraçaki*, deux touchantes figures de la fin du XVIIe siècle.

« Le héros de la pièce, dit M. Revon, *Shiraï Gompatchi*, était un jeune guerrier du seigneur de la province d'Inaba, qui, dès l'âge de seize ans, était renommé pour sa beauté, son courage et son habileté au métier des armes ; un jour que son chien s'était battu avec celui d'un autre guerrier du même clan, les deux camarades se disputèrent, en vinrent aux prises et, par malheur, *Gompatchi* tua son adversaire ; il ne lui restait plus qu'à se faire chevalier errant : il s'enfuit, en route pour Eddo. Un soir, fatigué d'une longue journée de marche, il aperçut sur le chemin une maison qui avait les apparences d'une auberge, entra, mangea, et se mit au lit ; vers minuit, comme il dormait profondément, une jeune fille de quinze ans, merveilleusement belle, s'approcha de sa couche, l'éveilla, et lui dit : « Seigneur, vous êtes ici dans un repaire de brigands. Ils vous ont laissé entrer, mais pour vous perdre ; car si votre bourse peut être légère, votre sabre vaut son pesant d'or. Ils sont dix, avec leur chef. Moi-même, je suis la fille d'un riche marchand de *Mikaoua ;* l'an dernier, ces hommes m'ont enlevée, avec le trésor de mon père. Je vous en supplie, prenez-moi avec vous, et fuyons ce lieu d'horreur. » Elle pleurait ; *Gompatchi*, à peine sorti du sommeil, l'écoutait, silencieux, frappé à la fois d'admiration et d'épouvante ; mais comme il était brave, il retrouva bien vite son sang-froid et après une minute de réflexion répondit à la jeune fille : « Je vais tuer ces voleurs dans un instant ; dès que je les attaquerai, échappez-vous au dehors, et attendez-moi à quelque distance. » Elle sortit ; peu après, lorsque les meurtriers se glissèrent pour tuer le jeune homme, ils le trouvèrent debout, le sabre en main ; le premier qui entra eut la tête coupée, et les neuf autres, déconcertés, luttant en désordre, tombèrent tour à tour sous ses coups désespérés. *Gompatchi* délivré rejoignit la jeune fille, et au point du jour tous deux prirent joyeusement la route de Mikaoua. Lorsque les pauvres parents revirent l'enfant qu'ils croyaient perdue, lorsqu'ils apprirent comment elle avait sauvé le chevalier et comment le chevalier l'avait sauvée, ils versèrent des larmes de bonheur ; ce furent de longues journées de fête, durant lesquelles *Gompatchi* et les vieux ne songeaient qu'à se réjouir, tandis que la jeune fille, devenue amoureuse de son héros, ne pensait qu'à lui et bâtissait en son cœur de tendres rêves. Cependant, malgré les efforts du riche marchand qui voulait l'adopter comme son fils, malgré les douces paroles qui cherchaient à le retenir, *Gompatchi*, ambitieux, se résolut à quitter cette demeure hospitalière. « Je suis chevalier, dit-il à son amie, et je veux entrer au service d'un nouveau seigneur. Mais séchez vos yeux, car bientôt je reviendrai. En attendant, soyez-moi fidèle, et demeurez pieuse envers vos parents. » Elle essuya ses larmes et sourit. Lui repartit vers Eddo, la bourse bien garnie par les soins du père, et faisant en esprit la conquête de l'avenir. Une nuit, comme il approchait de la capitale, il tomba au milieu d'une bande de six voleurs, qui l'attaquèrent ; tirant son sabre, il en tua deux ; mais, exténué par sa journée de marche, il allait succomber sous les efforts des quatre autres, lorsqu'un marchand qui passait par là, entendant le bruit, sauta de sa chaise à porteurs, le poignard à la main, et aida le jeune héros à mettre en fuite ses derniers adversaires.

L'homme qui venait de secourir *Gompatchi* n'était autre que *Tchôbé* de Bandzouinn, le chef tout-puissant des Compagnons de Eddo, le Père du peuple opprimé, le fier ennemi de tous les oppresseurs, célèbre dans tout l'Empire pour les luttes épiques qu'il avait osé soutenir contre le chef même des chevaliers du shiôghoun, et qui devaient le conduire, après une vie de dévouements admirables, à une mort de héros : car un jour que son terrible rival l'avait invité chez lui pour le perdre, il accepta, jugeant sa carrière assez remplie, commanda son cercueil, se rendit à la maison du traître, entra dans le bain qu'on lui offrait dans l'intention de l'y faire bouillir, et périt ainsi comme un martyr, afin de prouver qu'un homme du peuple pouvait être plus brave qu'un chevalier; en attendant, il remplissait Eddo de son activité bienfaisante, au milieu de la fidèle troupe de justiciers dont il s'était entouré, ne laissant jamais sans aide un malheureux ni un coquin sans vengeance. Pour *Gompatchi*, une telle rencontre était le salut. Après les compliments d'usage, il mit *Tchôbé* au courant de son histoire : « Je ne suis, dit *Tchôbé*, qu'un pauvre homme du vulgaire; veuillez m'excuser de vous faire une offre déplacée : si cependant vous consentiez à accepter mon humble hospitalité jusqu'au jour où vous aurez trouvé du service, ma maison est la vôtre. » *Gompatchi* accepta, et tous deux entrèrent ensemble à Eddo. Cependant le jeune homme, après quelques mois d'oisiveté chez son protecteur, glissa peu à peu à une existence dissolue, et il passait tout son temps à la Plaine du bonheur, où sa beauté l'avait rendu le grand favori des femmes. Or, à ce moment, on parlait partout d'une belle jeune fille, nommée *Komouraçaki*(1), récemment entrée dans cet endroit fameux, et qui y brillait comme une reine sans rivales. *Gompatchi*, curieux, courut à la maison des « Trois rivages de la mer », demanda la grande courtisane : mais quand leurs yeux se rencontrèrent, quel cri d'étonnement! Comment le noble chevalier avait-il oublié ses promesses? Et comment la fille du riche marchand de Mikaoua était-elle tombée à cette boue? Quand la pauvre enfant, écrasée à la fois de honte et de joie, put répondre aux questions dont la pressait son ami : « Hélas! lui dit-elle, c'est une triste histoire que la mienne. Après votre départ, l'an dernier, tous les malheurs ont fondu sur notre maison; mes vieux parents sont tombés dans la misère; comment les soutenir? J'ai vendu ce misérable corps, pour envoyer l'argent à mon père et à ma mère : aujourd'hui, ils sont morts; et cependant, je suis toujours rivée à ma chaîne. Oh! y a-t-il, dans le vaste monde, une créature plus pitoyable que moi! Mais puisque je vous retrouve, vous si fort, vous viendrez au secours de ma faiblesse. Vous m'avez sauvée une fois; je vous en supplie, ne m'abandonnez pas maintenant! — Oui, dit *Gompatchi*, votre famille si prospère a été cruellement frappée

---

1. Mot à mot : « Petite Violette. »

SUR UNE TERRASSE DU YOSHIWARA
(Extrait du *Japon artistique*).

par le sort, et c'est une destinée bien triste que la vôtre. Mais ne pleurez plus. Je suis, il est vrai, trop pauvre pour vous racheter ; mais je vous aimerai ; comptez sur moi. » Alors elle fut consolée, et oublia toutes ses infortunes dans sa grande joie de le revoir. Dès ce moment *Gompatchi* passa presque toutes ses heures auprès d'elle, et pendant quelque temps, ils vécurent heureux. Mais son pécule de chevalier errant s'épuisait ; bientôt, n'ayant plus de ressources et ne songeant qu'à sa passion, il se fit assassin pour se procurer de l'argent ; et chaque fois qu'il en manquait il tuait un homme. *Tchôbé* l'ayant appris, le chassa. A la fin, ses aventures sanglantes furent connues de la police : on le surveilla, on l'arrêta ; après un jugement sommaire, il fut décapité dans la plaine des supplices, comme un malfaiteur de droit commun. *Tchôbé* seul eut pitié de sa mémoire, réclama son corps et le fit enterrer dans la terre sacrée d'un temple. *Komouraçaki* avait tout ignoré ; lorsque la rumeur publique lui apprit à la fois les crimes et l'exécution de *Gompatchi*, sa douleur fut sans bornes. Mais bientôt, en vraie Japonaise, elle retrouva tout son courage et prit une résolution suprême : elle parvint à s'enfuir de sa honteuse prison, courut à la tombe fraîchement fermée, s'y jeta à genoux, pria longtemps, tout en larmes, sur l'homme qu'elle avait tant aimé et à qui elle pardonnait toutes ses fautes ; puis, tirant le poignard qu'elle portait à sa ceinture, elle s'en frappa et tomba percée au cœur. Les vieux prêtres du monastère, émus de compassion et respectueux de ce grand amour, ensevelirent l'humble courtisane dans la tombe de son ami ; puis, en philosophes religieux, ils y gravèrent une inscription indulgente, rappelant le souvenir de ces oiseaux fabuleux, à la fois deux et un, qui symbolisent la fidélité conjugale : « Ces deux oiseaux, beaux comme des fleurs de cerisier, périrent avant l'heure, comme les fleurs que le vent abat avant qu'elles aient pu porter leurs fruits (1). »

Certaines pièces présentent des péripéties fondées sur la séduction d'une jeune fille, et la reconnaissance d'un personnage que l'on croyait disparu, sur la διαφθορά et l'ἀνάγνωσις du théâtre gréco-latin.

1. Michel Revon, *Hoksaï*, pp. 236 sqq.

Dans le *Grand Voleur* et dans la *Belle Siguenoï*, écrit M. Guimet, l'intérêt se porte sur un jeune enfant abandonné, qui retrouve ses parents au dernier acte ; absolument comme dans les comédies de Térence. Ce rôle d'orphelin est fréquent dans les pièces japonaises ; la liste des acteurs, comprenant une troupe, contient toujours, outre le père noble et le jeune premier, « l'enfant abandonné », emploi qui est d'ordinaire tenu par un futur grand acteur.

Le grand voleur est une personne historique ; il était, dit-on, un peu l'ami de *Taïko*; dans tous les cas, il détroussait de préférence les ennemis du shiogoun ; c'est ordinairement dans les montagnes d'Akoné, sur le Tokaïdo, la grande route du Japon qu'il opérait (1). Dans la pièce dont il est le héros, il y a une scène charmante et très célèbre : c'est celle où, parmi des seigneurs dévalisés par lui, il reconnaît son fils ; le gredin s'attendrit, le vautour devient pélican, mais le rude coupeur de bourses ne veut pas faire à son enfant l'affront de l'appeler son fils ; il lui rend ses bagages, son escorte et ajoute à ses bienfaits un petit sac de dragées, comme on en donne aux tout petits garçons.

Quant à la belle Siguenoï, voici son histoire :

Siguenoï, jeune fille de la cour du gouverneur shiogounal de Kyōtō, a, dans une cérémonie religieuse, aperçu le beau *Yossakou*. Elle a été jusqu'à lui donner un rendez-vous dans le pavillon de la régente. Là, le jeune homme a perdu sa boîte à pilules ; il est compromis et obligé de fuir.

Quelque temps après, *Siguenoï*, s'apercevant qu'elle va devenir mère, se sauve de la cour, — car il y allait tout simplement pour elle de la peine de mort.

Siguenoï est revenue à la cour, où l'on a fermé les yeux sur son aventure, et elle a eu le soin de cacher son fils chez un parent. Le parent, homme négligent, s'est débarrassé de l'enfant et l'a confié à un maître d'école.

---

1. Le *Tokaïdo* est la « route de la mer orientale », qui conduit de Kyōtō à Tōkyō. Les anciens voyageurs la parcouraient en s'arrêtant aux points de vue intéressants. Elle comprenait 53 étapes (*soughi*) qui font le sujet d'albums de *Hoksaï*, *Hiroshighé*, etc.

Or, le maître d'école est justement le jeune *Yossakou*, le père de l'enfant.

Yossakou a vu passer un cortège princier; sur les bagages, il a lu le nom de la fille du gouverneur de Kioto et, sur quelques colis, le nom de sa bien-aimée, la belle *Siguenoï*, qui est suivante de la jeune princesse.

Or, il apprend que la fille du régent va se marier le lendemain avec le prince *Yamaoutchi*, fils d'un des deux régents de Kamakoura. Alors il envoie l'enfant chez le prince, où il tombe en pleine noce. *Santa*, c'est le nom de l'enfant, sait qu'il doit trouver sa mère chez le prince, mais il n'en sait pas plus long.

Arrivé à l'entrée de la galerie qui conduit aux appartements des femmes de la cour, *Santa* dit qu'il vient voir sa mère. Ces dames, frappées de la grâce et de l'intelligence de cet enfant, le font passer dans le palais.

Siguenoï trouve que *Santa* a une vague ressemblance avec le fils qu'elle a mis au monde, et la vue des armoiries de son amant, qui sont brodées sur le vêtement de l'enfant, lui ôte tout doute à cet égard et lui fait voir qu'elle a réellement sous les yeux le fils à qui elle n'a pu s'empêcher de penser toujours depuis qu'elle est revenue à la cour.

Ici, le comédien chargé du rôle de la jeune mère exprime d'une manière violente le combat qui se livre dans son cœur. *Siguenoï* veut embrasser son enfant, lui dire « mon fils! » mais dans quelle circonstance! quel moment plein d'épouvante!

Siguenoï demande à l'enfant :

— Quel est le nom de ton père?

— Mon père s'appelle Tamba *Yossakou*.

— As-tu ta mère?

— Ma mère, répondit-il, a disparu dès ma naissance...

— Mais pourquoi pleurez-vous ? Vous paraissez m'aimer autant que m'aimerait la mère que je cherche, je ne veux plus vous quitter.

Et il la retient par le bas de sa robe.

La mère tremble que son secret ne se découvre. Elle est pourtant si heureuse de sentir son fils à ses pieds! elle veut le repousser, mais sa main l'attire et le caresse, elle va éclater et tout perdre. Heureusement elle parvient à surmonter son émotion et dit d'un accent résolu :

— Que sa mère soit ici ou non, peu importe; mais du moment qu'elle a abandonné son enfant au berceau, elle n'est plus digne d'être sa mère.

Et *Santa*, qui comprend qu'entre cette femme et lui il y a une barrière infranchissable, s'écrie tristement :

— Oui, si la mère a abandonné son enfant, elle n'est plus mère, et l'enfant n'est plus son enfant.

Et il se décide à partir.

La scène est longue, mais très palpitante (1). »

Certaines féeries mettent en scène des saints bouddhiques, qui accomplissent des miracles, des sages chinois, au ton bonhomme et sentencieux, des bonzes qui sont les héros de

1. ÉMILE GUIMET, *Le Théâtre au Japon*, p. 20 sqq.

farces peu compatibles avec la dignité sacerdotale, mais qui nous font penser aux scènes populaires de notre moyen âge chrétien (1).

(Coll. S. Bing).

1. Exemple : « Un mari vient de perdre sa femme ; armé d'une épitaphe

C. — L'intrigue et la Psychologie du Drame

Dans les deux derniers siècles, et surtout pendant l'ère *Méji*, la variété des genres dramatiques a rompu l'uniformité habituelle des intrigues. La plupart, cependant, sont tragiques. Elles reposent, dit M. *Takashima* (1), « sur les sentiments de loyauté, de piété filiale et de chevalerie », et enseignent la fidélité indéfectible au seigneur, le culte scrupuleux du point d'honneur, le mépris absolu de la mort. Ce théâtre est une « école de grandeur d'âme » et de stoïque insensibilité.

Les éléments de l'œuvre scénique sont « les crimes de brigands, la conspiration, le duel, la vendetta, la mort sur le champ de bataille, la mort à la place d'autrui, les querelles et l'assassinat, le *harakiri*, le pardon de la peine de mort, les exécutions capitales, les suicides pour cause d'amour ou de déshonneur, et autres événements qui ne manquent pas de provoquer des incidents sanguinaires (2) ». Telles sont en effet les données tragiques des drames *Tchiousshingoura* ou des 47 rôninn, *Nijoushiko*, *Itchinotani*, *Sendaïhaghi* et bien d'autres (3).

---

comique écrite sur une planchette, il vient commander aux bonzes de sa pagode l'enterrement de sa chère moitié. Discussions, jeux de mots, épigrammes, ripostes du bonze, plaisanterie du veuf. La pièce est dans ce trait final: effrayé des exigences du clergé, ému à la pensée des sommes folles qu'il va avoir à dépenser, le mari en arrive à regretter que sa femme soit morte » (É. Guimet, *op. cit.*, p. 29).

1. *Kokouminn-no-Tomo*, 1895, Tôkyô.
2. Foukoutchi-guén-Itchiro (*Far East*, I, p. 237).
3. V. la *Vengeance des Sogâ*, analysée par M. Bousquet, dans la *Revue des Deux-Mondes* (15 août 1874, pp. 732 sqq.) et l'analyse de *Kiraré-Yosabouro*, par M. Hugues Krafft (*Souvenirs*, pp. 277-279).

Dans l'intrigue de ces tragédies se révèle le caractère excessif d'un peuple façonné par le régime féodal à la pratique des plus hautes vertus et à la justification des plus détestables usages. Les scènes de meurtres et de cruauté, les actes de vengeance surtout, trouvent fréquemment dans la morale nationale leur excuse, sinon leur apologie. La miséricorde est bannie de l'âme japonaise qui reste, du moins au théâtre, inaccessible au sentiment du pardon, attentive surtout à la poursuite d'implacables représailles. Sa psychologie, subtile et captieuse, dans son apparente rigueur, déconcerte souvent notre jugement et contredit notre raison. « Les étrangers, écrit M. Takashima, ne pourront peut-être jamais comprendre l'empire que l'idée de fidélité prend sur la volonté des Japonais, qui n'hésiteraient jamais, dans des circonstances critiques, à se sacrifier avec toute leur famille, pour le salut de leur prince. L'importance du sentiment filial n'est pas moindre dans la psychologie nationale. Mais quelle leçon de moralité un Européen pourrait-il tirer de l'histoire touchante d'une jeune fille qui se vend pour sauver ses parents d'une catastrophe financière (1)? Sans aucun doute, la tendance de la pièce semblera absurde à un critique étranger, mais dans notre peuple, les idées féodales sont tellement enracinées, que les cœurs tressaillent devant des actes qui paraissent à l'Occidental révoltants et contraires à la nature. Tant que les écrivains étrangers de comprendront pas nos sentiments, héritage des ancêtres, ils ne pourront point suivre nos drames historiques avec intelligence et sympathie » (2).

Comment, en effet, ne serions-nous pas révoltés, dans

1. V. dans *Mitford's tales* le plaidoyer d'une jeune fille devenue courtisane par nécessité.
2. *Op. cit.*, p. 33.

notre conscience et notre sensibilité, au spectacle des substitutions si fréquentes dans le théâtre japonais? Quel père peut sacrifier un innocent, — sa femme ou son enfant, — pour sauver de la mort un coupable ou un condamné de haute condition? Dans un drame, populaire encore aujourd'hui, *Igagoé*, lorsque les spectateurs arrivent à la scène d'*Okazaki*, où *Mazayemon* tue son propre fils, il se sentent péniblement remués, et outragés dans leurs sentiments les plus naturels. Une autre pièce, *Térakoya*, montre *Matzouô*, substituant son propre fils à l'enfant de *Mitchizané*, « dont il a été chargé en personne de livrer la tête aux émissaires du ministre *Shihéi* » (1). Le *Kakouminn-no-Tomo* signale encore le drame « *Sendaïhaghi* », représenté au *Kabouki-Théâtre* de Tôkyô en 1898, comme un exemple fort juste de l'ancienne idée japonaise de fidélité au suzerain. La pièce met en scène un jeune daïmyô sauvé par le dévouement d'une femme du peuple et de son fils, qui mange un gâteau empoisonné destiné au prince. L'enfant meurt, et sa mère assiste froidement à son agonie. Finalement, elle se venge elle-même sur les ennemis du prince. « Le principal » intérêt de cette pièce, suivant M. Foukoutchi, réside » dans ce fait que l'enfant, imbu des enseignements de sa » mère, sacrifie sa vie pour son jeune maître. »

A la vérité, les personnages exceptionnels abondent dans l'histoire nationale; les péripéties émouvantes, les tortures, les scènes larmoyantes et la pratique courante du *karakiri*, ont accoutumé le peuple au spectacle de la violence et des plus douloureux sacrifices vaillamment acceptés. Le Japon, d'ailleurs, est le pays du mâle courage, des cœurs géné-

---

1. KARL FLORENZ, *Scènes du théâtre japonais* (p. 4, Tôkyô, 1900, éd. Hasegawa).

reux et dévoués, des âmes hautes et intrépides. La race est pleine d'énergie, d'ardeur belliqueuse et d'élans chevaleresques, dévouée à ses maîtres, fière de ses anciennes prérogatives et de son glorieux passé. Mais les mœurs d'une nation née dans le sang des guerres civiles, soumise pendant des siècles à un despotisme théocratique et guerrier, devaient engendrer le goût des peintures violentes, « poussées au noir », des héros « altérés de sang, » suivant l'expression de M. *Foukoutchi*, et des personnages surhumains aux prises avec des difficultés invraisemblables dans des situations fausses. Car l'Extrême-Orient n'a pas connu la beauté simple et nue des Grecs ; « la conception d'un monde
» supérieur ne s'est jamais pour lui traduite que par l'in-
» forme grossissement du réel. Au delà de la trivialité
» journalière, il n'a trouvé que le monstre. Il a cru faire beau
» en faisant énorme, obtenir l'admiration par la stupeur et
» l'effroi (1). » Ses plus nobles créations ont quelque chose de caricatural, de mystérieux et d'inquiétant; elles font penser à Shakespeare plutôt qu'à Sophocle.

Une telle conception de l'art proscrit nécessairement les sentiments moyens. Dans l'esprit des *samouraï*, vindicatifs et téméraires, dont l'action sur l'esprit populaire fut si prépondérante dans l'ancien Japon, la douceur passait pour de la faiblesse, et la clémence pour de la lâcheté ; la violence était confondue avec le courage, et la cruauté féroce avec le sang-froid. Sous l'inspiration de cette psychologie tendue jusqu'au paroxysme, les drames dépassèrent les limites des sentiments ordinaires de l'humanité, pour atteindre un pathétique réaliste, mais d'observation superficielle. Aussi les

---

1. G. Bousquet, *Le Japon de nos jours*, p. 728.

intrigues dramatiques se nouent généralement et se dénouent dans le vide.

M. *Foukoutchi-guèn-Itchiro* résume les principales critiques formulées par les lettrés japonais sur les compositions théâtrales :

VIOLATION DE SÉPULTURE AVEC APPARITION

1° L'atrocité voulue des incidents ;
2° La complexité et l'invraisemblance de l'intrigue ;

3° La méconnaissance des sentiments ordinaires de l'humanité.

4° La confusion des notions morales entre le bien et le mal, le juste et l'injuste.

Ces défauts s'expliquent par le souci hautement manifesté, durant tout le moyen âge, de transformer la scène en tribune et les personnages en interprètes de la pensée *shôgounale*. Il importait de développer dans l'âme populaire, par des exemples simples et frappants, les principes permanents de loyauté, de piété filiale, de fidélité et de justice. Le théâtre était regardé comme « l'école de l'ignorant ». C'est pourquoi les dramaturges mettaient en scène des personnages idéalisés, à la physionomie morale fortement accentuée, exagérée, non seulement pour répondre aux nécessités de l'optique théâtrale, mais aussi pour les imposer, par une impression durable, à la mémoire d'hommes incultes, « qui n'avaient jamais ouvert un livre ». Aussi, « le vassal loyal,
» le fils respectueux, le chevalier au cœur sincère et la
» femme fidèle ne sont que des conceptions dramatiques
» sans prétentions à la réalité; non point des êtres de chair
» et de sang, mais des incarnations de notions abstraites (1) ».

---

1. D'après le *Kokouminn-no-Tomo* (Tōkyō), 1898). Dans l'esprit des Japonais, un biographe ou un dramaturge doit peser exactement les mérites et les défauts d'un personnage, — suivant l'ancienne méthode chinoise, — pour savoir s'il le peindra sous les traits d'un héros ou d'un scélérat. Dans le premier cas, il faut user seulement de louanges, dans le second, de critiques, ainsi qu'il est recommandé dans le *Printemps et Automne* de Confucius. La simplification du type psychologique est indispensable. « Par conséquent Yoritomo, qui réussit à pacifier le pays
» dans les dernières années de la période *Ochō*, fut néanmoins un misé-
» rable, parce qu'il priva l'empereur de son autorité réelle et créa le
» shôgounat. *Hōjō Hoshitoki*, et son fils *Yasoutki*, détrônèrent trois
» empereurs dans la période *Shōkyou*, et par suite il n'est pas nécessaire
» de noter leurs mérites politiques : c'étaient des malfaiteurs dignes

Les scènes tragiques, si volontiers multipliées sur la scène japonaise, répondent évidemment aux instincts d'une race à peine affranchie de l'oligarchie féodale. Dans une société mal policée, la violence triomphe. Les représailles personnelles remplacent l'action impuissante des lois. Aussi la vengeance n'a pris dans les mœurs d'aucun peuple une place plus considérable qu'au Japon. La vendetta était d'ailleurs un droit reconnu par la loi écrite (1). Tirer vengeance d'une insulte est un devoir impérieux, une nécessité inéluctable. Un homme, dit un proverbe japonais, ne peut vivre sous le même ciel que le meurtrier de son père. Au théâtre, comme

» d'une sévère punition « de plume ». *Nitta Yoshisada* fut loyal à la
» cour du Sud, et par conséquent on ne devrait pas parler de ses fautes.
» C'est ainsi qu'il faut comparer les mérites et les fautes des hommes
» au regard de la loyauté, de la piété filiale, de la fidélité et de la jus-
» tice. »
   Le même auteur ajoute : « Si anciennement un Japonais avait 7 au
» compte *Mérite*, et 3 au compte *Démérite*, on le regardait comme un
» honnête homme, et l'historien avait pour devoir de n'insister que sur
» ses bonnes actions et d'omettre ses fautes. De même, si l'on trouvait
» quelqu'un avec 3 au compte *Mérite* et 7 au compte *Démérite*, on le
» regardait comme un gredin, et l'on ne notait que ses mauvaises actions,
» les bonnes devant être ensevelies avec ses ossements, quelque méri-
» toires qu'elles eussent été. Comme, dans la vie réelle, les hommes sont
» toujours relativement bons ou mauvais, il faut les idéaliser comme des
» personnifications de la vertu, ou bien il faut exagérer la trahison des
» vassaux traîtres, des fils ingrats, des femmes infidèles et des hommes
» sans cœur. » (Id., *ibid*.)
   1. Voici l'art. 52 des *Cent-Lois* de Gonghen-sama (*Iyeyas*) :
   « Quiconque a une vengeance à exercer doit le notifier à la cour criminelle, qui ne peut mettre ni empêchement, ni obstacle à l'accomplissement de son dessein pendant le temps départi à cet effet. Il est défendu néanmoins de tirer une *grande vengeance*, c'est-à-dire d'exterminer, en même temps que son ennemi, toute sa famille.
   » Quiconque négligera de donner avis sera considéré comme ayant agi sans motif, et sa punition ou son pardon dépendra des circonstances. »
   Dans les guerres du moyen âge japonais, les partisans du clan vaincu n'hésitaient jamais à se donner la mort, plutôt que de tomber aux mains de l'ennemi. Ce dénouement n'empêchait pas leurs amis de les venger.

dans l'histoire, on sacrifie sa vie et ses affections à la vengeance.

Pendant que la vengeance prenait dans la société féodale du Japon une déplorable extension, la pratique du *hara-kiri* (1) se développait sur la scène pour les motifs les plus futiles.

Suivant la morale nationale, en effet, un Japonais se tue rarement par chagrin d'amour ou par désespoir, mais il se décide à mourir, « soit pour appeler la vengeance sur la tête de son ennemi, soit pour faire savoir que, s'il a été assez faible pour commettre un crime, il lui reste la force d'accepter une expiation héroïque. » Sous l'ancien régime, tout homme devait être toujours prêt à accomplir ce funèbre devoir. Un fonctionnaire prévaricateur ou un *samouraï* qui avait déplu à son chef, s'infligeait spontanément le *hara-kiri*, et ainsi l'honneur de son nom était sauf. Comme à Rome, sous les Césars, le suicide judiciaire était en grande faveur. Quand le moment de mourir était venu, le patient saisissait son sabre d'une main ferme, et s'en plongeait la pointe dans le ventre, la promenant lentement de gauche à droite et de bas en haut, suivant un rigoureux cérémonial. Lorsque le sang avait jailli, le patient inclinait légèrement la tête en avant, et un ami, brandissant un long sabre, détachait presque entièrement la tête du malheureux (2).

---

1. *Hara-kiri*, ou *Sepkou*, littér. : ventre-couper.
2. Au rapport de M. Lequeux, les rites exigeaient que la mort volontaire fût lente, parce qu'il y a plus de courage à souffrir qu'à mourir. Ce sentiment était si profond qu'un *samouraï* s'ouvrait le ventre à huis-clos aussi posément et aussi longuement que devant un public. Il semble bien que le sens émotif, en certaines circonstances, soit émoussé chez les peuples jaunes.
V. les détails du *harakiri*, exécuté à la suite d'une sentence, dans Mitford, *Tales of old Japan* (appendice), et dans le *Japon pittoresque*,

246 LE THÉATRE AU JAPON

Depuis l'abolition des sabres, le *harakiri* est officiellement discrédité, mais le principe qui l'encourage et le perpétue, dit M. Krafft, n'est pas détruit. Le *harakiri*, à la scène, passionne toujours le peuple; il est le complément presque obligatoire des représentations théâtrales. Aucune coutume

EXERCICES D'ASSOUPLISSEMENT

n'a développé davantage l'esprit chevaleresque de la nation et son énergie stoïque au milieu des souffrances (1).

par Dubard (pp. 107-114); v. aussi une nouvelle de Rodolphe Lindau dans la *Revue des Deux-Mondes*, intitulée *Simidjo Sedji*.

1. Malgré les efforts de Iyeyas contre le *harakiri* des vassaux, la

Le suicide n'était donc point un acte de désespoir, mais une affaire d'honneur. Or, le sentiment excessif et irréfléchi du point d'honneur provoqua souvent, comme dans notre moyen âge, des incidents extraordinaires. L'histoire rapporte que deux gentilshommes s'étant rencontrés dans l'escalier du palais impérial, leurs sabres se heurtèrent par hasard. Celui qui descendait se regarda comme offensé. L'autre officier, qui venait accomplir ses fonctions auprès de l'empereur, répondit que le fait n'avait aucune importance, que ce n'étaient en somme que deux épées qui s'étaient touchées, et que l'une valait bien l'autre. « Je vous ferai voir, répliqua le premier, quelle est la différence entre les deux. » Il tire aussitôt son sabre et s'ouvre le ventre. Le second, sans mot dire, s'éloigne pour s'acquitter de sa charge et revient, en toute hâte, auprès de son adversaire qui expirait. Il s'excuse sur la nécessité du service qui l'a retenu un instant dans l'appartement de l'empereur, ensuite, désireux de démontrer l'égale excellence des deux lames et son propre courage, il s'exécute à son tour. « Deux Européens, dit le P. de Charlevoix se seraient coupé la gorge ; je ne décide point où il y a plus de fureur (1). »

M. Fraissinet cite un autre exemple de « duel au suicide », qui tient de la frénésie. Deux soldats de la province de Satzouma passaient la nuit auprès d'un feu de corps de garde. « L'un d'eux, pour l'alimenter, apporta du bois, qu'il avait arraché à la haie d'un paysan du voisinage. Son camarade lui en fit des reproches... Le maraudeur, profon-

---

coutume du suicide a persisté. En 1868, le gouvernement dut prendre des dispositions législatives contre ce funeste usage. Les femmes se coupent la gorge.

1. *Histoire et description du Japon*, pp. 23 et 24. Tours, 1839.

dément blessé de cette observation, qu'il sentait être juste, tira aussitôt son sabre, et se donna la mort à la manière du pays. C'était un défi que l'autre militaire ne pouvait se dispenser de relever. Il se tua donc à son tour (1). »

Ce sentiment exaspéré du point d'honneur se rencontrait dans toutes les classes de la société.

Une encyclopédie japonaise (2) rapporte que le *shôgoun Iyénari* (1787-1837), voulant offrir au roi de Corée un paravent, chargea le peintre *Kano Youcenn* d'orner de dessins son présent. Quand la composition fut terminée, le le ministre *Abé Boungho-no-Kami* fit entendre des critiques fort sévères. Profondément humilié dans son orgueil de peintre, *Kano Youcenn* se retira, monta dans son palanquin et s'ouvrit le corps.

Au Japon donc, rien ne semble plus honteux que de craindre la mort. Aussi, le théâtre, qui reflète avec fidélité la vie sociale, est-il fondé sur l'esprit féodal, toujours vivant dans le pays. L'amour et les autres passions, qui sont le thème essentiel du théâtre occidental, n'interviennent généralement que pour entrer en lutte avec les sentiments de la morale nationale, et comme éléments de contraste (3).

---

1. Ed. Fraissinet, *Le Japon*, t. II, p. 166 et 226.
2. *Daï Nihon Djimmé Ko* (Les grands hommes du Japon), par Tanghoutchi Oukitchi.
3. Cependant, certaines pièces de mœurs reposent sur les données psychologiques de nos drames. Un *djiôrouri* de Tcikamatsou Monzayemon, *Ten no amishima*, rappelle le sujet de la *Dame aux camélias* : De même que Marguerite, touchée par les prières du père d'Armand Duval, renonce à son bonheur, « *Koharou* (Petit Printemps), l'héroïne du drame japonais, simule une infidélité pour se faire abandonner de son amant dont la femme lui a demandé de se sacrifier ». Un autre drame, *Kotobouki no Kadomatsou*, dépeint le même amour généreux que Victor Hugo a chanté dans les *Travailleurs de la Mer*. Le héros aime une femme galante qui ne l'aime pas. Apprenant qu'elle veut épouser un autre

PLANCHE VII. — L'EXÉCUTION DU HARAKIRI, PAR TOYOKOUNI

(Tiré du Jepon artistique).

C'est que, dans l'ancien Japon, l'unique règle des actions humaines était le dévouement sans restriction au maître (1). Ce principe fondamental de la société japonaise, poussé avec une rigoureuse logique à ses conséquences extrêmes, créa de singuliers cas de conscience, résolus d'ailleurs sans longues hésitations. L'assassinat était louable, s'il était accompli par dévouement au suzerain, et le châtiment légal subi par le meurtrier était regardé comme particulièrement honorable Méritoires devinrent le vol et le brigandage qui eurent pour excuse l'intérêt du seigneur féodal ; digne d'admiration l'immoralité qui procura à de vieux parents les ressources nécessaires à la vie (2) ; recommandable et méritoire, le suicide qui démontrait l'excellence d'une lame bien trempée ou la froide énergie de son possesseur devant la mort.

Contrairement à la psychologie du théâtre japonais, notre drame occidental, pénétré des dogmes effrayants du christianisme sur le jugement dernier et la vie future, tient la mort pour le malheur suprême, et ne vit, en somme, que

---

homme, il prend la résolution de travailler à leur bonheur à tous deux. « Il se fait commerçant, amasse une grande fortune et les sauve de la misère. Pour lui, il se contente de les voir heureux ». (J. Hitomi, *Le Japon*).

1. « Au Japon, l'homme considère la femme comme son inférieure, et partant la traite surtout comme une enfant charmante... et la femme à son tour, heureuse de sa condition, pleine de vénération pour son ami et son maître, lui marque sa reconnaissance, en temps ordinaire, par une soumission complète, et aux heures tragiques, par un dévouement que n'effraye pas même l'idée de la mort » (Michel Revon, *Hoksaï*, p. 231). — C'est pourquoi le théâtre au Japon proscrit absolument toute scène portant atteinte à l'inviolabilité de la femme mariée. Il prend ses héroïnes parmi les seules femmes qui gardent la liberté du cœur, parmi les courtisanes.

2. Un texte japonais applique à la courtisane *Komouraçaki* l'épithète de « chaste », car elle était chaste en esprit. C'est le triomphe de la « direction d'intention ».

de cette idée. Aussi la psychologie de notre théâtre n'existerait pas même en germe dans un pays où, comme au Japon, « l'élégance du suicide ferait partie des bonnes manières, où tout honnête bourgeois porterait un stylet bien affilé, pour être certain de pouvoir, à la moindre occasion, se fendre le ventre, suivant la dernière mode (1) ». L'idée qu'un peuple se fait de la mort, agissant puissamment sur les mœurs, détermine nécessairement la forme de son drame. Le milieu religieux, philosophique, social, qui a formé la race japonaise, a aussi façonné sa psychologie. Ce qui fait, sous des apparences diverses, l'intérêt suprême de son drame, c'est le sentiment du devoir conforme aux règles de la morale héréditaire. Cette morale se résume dans le *Yamato-damashi*, véritable code de l'honneur, qui contient l'essence de l'esprit chevaleresque national. Le *Yamato-damashi* est la fleur de l'âme japonaise, et la fleur de l'âme japonaise, dit le poète Motoori Norigana, « c'est la fleur du cerisier de la montagne, qui répand son parfum au soleil levant ».

1. Du Méril, *Histoire de la Comédie*, p. 13.

CINQUIÈME PARTIE

LA PRATIQUE
DU THÉATRE

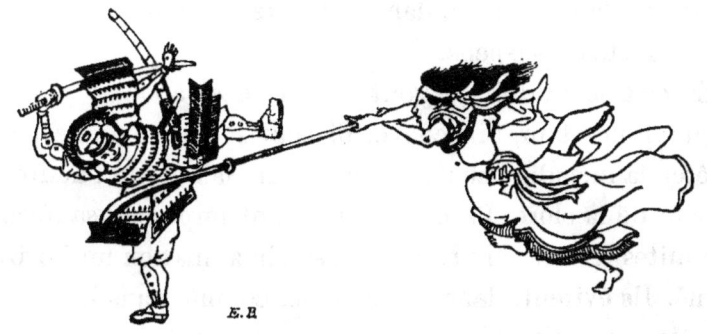

A. — La Musique

« En dehors des peuples de race blanche, dit Fétis, il n'y a pas de musique élevée à la dignité d'art (1) ». Aucun des peuples orientaux, en particulier, n'a compris l'harmonie telle que nous la concevons ; s'ils chantent plusieurs notes simultanément, il n'y a dans cette polyphonie embryonnaire aucune trace d'un art constitué comme le nôtre. Ces peuples ne parlent pas, en musique, la même langue que nous, et leur gamme, — si l'on peut nommer ainsi leur échelle musicale, — se compose d'intervalles condamnés par notre acoustique et proscrits par la plupart de nos compositeurs. L'arrangement des sons, chez les peuples jaunes, donne à la phrase mélodique un dessin bizarre et une tonalité étrange. Aussi le sens de leur discours musical nous paraît mal défini et reste le plus souvent inintelligible. Il se termine généralement sur le ton de la dominante, et non, comme il

---

1. *Histoire générale de la Musique jusqu'au XIV⁰ siècle.* Préf. VI, 1869.

est de règle chez nous, dans celui de la tonique. Ainsi la phrase reste en suspens.

En cela se traduit le goût naturel des Japonais pour le vague, l'incertain, l'inachevé. Ils sont soucieux de ne point arrêter la mélodie par une barrière. Ils laissent à l'auditeur le soin de la clore. Ils ne veulent point imposer à sa rêverie de limites fermes, ni présenter à son imagination un horizon borné. Ils évitent, dans la musique, comme dans les autres arts, la symétrie et la régularité convenue.

Leur musique est fondée sur une échelle mélodique à cinq notes, comme celle des Cimmériens. La gamme majeure de la musique classique est formée des notes *Kiou, Shô, Kakou, Tchi, Jou*, qui correspondent à *Do, Ré, Fa, Sol, La* de la musique européenne. La gamme mineure est formée des notes *Do, Ré bémol, Fa, Sol, La bémol*, c'est-à-dire *Kiou, Hen-shô, Kakou, Tchi* et *Hen-iou* (1).

On a dit que la musique japonaise ressemble fort à la musique chinoise. Mais s'il est vrai, écrit M. Stein, que la musique des Chinois soit la mère de la musique japonaise, il faut observer qu'ici comme ailleurs la mère a été dépassée par la fille (2). Selon M. de Groot, il existait déjà une surintendance de la musique en Chine sous l'empereur Choun (2.200 av. J.-C.), et il est généralement admis que les Japonais ont emprunté à leurs voisins tous les instruments de musique, sauf exceptions.

Le Nipon revendique cependant l'invention de la musique, et le mythe qui relate cet événement rappelle la tradition

---

1. La plupart des airs japonais peuvent s'exécuter correctement sur les cinq touches noires du piano (V. P. DE CHEVRINS, *Études musicales*).

2. CHINA-REVIEW, *Japanese and chinese music compared* (d'après Stein). V. aussi D' MÜLLER (*Trans.*, t. VI).

grecque sur l'invention de la lyre par Apollon. Pendant la conquête de la Corée, sous l'impératrice Zingô, au IIIe siècle de notre ère, un guerrier, ayant juxtaposé six arcs sur une planchette, aurait eu l'idée d'en tirer des sons avec un archet (1).

Suivant un récit du *Nihonghi*, l'invention du premier instrument se rattacherait à l'épisode fameux d'Oudzoumé dansant devant la grotte d'Amatéras (2).

« Les Japonais, dit M. Pilinski, ont conservé leur art musical sans altération depuis les premiers siècles (3). » Il ne semble pas, en effet, que leur système de composition se soit transformé depuis l'époque du primitif shinntô; ils ont depuis longtemps une notation écrite qui reste fermée aux profanes (4). Leur musique, accessoire du culte national, fit aussi partie de la liturgie de Foé, « et tous les bouddhistes s'y livrèrent autant par dévotion que par goût (5) ». La musique bouddhique est simple et grandiose, comme le plain-chant de l'Église chrétienne.

1. ROKOUSHIRO, *Revue française du Japon*, 1893, p. 225.
2. *Nihonghi*, I, 41, 73, 79, 326; — II, 30, 72, 144 sqq.
La plupart des peuples attribuent à leurs instruments une origine mythique. La Bible mentionne que Tubal et Jubal inventèrent les instruments des Hébreux (H. LAVOIX, *Histoire de la Musique*, p. 25, Paris, 1885). Chez les Aztecs, c'est un dieu qui apprend aux hommes la musique (L. BIART, *Les Astèques*, p. 232, Paris, 1885). En Grèce, les premiers musiciens, Orphée, Amphion, Linos, appartiennent à la mythologie plutôt qu'à l'histoire.
3. S. PILINSKI, *Mémoire sur la musique au Japon (Revue orientale et américaine)*, janvier 1880, p. 345.
4. L'origine de cette notation n'est pas encore déterminée. Il est seulement certain que les Chinois, — et les Hindous, — nous ont laissé une écriture musicale antérieurement aux Grecs.
5. BERGERON, *Collection de voyages en Asie*, partie I, p. 50. V. aussi ÔOUTCHI, *Influence du bouddhisme (Hansei-Zasshi*, vol. XII) et KARL FLORENZ, *Ancient japanese rituals (Trans. As. Soc. of Jap.*, vol. XXVIII, part. I, décembre 1899).

Tous les instruments japonais, sauf peut-être le *yamato-koto* et le *yamato-fouyé*, sont originaires de la Chine. Voici la tradition qui attribue à un musicien chinois l'introduction du *koto* moderne à *Kioushiou* : sous le règne de l'empereur *Temmou*, à la fin du VIIe siècle, une dame de la cour parcourait un jour les pentes de la montagne Hikosan, dans Kioushiou, pour cueillir des fleurs, lorsqu'une douce influence, agissant sur son cerveau, égara ses pas. Les accords d'une musique étrange et inconnue flottaient dans l'air; elle en chercha la cause, et arriva à une clairière où elle vit un musicien chinois jouant du *Sô-no-koto*. Si suaves étaient les accents de sa musique, que la noble dame crut que le musicien était un dieu. Quand il eut fini de jouer, il aperçut la princesse, lui parla, et consentit à lui enseigner tous les secrets de son art. Puis le bosquet et le musicien disparurent, et il ne resta à leur place qu'un nuage. Le musicien était véritablement un dieu (1).

Le *koto* resta longtemps l'instrument fondamental de l'orchestre japonais. Les premières œuvres musicales ont été composées pour cet instrument, sorte de psaltérion composé jadis de six cordes (*yamato-koto*) et aujourd'hui de treize cordes tendues sur des chevalets (*ghindaï-koto*). Ceux-ci sont supportés par une boîte d'harmonie qui atteint deux mètres de longueur et repose à terre (2). On joue du *koto* au moyen de doigtiers. Cet instrument sert surtout à accompagner les *naga-outa*.

L'instrument populaire par excellence est le *shamicenn*,

---

1. Rapporté par Piggott, *The Music of Japan*, p. 48.
2. Sur cet instrument, appelé en sinico-japonais *wangon*, voir : D[r]. Karl Florenz (*Tans. As. Soc.*, XVIII, part. I); Piggott (*Trans. As. Soc.*, vol. XIX, part. II, p. 291 sqq.,) Yokohama); *Nihonghi*, I, 44, 326.

L'ORCHESTRE, PAR TOYOKOUNI
(Coll. S. Bing).

guitare à long manche et à trois cordes qui vibrent sous l'action d'un plectre en ivoire ou en bambou. La caisse sonore est carrée et pourvue d'une peau de chat destinée à augmenter l'amplitude des vibrations (1). Le *shamicenn* tient la première place dans l'orchestre théâtral et dans l'accompagnement du *nô*. Originaire de la Chine et introduit dans l'archipel Rioukyou, il fut adopté par les bardes qui parcouraient le Japon, au XVI° siècle, parce qu'ils le jugèrent plus portatif que leur instrument habituel, la *biwa* (2). Il est employé pour accompagner les chansons comme le *Kôouta*, les *monogatari* déclamés et les divers genres de *djiôrouri*, comme le *ghidayou* des scènes contemporaines. Le *shamicenn* est l'instrument habituel des *gueisha* (3).

L'orchestre japonais comporte encore l'emploi de la flûte traversière (*fouyé* ou *teki*) en bois de bambou (4), les tambours *taïko* et *tzoudzoumi*, et d'autres instruments à percussion. Le *tzoudzoumi* est un petit tambour, en forme de sablier, que les danseuses tiennent suspendu à leur cou et qu'elles frappent avec la paume de la main. Pour le *taïko*, on emploie des baguettes. Le tambour qui servait à donner le signal, dans une bataille, s'appelait *djin-daïko* (5).

Suivant Piggott, la musique théâtrale prit naissance dans

---

1. De là vient le nom de *Neko* (tueur de rats, chat), appliqué parfois aux musiciennes.
2. Guitare à quatre cordes, qui accompagnait jadis le chant des *kataribé* (v. p. 57) et qui est réservée actuellement à l'usage liturgique. V. l'histoire de cet instrument dans le *Chrysanthemum* de 1881.
3. C'est un musicien fameux, *Yamahashi Kenghiô*, qui donna à cette sorte de mandoline le nom de *san-sen* (trois cordes), bientôt remplacé par le mot *shamicenn* (les trois cordes délicieuses).
4. Suivant M. Pilinski (*op. cit.*,), certaines flûtes seraient faites avec les tibias d'une espèce de singe. — V. sur les flûtes, le *Nihonghi*, II, 11, 24.
5. Appert et Kinoshita, *Ancien Japon*, p. 230.

le *den-gakou* (chant des planteurs de riz), pour passer aux divertissements religieux. A ce titre, le nom de *kagoura-fouyé*, qui désigne la flûte employée au XIIIe siècle, est très significatif. Jusqu'au XIVe siècle, l'accompagnement théâtral se bornait à l'emploi des flûtes et des tambours. Le *kiyô-ghèn* n'avait pas de partie musicale (1). Les *djiôrouri* n'ont pas seulement un accompagnement instrumental qui souligne les scènes violentes et commente des récits touchants ou gracieux; ils possèdent un chœur qui chante d'ordinaire dans une tonalité moyenne, mais qui s'élève parfois aux notes suraiguës dans les instants de crise dramatique.

L'orchestre du théâtre moderne est généralement composé de *deux shamicenn*, d'une flûte et de trois tambours (*outa-taïko, ô-tzoudzoumi* et *ko-tzoudzoumi*). Il possède parfois une cloche et une grosse caisse.

La musique japonaise est discordante et peu agréable aux Européens. M. Chamberlain la définit sévèrement « cris d'animaux »; elle ne fait entendre que « maigres grincements, voix étranglées, miaulements de détresse. Cependant, lorsqu'on est parvenu à noter la mélodie, elle apparaît plus jolie et mieux construite qu'on ne croyait (2) ».

Il est vrai que les instruments sont assez pauvres, maigres et ingrats. Mais convient-il de juger la musique par l'impression plus ou moins favorable que nous ressentons en écoutant des instruments imparfaits? Si la musique,

---

1. PIGGOTT, *op. cit.*, pp. 24, 32 sqq. — Il existe des charges héréditaires de musiciens. L'empereur *Temmou* (v. *Nihonghi*, XXIX, 56) ordonna aux chanteurs, hommes et femmes, et aux joueurs de flûte, de transmettre leur art à leurs descendants ou à leurs successeurs. A partir de Iyemitz, trente musiciens héréditaires furent établis à Nikkô (V. PIGGOTT, p. 73).

2. JUDITH GAUTHIER, *Les Musiques bizarres*, Paris, 1900 (V. p. 22).

suivant la définition de Jean-Jacques Rousseau, n'était que l'art de combiner les sons d'une manière agréable à l'oreille, elle serait un art bien inférieur à tous les autres. La sensation qu'elle procure diffère suivant les époques, les âges,

(Tiré du *Japon artistique*).

les individus. Rien n'égale le dédain d'un Européen pour la musique japonaise, sinon le mépris d'un Japonais pour la musique européenne. « Les dilettanti du moyen âge trouvaient fort agréables des combinaisons sonores qui, aujourd'hui, révoltent les oreilles les moins sensibles ; les amateurs exclusifs des anciens maîtres trouvent intolérables les hardiesses et les nouveautés que nous admirons dans les œuvres des compositeurs contemporains (1). » Les anciens Grecs considéraient la quinte comme un accord harmonieux et réprouvaient l'accord de tierce.

1. H. Lavoix, *Histoire de la Musique*, p. 6.

Si la musique japonaise est dissonante, les disciples de l'école nouvelle n'estiment-ils pas qu'une composition faite de dissonances marque un goût plus délicat et plus fin qu'une œuvre toute en consonances? La musique japonaise, à la fois primitive et raffinée, si elle ne distrait pas agréablement notre oreille, s'efforce surtout d'éveiller l'émotion et d'exprimer avec puissance les sentiments dramatiques, — et telle est, en vérité, la fin nécessaire de l'art théâtral.

B. — La disposition matérielle

Tant que les représentations dramatiques ne furent que des divertissements sans régularité, ou l'accessoire des fêtes religieuses, les salles de spectacle furent improvisées en plein air, dans les palais des daïmyo ou dans les temples (1). La construction du premier théâtre fut commencée à Eddo, en 1607, sur les ordres du shōgoun *Iyeyas* (2). Il comprenait un parterre et une galerie. Les édifices élevés plus tard pour l'usage scénique affectent la même disposition. Une haute tour, ou *yagoura*, fut longtemps la marque distinctive de ce genre de constructions, et les arènes de

---

1. En Chine, certains temples ont, en face de leur porte principale, un pavillon permanent qui sert aux représentations. — Le théâtre annamite est parfois installé dans une pagode (Ch. Lemire, *L'Indo-Chine*, ch. IX, p. 93, Paris, 1885).

2. « Taïcosama fit bâtir à Myako (Eddo) un palais avec un fort beau théâtre, où se joue toute sorte de comédies, et qui a de chaque côté une tour de quatre étages » (*Ambass. de la Comp. holl.*, II, p. 121; Ambassade du sieur Van Zelderen).

PLANCHE VIII. — LES LAMENTATIONS DES SPECTATRICES APRÈS LA MORT DE L'ACTEUR DANDJOURO VIII.

lutteurs l'ont conservée (1). Les galeries furent établies dans certains théâtres, pour la première fois, en 1692. La cour du théâtre (*oundoba*), qui sert de foyer aux spectateurs, est une innovation assez récente. Depuis la restauration, des théâtres de grandes dimensions ont été élevés, comme le *Shintomi-théâtre*, le *Méji*, le *Kabouki*, construit dans le style européen, et qui peut contenir 2,000 spectateurs (2). Ohsaka, comme Tôkyô, possède un grand théâtre à trois galeries et plusieurs petits théâtres en bois, avec un simple parterre. Ces constructions étaient élevées dans des quartiers déterminés.

Le parterre présente, dans tous les théâtres du Japon, un aspect particulier et pittoresque. Il est divisé en un grand nombre de logettes découvertes, qui lui donnent l'aspect d'un damier, ou, plus exactement, d'un plafond à caissons renversé. Chacune de ces logettes contient quatre ou cinq spectateurs reposant, pendant de longues heures, « à croppetons » sur leurs talons (3). Leur tête seule apparaît, et domine deux larges passages (*hanamitchi*), élevés de chaque côté de la salle, depuis le vestibule du théâtre jusqu'à la scène. Ces *hanamitchi* sont ainsi nommés (chemins de fleurs), parce que, sans doute, le public d'autrefois jetait des fleurs artificielles (*hana*), sur le passage des acteurs. Plus tard, suivant M. Hitomi, les grands seigneurs leur

1. V. Bousquet, *Le Japon de nos jours*, I, p. 360.
2. Les principaux théâtres de la capitale furent construits dans le faubourg d'*Asaksa*, entre le quartier du *Yoshiwara* et la *Soumida-gawa*.
3. « Dans chaque compartiment, dit M. Guimet, il y a un petit *brazero*, pour qu'hommes, femmes, enfants, puissent fumer de temps à autre la petite pipe dont on vide les cendres dans un tube de bambou, au moyen d'un coup sec et violent dont le bruit incessamment répété est la première chose que le touriste européen remarque en entrant » (*Le Théâtre au Japon*, p. 10).

jetèrent de l'argent, de riches vêtements ou des rideaux de théâtre (1).

Ces deux passages servent à l'entrée comme à la sortie des spectateurs et des acteurs ; c'est encore par là que défilent les cortèges, les foules; par là que se représentent les porteurs

LA TRAPPE SUR LA SCÈNE

1. L'engouement des femmes pour les acteurs tint parfois de la frénésie. Une estampe du musée Guimet reproduit les traits de Dandjouro le VIIIe après sa mort, ses admiratrices pleurent et se lamentent (planche VIII).
Voici leurs doléances :

1. *Une religieuse.* — Bien que je sois devenue religieuse, je ne puis, hélas ! me consoler de ta mort.

2. *Une fillette.* — Puisque Dandjouro est mort, je n'irai de ma vie au théâtre.

3. *Une mère de famille.* — Jusqu'à ce jour, je suis allée souvent au théâtre, sous prétexte d'accompagner ma fille. Que faire maintenant?...

de bonnes ou de mauvaises nouvelles (1). « La vie du drame, dit M. Lequeux, gagne beaucoup à ce procédé ; toute la salle participe, pour ainsi dire, à l'action. On voit quelle proportion prend la scène empiétant ainsi jusqu'à l'entrée du parterre par-dessus les têtes des spectateurs. Pour les appels, les adieux, les exhortations, les provocations surtout, la distance réelle justifie tous les tons de la voix. Pendant que l'action principale se déroule devant le public, des scènes accessoires peuvent être simultanément jouées sur les côtés de la salle, indépendantes pour les acteurs d'après la fiction du drame, connexes pour les spectateurs dans le concours des événements qui composent la pièce. Souvent aussi l'action principale se transporte au milieu du parterre. On a de la sorte un développement de scène triple de la largeur du théâtre. Cela permet encore aux conspirateurs, assassins, libérateurs et autres personnages qui ont à se concerter avant d'agir, de préparer posément leur coup de main ou leur exploit, ainsi qu'il est dans la nature des choses, avant d'arriver

---

4. *Une courtisane*. — Je comptais t'épouser bientôt, et je me suis réjouie à cette pensée. Adieu toute espoir, désormais.

5. *Une jeune fille*. — Que je te plains ! et quelles souffrances n'as-tu pas dû endurer ! En éprouverai-je jamais d'aussi vives ?

6. *Une servante*. — Chaque fois que je suis allée au théâtre en compagnie de ma maîtresse, tu m'as jeté des regards brûlants. Pourquoi, hélas ! es-tu mort ?

7. *Autre servante*. — Je ne veux plus être servante ni autre chose !.. Je veux devenir religieuse.

8. — *Une courtisane*. — Je n'ai supporté mon dur métier qu'à cause de toi. Pourquoi, hélas ! es-tu parti si tôt ?

9. *Une vieille femme*. — Si j'avais su que tu devais mourir, j'aurais demandé aux dieux de me sacrifier à ta place.

1. Par là aussi est assuré le ravitaillement des spectateurs, qui sont pourvus, grâce à la *tchahya* voisine, de riz, de poisson, de thé et de *saké*. La vie journalière n'est pas interrompue par les longues séances de spectacle.

sur le lieu même où il doit être perpétré. Le manque d'espace amène parfois sur nos scènes, à cet égard, des situations bien invraisemblables (1) ».

Une autre disposition ingénieuse du théâtre japonais consiste dans le mécanisme de la *scène tournante*, ou *mawari boutaï*, qui permet d'équiper à la fois deux ou quatre décors sur les mêmes planches, et de supprimer les entr'actes. M. Albert Tissandier a assisté à la manœuvre de ce mécanisme au théâtre de Yamada.

Au milieu de la scène se trouvait une plaque tournante A B. Le décor AAA représentait l'entrée d'une maison avec

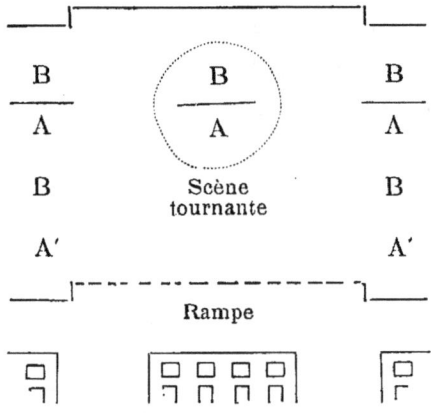

un jardin et une rue figurés sur les portants ou coulisses mobiles A'A'. Les acteurs faisaient mine de pénétrer dans la maison, et aussitôt la scène A B tournait. Quand le mouvement de rotation était terminé, l'intérieur de la maison, préparé en B, derrière le premier décor, apparaissait. En même temps, les portants présentaient au public leur face B,

---

1. *Le Théâtre japonais*, p. 5, Paris, 1899 (Ed. Leroux).

qui complétait l'ensemble du nouveau décor. Le changement à vue était effectué (1).

Ce procédé est d'un heureux effet dans les scènes de poursuite, de bataille, où les personnages se succèdent rapidement (2).

Le mécanisme de la scène tournante a été adopté à Kyōtō

LA MANŒUVRE DE LA SCÈNE TOURNANTE

en 1760. M. Takashima le compare, non sans quelque raison, à l'ἐκκύκλημα des Grecs. Il rappellerait plutôt les περίακτοι

---

1. Ce système a été adopté, en 1898, par M. Karl Lautenschlager, à l'Opéra de Munich, et plus récemment, à Paris, dans le « Nouveau Jeu » de M. Lavedan.
2. Pour imiter la pluie, on suspend horizontalement, au-dessus de la scène, des tuyaux de bambou percés de trous... On imite la neige avec des fragments de papier... Pour la lune et les éclairs on emploie l'électricité. J. Hitomi, Le Théâtre (Revue des Revues, 15 octobre 1900, p. 181).

PORTRAITS D'ACTEURS, PAR SHOKOSAÏ
(Tiré du *Japon artistique*

« décors latéraux à plusieurs faces qui tournaient sur des pivots (1) ».

Le rideau, qui ferme la scène aux spectateurs, tombe au début des actes : il était primitivement en roseau et orné d'un paysage peint; aujourd'hui, il est en étoffe, avec un dessin à larges traits et une inscription gigantesque.

Le décor est sacrifié. Il est primitif de dessin et sans entente des lois de la perspective, telles du moins que nous les concevons (2). C'est dans la décoration de la façade du théâtre que les peintres déploient leur talent et leur inépuisable fantaisie. Ils exposaient autrefois, à l'entrée de la salle, des enseignes peintes qui reproduisaient les principales scènes de la pièce. Ces affiches furent parfois l'œuvre de grands peintres appartenant surtout à l'école de *Torii*. A la fin du XVIII° siècle, les élèves de *Katskaoua Shounshô* firent revivre tous les héros d'autrefois, « abaissés sans doute et vulgarisés par l'emphase un peu grossière que l'art dramatique prête toujours à ces personnages, mais puissamment tragiques dans leurs costumes flamboyants, avec leurs attitudes superbes et leurs masques qui respirent la terreur (3) ».

---

1. A. et M. Croiset, *Litt. gr.*, III, p. 65; — aussi Otfried Muller, *Litt. gr.*, II, p. 83 (trad. Hillebrand); Navarre, *Dionysos*, p. 127; G. Perrot, *Journal des savants*, juillet 1898, p p. 418-419.

2. En Chine, « ces toiles de fond sont remplacées par de la littérature en vers de quatre pieds : « J'entre dans un jardin, dit un acteur en descendant en scène, je m'asseois sur un rocher noir, à l'ombre d'un prunier en fleurs ; le ciel est pur. » Et voilà le décor brossé. Quelquefois, lorsque la direction ne recule devant aucun sacrifice, l'acteur arrive tenant à la main le rocher noir lui-même peint sur une planchette ». E. Guimet, *op. cit.*, p. 6.

3. Michel Revon, *Hoksaï*, p. 132.

(Coll. Revon).

c. — La représentation

Une représentation n'est pas simplement, au Japon, une distraction littéraire et artistique ; elle constitue, dit M. Takashima, « une journée de plaisir ». Avant l'introduction des coutumes européennes, les portes des théâtres étaient ouvertes avant l'aube, et le rideau « se tirait » devant une assistance généralement restreinte, en raison de l'heure matinale, mais qui s'accroissait à chaque scène nouvelle. Le morcellement des pièces, au nombre de huit ou dix pour chaque séance, n'exigeait point la présence continue du public. « De nos jours, écrit un critique japonais, le souci de la santé des spectateurs et les règlements restreignant à huit heures la durée d'une séance journalière, font commencer la représentation vers dix ou onze heures du matin et l'on tâche de finir dans le temps prescrit. Cependant le dernier acte se joue parfois après le coucher du soleil (1) ».

Au début du spectacle, si le rideau ne se tire pas de côté, il tombe brusquement, afin d'éblouir l'assistance par les splendeurs de la mise en scène. Dans les pièces historiques, des étoffes aux couleurs splendides reproduisent avec exactitude et somptuosité les costumes des anciens temps, particulièrement du XIVᵉ siècle. On admire, sur les robes de brocart, de véritables tableaux : « des paysages, des rivières, des animaux de toute sorte, des poissons, des crustacés, des araignées gigantesques, des canards voguant au fil de l'eau, des nuées de libellules, des vols de grues, des couchers de soleil, des effets de neige et de pluie, toute la flore du Japon ; les estompages et les dégradations du clair-obscur y luttent avec les éclats tapageurs de la lumière ; les tons les plus rares, les plus imprévus, les nuances les plus invraisemblables, les harmonies les plus capiteuses jouent sur la palette du brodeur comme sur celle d'un aquarelliste (2). »

Dans les pièces de mœurs, le théâtre adopte des costumes différents selon les caractères : ils représentent un fou, un distrait, un voyageur ou une personne souffrante. Dans le cours de la même pièce, un personnage change parfois de costume, pour conformer son aspect extérieur à une situation nouvelle. On sait qu'en Grèce « la tunique des acteurs était ornée de bandes de couleurs très vives pour les personnages heureux ; pour les fugitifs et les malheureux, la

---

1. En Chine, vers 1860, le spectacle commençait à huit heures du matin pour durer toute la journée (DE MOGES, *Souvenirs d'une ambassade*). Aujourd'hui la représentation commence à midi (M. COURANT, *op. cit.*, p. 332).

2. LOUIS GONSE, *L'Art japonais*.

couleur était grise, verte ou bleue ; pour le deuil, elle était noire (1) ».

Quelques théâtres ont conservé l' « ombre » (*Kourombo*,

DESSIN D'UNE ROBE DE THÉATRE

(*Coll. S. Bing*).

1. Gow, *Minerva*, trad. Reinach, p. 268. — Un procédé analogue se retrouve dans l'Inde : « La scène, dit M. Sylvain Lévi, est fermée au

l'homme noir), personnage neutre, vêtu de brun, dont la fonction consiste à éclairer vivement la figure des comédiens, pour mettre en évidence les jeux de physionomie. Chaque

L' « OMBRE » (DESSIN DE P. MOLINARD)

fond par un rideau (*yaranika*, ionienne)... Sa couleur doit être en harmonie avec le sentiment principal de la pièce : blanche, pour un spectacle érotique ; jaune, s'il est héroïque ; sombre, s'il est pathétique ; bariolée, s'il est comique ; noire ou rouge, s'il est tragique ou merveilleux ».

acteur a son « ombre », qui le suit dans tous ses mouvements en se dissimulant le mieux possible. Ces êtres informes, pareils à des gnômes, la figure voilée et la tête couverte d'un capuchon, sont armés d'un long bambou muni d'un falot; aux scènes capitales, une lumière éclatante est projetée sur les traits des personnages. L' « ombre, disent les Japonais, suit pas à pas les comédiens, auprès desquels elle circule comme une souris (1). » Les « premiers mimes du monde », suivant le mot de M. Lequeux, attribuent une importance prépondérante à l'expression du visage, qu'ils accentuaient, avant le XVIIe siècle, par des masques. Il existe encore des travestissements qui figurent divers animaux comme l'ours, le renard, le lion, le cheval (2).

La musique est dissimulée derrière un décor, sur la scène même. Elle comprend trois groupes : « D'abord, l'orchestre proprement dit, purement instrumental, invisible. A côté de lui, le *dégatari*, orchestre-chœur déclamant un *naga-outa* et composé de trois ou quatre chanteurs avec deux *shamicenn*. Enfin, à deux mètres environ au-dessus de la scène, sont installés les deux *tchyobo*, sortes de coryphées, dont l'un déclame en style à demi-chanté des récitatifs (*ghidayou*), que l'autre accompagne et ponctue d'onomatopées et interjections diverses (3). »

L'orchestre proprement dit comprend assez souvent une flûte, un shamicenn, deux tambourins, un gong, une grosse caisse, une cloche. Il souligne et suit l'action avec exactitude,

---

1. Rapporté par M. DE ROSNY.
2. Ils sont simulés par des carcasses de bois ou d'étoffe que portent des apprentis acteurs dont on voit passer les jambes. De là vient le nom de *Pieds de cheval* (*Moumanoashi*), attribué aux comédiens de dernier ordre.
3. Dr KARL FLORENZ, *Scènes du Théâtre japonais*, Tôkyô, 1900.

cherchant les harmonies imitatives et l'expression descriptive.

Du côté opposé à l'orchestre se tient le chœur. Il représente dans son ensemble, avec assez d'exactitude, le chœur de la tragédie classique. Il psalmodie la pièce, tient lieu de confidents, explique les pantomimes et traduit le sentiment général. C'est le « spectateur idéal ».

Au-dessous du chœur, un régisseur de la scène (*tsoukéoutchi*) exécute, à divers moments du drame, des roulements de baguettes sur une plaque métallique sonore (1). Il annonce à coups redoublés l'entrée des acteurs principaux, ou signale, par un assourdissant trémolo, les passages pathétiques (2). Le public n'applaudit pas, mais il encourage les artistes par des exclamations : *Tozaï* (l'est et l'ouest), *Yeraï* ou *Nihon-itsi* (3). Les entr'actes sont supprimés et remplacés par des intermèdes.

Hormis quelques rares exceptions, les troupes sont exclusivement composées d'hommes. C'est pendant l'ère *Kwanei* (1624-1643), qu'un groupe d'acteurs

(DESSIN DE P. MOLINARD)

---

1. Ce personnage rappelle le « meneur du jeu » dans notre moyen âge.
2. On peut voir au Musée Guimet une estampe qui représente un comparse frappant le sol au moyen de pieds en bois, pour scander la marche d'un acteur (n° 16365, I).
3. METCHNIKOFF, *L'empire japonais*, p. 219.

obtint pour la première fois l'autorisation de jouer régulièrement. Les comédiens qui tiennent les rôles féminins apprennent dès l'enfance la subtilité des grâces et des gestes de femmes. D'ailleurs, au Japon, le costume féminin dissimule si bien les formes, que la substitution de sexe se fait sans nuire à la vraisemblance. Les femmes étaient également écartées de la scène dans l'Inde, au moins depuis l'invasion musulmane, et en Chine, comme dans l'antiquité classique et notre moyen âge (1).

La corporation des *gueisha* accueille les jeunes filles qui manifestent des aptitudes théâtrales. Elles apprennent l'art

---

1. Il paraît qu'en Angleterre, Mrs Betterton fut la première actrice qui, vers 1660, joua les rôles de Juliette et d'Ophélie. Dans le prologue du More de Venise, il est observé « qu'une femme vertueuse et abhorrant toute dissolution ne saurait paraître en scène ».

de la pantomime et de la danse au son du *shamicenn*, les attitudes nobles et gracieuses, les poses hiératiques, la lenteur des glissements dans une marche de rêve, les gestes expressifs, le langage des mains tour à tour menaçantes et enlaçantes, le maniement délicat de l'éventail.

Les *gueisha* (parfaites), sont divisées en trois classes corporatives: les *Hangouyokou*, élèves-*gueisha*, les *Kakaé*, apprenties, des *Djimaï*, maîtresses de danse. Au-dessous de seize ans, les danseuses reçoivent le nom de *Maïko*.

Les gueisha ne doivent pas être confondues avec les courtisanes. Elles portent leur large ceinture nouée derrière, suivant la coutume générale, tandis que les courtisanes la nouent toujours par-devant. Toutefois les *gueisha* sont soumises à certaines prescriptions de police, comme l'inscription sur un registre spécial, lorsqu'elles sollicitent l'autorisation d'apprendre leur art dans la maison d'une ancienne *gueisha* (1). La plupart sont de basse extraction, et elles

---

1. Un fonctionnaire, — raconte le P. de Ratzenhausen, — reçoit d'abord l'aspirante et lui fait un petit discours sur les dangers de la vie. Après la péroraison, il lui adresse le formulaire d'usage : « Mon enfant, dans quelle maison désirez-vous entrer ? » C'est le moment critique de

étaient jadis achetées toutes jeunes par des entrepreneurs. Mais en 1848, une ordonnance défendit, sous peine d'emprisonnement, qu'un père obligeât sa fille à devenir *gueisha*, sauf le cas de misère absolue (1).

l'interrogatoire. Elle doit répondre : « Chez une de mes tantes. » Si elle se trompe, adieu l'autorisation. Mais la phrase magique : « Je vais chez ma tante, » est bien vite apprise, et la jeune fille obtient son inscription.

1. « Les maisons de *gueisha* sont beaucoup plus petites que les maisons affectées aux courtisanes; elles sont également moins belles, ce qui ne les empêche pas cependant d'être toujours très propres et même assez élégantes. Elles sont presque toutes construites sur un même plan, disposées de la même façon, et comprenant les mêmes dimensions. Dans les plus importantes, on ne compte guère plus de dix gueisha. Au-dessus de la porte extérieure de chacune d'elles, on suspend des lanternes de

On rapporte que le théâtre fut interdit aux Japonaises parce que les rôles étaient trop fatigants pour des femmes. Jusqu'à ces derniers temps, en effet, la déclamation était emphatique, outrée, affolée. L'exagération, d'ailleurs, est un besoin pour l'acteur japonais. Il parle autant avec ses mains et avec tout son corps qu'avec sa langue. Il se plaît à montrer un visage défait, contracté par un douloureux rictus. Sa récitation est tour à tour violente, exaspérée, ou bien sans inflexions, sans éclats, dans un léger frémissement des lèvres. Il réussit à traduire, cependant, par le geste et l'expression des traits, non pas seulement les passions simples, mais encore les nuances du sentiment.

L'ensemble scénique reproduit avec un art parfait et un sens exquis de la couleur l'arrangement et la figuration traditionnelle des estampes. « Chaque geste, en effet, est étudié selon une double harmonie, — relative au personnage lui-même, puis à l'ensemble du tableau. » L'action de chaque acteur concourt savamment à l'impression générale. Les jeux de scène, réglés pour la joie des yeux et le triomphe de la couleur, opposent les uns aux autres les costumes et les mouvements, charment le regard et émeuvent violemment le cœur.

Le caractère dominant de ce théâtre, c'est en effet le réa-

---

papier portant le nom de chaque *gueisha* résidant là, et quand, pour une raison quelconque, une *gueisha* est obligée de s'absenter, on retire aussitôt la lanterne qui porte son nom.

» Le personnel d'une maison de *gueisha* se compose de la maîtresse de maison, d'un certain nombre de *gueisha* et de *maïko*, d'une ou deux servantes et d'un ou deux chaperons, appelés *hakoya*.

» La fonction de hakoya, qui signifie *porteur de boîte*, parce qu'il porte toujours une boîte à shamisen à la main, était généralement autrefois remplie par une femme; aujourd'hui, elle est toujours remplie par un homme. Le hakoya est le compagnon, le gardien et le conducteur de la geisha ou de la maïko. » ALBERT THOMAS, *Les Gueisha*, Paris, 1900, p. 12.

lisme. Les douleurs morales, comme les souffrances physiques, la torture et la mort, sont représentées avec une conscience et une exactitude qui font illusion. L'acteur japonais, grâce à sa mimique violente, obtient l'admiration par la stupeur et touche par l'effroi. Généralement habile aux exercices acrobatiques, lutte, combats au sabre et jeux d'agilité, « il écume,

LOGE DE LUTTEURS, PAR SHOUNYEÏ

(Coll. S. Bing).

rugit, tombe épuisé pour se relever plus furieux, montre les dents, roule les yeux et se tord dans d'épouvantables convulsions... La tête de l'ennemi mort roule infailliblement sur le sol; toute agonie se prolonge pour exhaler des plaintes d'une douleur toute physique ». Le *harakiri* est particulièrement effrayant : l'effusion de sang est simulée au moyen d'un liquide contenu dans des sacs de papier qui entourent la ceinture du patient. Un coup de sabre déchire le sac, et le sang jaillit, tandis qu'une mimique habilement graduée et atrocement violente convulse les traits de l'acteur, remplit ses yeux d'épouvante et contracte ses membres dans un long spasme douloureux. Tels ces masques d'indicible agonie que nous voyons à certaines figures d'estampes. Ne conte-t-on pas qu'un comédien, *Yamanaka Heïkouro*, (mort en 1724) « composant chez lui un rôle de démon, s'était fait une tête si affreuse, que sa femme, rentrant à l'improviste, le prit pour un démon véritable et mourut de frayeur (1) ? » On dit aussi qu' *Onôoué Baïko*, de la fameuse lignée des *Kikougoro*, pria *Hoksaï* de dessiner un type de

spectre dont il voulait s'inspirer (2). On représente encore une ancienne légende chinoise où une femme apparaît chaque nuit à son ancien mari, sous la forme d'un squelette, avec une lanterne ornée de pivoines. Certaines apparitions, au théâtre, donnent le frisson. M. Takashima rapporte que, dans une scène de crucifiement, il vit « la victime suspendue la tête en bas, de sorte que le théâtre, destiné à la distrac-

---

1. *T'oung Pao*, série II, vol. I, mars 1900.
2. E. DE GONCOURT, *Hokousaï*, p. 70; M. REVON, *op. cit.*, p. 83.

tion de l'auditoire, était changé en un lieu assez semblable aux régions infernales (1) ».

La peinture émouvante, saisissante, de la vie réelle, voilà le trait distinctif de la scène japonaise. Cependant la passion désordonnée altère l'impression générale de sérénité que doit laisser l'œuvre d'art. Le danger, auquel le théâtre japonais n'échappe pas toujours, c'est de passer le but en voulant l'atteindre. La tragédie tourne aisément au mélodrame ; l'expression du visage s'exaspère en grimace et le geste en contorsion. « Nos classiques, au contraire, dit M. Faguet, adoucissent les sentiments trop forts, pour conserver la beauté

---

1. Depuis la Restauration, les acteurs ne sont plus l'objet de la moindre mésestime, du moins en apparence. M. Hitomi (Le Japon, p. 176) rapporte que jadis il était honteux, pour les familles de la noblesse, d'aller au théâtre populaire. Néanmoins, les acteurs de talent provoquèrent parfois l'enthousiasme général. En 1835, suivant Mitford, la mort de deux comédiens, Bando Shouka et Seigawa Roko, prit à Eddo les proportions d'un deuil public. Les Dandjouro furent souvent l'objet d'un véritable culte (v. E. Deshayes, Le Culte des acteurs dans l'imagerie japonaise, Revue Encyclopédique, 15 nov. 1895).

Il existe, au Japon, des dynasties d'acteurs. Le fils succède généralement à la profession et au nom artistique de son père ; mais à son tour, s'il n'a pas d'enfant, il adopte un de ses meilleurs élèves. Itshikawa Dandjouro est actuellement le neuvième représentant de cette famille célèbre de comédiens.

Les acteurs forment une association de nadaï, — une sorte de noblesse de scène, — dans laquelle les élèves acteurs doivent se faire admettre. Ils ont le droit d'ajouter à leur nom celui de leur maître, qui lui-même a généralement trois noms : le nom de théâtre (ghémio), le nom de la corporation et le nom de famille. Ainsi, Itshikawa Dandjouro s'appelle au théâtre Naritaya et dans la vie privée, Shyou Horikoshi. Ses disciples ont pris son nom professionnel d'Itshikawa.

Les écrivains, les musiciens et les peintres adoptent aussi des noms variés. M. Revon a relevé pour Hoksaï (nom de pinceau), deux noms de race, quatre noms de famille, deux prénoms, deux sobriquets, dix-huit noms de pinceau, quatre noms d'auteur comique et un nom posthume bouddhiste. L'historien se reconnaît difficilement dans ce dédale.

à leurs personnages, et où cette atténuation serait contraire à la vérité, ils s'abstiennent plutôt et jettent un voile sur l'image du désespoir. » Saint-Marc Girardin observe que, dans les légendes antiques, on voit à un certain degré de passion folle, éprouvée par un être humain, une prompte métamorphose sauver la noble créature de la laideur qu'entraîne l'emportement éperdu de ses sentiments. Au Japon, l'imagination des spectateurs est ébranlée plutôt que satisfaite; l'auteur dramatique s'applique à exprimer violemment sa pensée plutôt qu'à la suggérer: il se complaît dans l'horreur et dans le pathétique énervé par son excès même. Il semble que le sentiment classique du goût et de la mesure ne dirige que faiblement l'imagination d'un peuple épris, avant tout, de sensations intenses.

CONCLUSION

L'évolution du théâtre, au Japon, est dirigée par la loi commune qui régit à travers les pays et les siècles la marche de l'art dramatique.

Comme en Grèce et dans l'Inde, le drame japonais est né du chant, de la danse et de la musique, et a gardé, jusqu'en ses créations les plus récentes, le souvenir de ses origines.

Créé sous les auspices de la religion et de l'épopée, il a passé, par lentes transformations, de la danse scénique, qui « imite un état », au drame, qui « imite une action ». Or, la fin nécessaire de l'art dramatique, c'est l'action. Voilà pourquoi, dans le cours des âges, l'action se fait une place de plus en plus grande, au détriment de l'élément purement scénique et de l'élément lyrique.

L'action dramatique, à peine ébauchée dans les cérémonies shinntoïstes, a travaillé, de génération en génération, à se dégager des danses et des chants de la *kagoura*; elle s'est développée dans le *sarougakou*, qui possède un dialogue et une intrigue. A partir du XIVe siècle, le *nô* continue l'évolution du *sarougakou* dans le domaine de la légende religieuse et historique.

Le drame vulgaire est sorti, au XVIIe siècle, des récits de conteurs et des scènes de marionnettes; il emprunte au *nô* des sujets de tragédies historiques et inaugure un genre nouveau, la pièce de mœurs.

Dans cette forme moderne et populaire du théâtre, l'élément lyrique, comme une eau qui ne cesse de s'écouler, perd chaque jour de son importance. La peinture de la vie courante se substitue aux tableaux historiques ; les procédés conventionnels font place à l'observation directe de la réalité.

Ainsi les lois essentielles de la littérature ont réglé les étapes successives du théâtre japonais avec une logique rigoureuse, conforme à l'expérience de l'histoire. Ces mêmes lois dirigeront son avenir.

L'histoire comparée des littératures démontre donc l'universalité des procédés et par suite l'unité de l'esprit humain. Nul groupe d'hommes ne forme d'îlot solitaire, nul océan infranchissable ne sépare les peuples. Ils se rejoignent tous par de secrets chemins, et c'est seulement par une fiction de l'esprit que nous pouvons les isoler dans « l'ample sein de la nature ». Mille observations, en effet, révèlent la ressemblance des genres littéraires, l'identité de leur évolution, chez des peuples séparés par la langue, par l'histoire et par la race.

Si nous observons la littérature dramatique du Japon, resté, pendant des siècles, rigoureusement fermé aux influences occidentales, nous constatons qu'en dehors des lois esthétiques qui ne font point partie du patrimoine intellectuel d'un peuple déterminé, le théâtre, au pays du Soleil-Levant, a suivi la voie commune au drame grec et au mystère français. Issu des cérémonies liturgiques, il possède le chœur de la tragédie antique sous le nom de *ji*, le drame satyrique ou *kiyôghèn*, et jusqu'aux personnages essentiels de la comédie gréco-latine. On peut encore signaler au Japon l'usage des masques, l'existence du prologue, l'importance attribuée à la mimique, l'emploi des hommes pour les rôles féminins, l'adaptation à la scène de légendes héroïques et religieuses, le prolongement de la scène jusque dans la salle, enfin plusieurs traits communs au théâtre de l'Extrême-Orient et au drame de notre antiquité classique.

Comment donc expliquer ces concordances ?

Hormis le cas de ressemblances constatées entre des peuples unis par la communauté de la descendance, de la tradition ou de l'éducation, deux solutions seulement s'offrent à notre jugement : ou bien les conceptions identiques ont passé d'un pays à l'autre par voie d'emprunt, — ou bien elles se sont produites isolément, spontanément, en vertu d'une loi générale et permanente de l'esprit humain.

Ce dernier cas, à notre avis le plus fréquent, suppose, chez tous les peuples, des centres de création indépendants et autonomes, qui semblent démontrer que le fonds primitif des races est partout le même. Il n'est point aryen ou anaryen, il est humain. Dans tous les pays, l'âme des hommes renferme, avec les premiers principes, des tendances originelles, nécessaires, vers une évolution déterminée. Partout elle obéit à une logique infaillible, qui trouve sa loi secrète dans la nature même de l'entendement. C'est ainsi que dans tout pays, la poésie est la première forme du sentiment littéraire et que le genre dramatique, suivant la remarque de M. Faguet, se subdivise jusqu'à l'émiet-

tement dans le cours des âges. Or, si « le point de départ
« est commun à toutes les races, toutes ne marchent pas
» du même pas dans le développement intellectuel ». Ainsi
l'art du théatre, en Grèce et dans l'Inde, formé d'élément
identiques chez ces deux peuples, a cependant produit deux
genres dramatiques divergents : la *tragédie*, — le *nâtaka*.

La même observation s'applique aux autres arts. En
France, par exemple, l'architecture romane a revêtu des
formes variables suivant les régions : le même thème artistique, interprété diversement, atteste l'individualité, le
génie particulier de nos provinces. Dans la Normandie,
une race jeune et sortant à peine de la barbarie a élevé des
monuments à son image ; ils sont vigoureux et frustes. Les
sombres églises d'Auvergne, bâties en laves, ne parlent
point le même langage que les frêles chapelles du Poitou,
ouvragées comme des coffrets d'ivoire ou de métal. Dans
le Midi, les figures du cloître de Saint-Trophime, à Arles,
et du portail de Saint-Gilles, les pilastres cannelés à la
romaine de Notre-Dame d'Avignon et les fines colonnettes du
couvent de Moissac sont conformes à la tradition de la
sculpture antique. Il semble que l'art de cette époque s'exprime par des dialectes divers. Et ces formes architecturales
n'ont pas été adoptées en vain ; elles expriment hautement
l'instinct des races ; ce sont des manifestations distinctes,
mais étroitement apparentées du génie français :

...Facies non omnibus una,
Nec diversa tamen, qualem decet esse sororum.

Cette adaptation nécessaire entre le milieu et l'être vivant
nous explique pourquoi le drame japonais est à la fois
semblable au drame classique de l'Occident par ses caractères généraux et par les phases de son développement, —

et différent de notre art théâtral par ses traits particuliers et propres à la race. C'est que tous les groupes d'hommes, arrivés à un certain degré de civilisation, tendent à croire, à sentir, à agir de la même façon. Le fonds de leurs pensées est identique; l'expression seule diffère.

Le groupe des peuples aryens ne nous paraît donc pas former une famille isolée, un monde fermé aux populations étrangères à son inspiration et à sa culture. Sans doute, le génie indo-européen a trouvé dans l'antiquité gréco-latine l'expression parfaite de la beauté classique. Mais la Grèce et Rome, ces deux foyers d'intense lumière, n'ont pas brillé isolément, sans reflet sur le monde. Leur éclat ne doit pas nous empêcher de voir le long passé de la funéraire Égypte, ni l'histoire millénaire de la vénérable Asie, « déjà vieille, dit Michelet, cinq cents ans avant Jésus-Christ ». Et si l'Asie est le berceau de l'humanité, les peuples qui ont évolué du « nœud du monde » vers l'Occident méritent-ils seuls de nous occuper (1)?.

« On connaît l'histoire de quelques nations on ignore le genre humain. » Cette belle parole de Bossuet sera moins vraie lorsque la science comparée des traditions, des mœurs, des littératures, nous aura fait connaître tous les peuples, soit qu'ils parcourent une carrière brillante, soit qu'ils paraissent « endormis, comme dit le Moïse d'Alfred de Vigny, du sommeil de la terre ». Telle peuplade océanienne, umble et barbare, perdue dans le vaste système de l'univers,

---

1. Un axiome reçu au nombre des vérités banales assure que « la civilisation suit le cours du soleil en se dirigeant de l'Orient vers l'Occident ». Cette proposition, fort contestable, paraîtra moins surprenante si nous l'entendons *cum grano salis*, en nous rappelant qu'elle fut formulée pour la première fois au delà du Rhin par Herder, et reprise par Hégel et son école.

se présente à nous comme un document scientifique précieux, si elle marque un « moment » dans l'histoire progressive de l'homme. Elle est comme un anneau de la chaîne ininterrompue des sociétés, et, si elle met sous nos yeux l'enfance de l'humanité, le prologue du drame éternel qui se joue sur la scène du monde, « nous saisirons les débris de ces » époques reculées avec l'empressement d'un biographe qui » trouve quelques griffonnages tracés par son héros encore » enfant, alors qu'il était bien lui-même... »

Le principe fécond de la continuité naturelle, formulé dès l'époque des philosophes éléates, s'applique donc au développement graduel de l'esprit humain dans sa marche régulière, incessante, à peine troublée par les orages et les révolutions. L'histoire a conservé le souvenir de crises sociales, d'invasions soudaines qui devaient frapper de stérilité le sol foulé par les Barbares. Elles ont pu ruiner la puissance matérielle des nations; jamais elles n'ont entièrement détourné leur vie intellectuelle de son cours naturel. Durant ces jours sombres, la conscience nationale sembla s'évanouir dans la poussière des galops, dans la fumée des incendies; les ténèbres se firent, et les peuples tremblèrent, écoutant passer l'épouvantable trombe. Puis, la tourmente prit fin. Des hommes se levèrent, qui renouèrent la tradition interrompue, et souvent vainqueurs de leur oppresseur, transmirent à leurs descendants le trésor lentement accru de leur âme collective: *Regna ex infimo coorta supra imperantes constiterunt.*

Ainsi l'âme humaine a sa vie propre et continue. Il importe de la découvrir sous les formes transitoires de l'art et des littératures. C'est, en effet, l'histoire de l'âme, sans cesse modifiée par le mouvement des idées, par l'évolution de l'organisme social, par le contact des races étrangères, qui constitue l'histoire même de l'homme. L'étude comparative du long passé des esprits nous fera donc connaître l'étendue du patrimoine commun à tous les peuples, vérifiera leurs origines et leur succession, éclairera leurs rapports passagers ou permanents. Aussi convient-il de placer les différents foyers de culture intellectuelle à leur véritable plan, dans la perspective des âges, et de rechercher les relations internationales qui expliquent la pénétration mutuelle des races. Nous verrons l'esprit humain évoluer partout conformément à des principes certains, suivant des lois d'ordre général. Cette étude, qui nous reporte dans le passé profond, nous rendra attentifs aux essais maladroits, timides, barbares, aux bégayements de l'être conscient de son effort, à l'obscur travail d'où sortent les sociétés. La continuité du progrès intellectuel nous apparaîtra surtout dans l'histoire littéraire des Chinois et des Japonais, si fidèles gardiens de leurs traditions. Car la réalité des choses est dans le passé, image véritable d'une existence qui éclaire et dirige la vie contemporaine. Et l'enseignement des temps écoulés nous sera infiniment salutaire. Un peuple qui aurait la pleine conscience de lui-même, qui se connaîtrait comme un être doué de raison, comprenant la loi de son développement, échapperait à bien des erreurs. Efforçons-nous donc de retrouver, sous la trame des faits et des idées, l'âme héréditaire de l'humanité.

Bibliographie du Théâtre

Abell. — Stage and tragedy in Japan (*Eclectic Magazine,* vol. 102, p. 349). New-York.

Albano (d'). — Le Couvent du dragon vert (*Adaptation théâtrale*). Paris, 1873.

Appleton's Journal. — Théâtre (vol. II, p. 449). New-York.

Arnold (Edwin). — Adzuma, or the Japanese wife (*a play*). Londres, 1892. — Japonica (p. 117-120). Londres, 1893.

Aston (W. G.). — Nihongi (2 vol. *Trans. proc. Jap. Soc.*). Londres, 1896. — A history of Japanese literature. Londres, 1899.

Ballet (Japanese). — (*Potter's American monthly*), vol. XV, p. 96. Philadelphie.

Baret. — La chanson populaire du Japon. Paris, 1892.

Bing (S.). — Le Japon artistique (fasc. XXIV). Paris, 1888-90.

Bloodstone (The). — A Japanese lyrical drama (*trad. angl.*). Londres, oct. 1876.

Bousquet. — Le Théâtre au Japon (*Revue des Deux-Mondes*, 15 août 1874, pp. 721-760).

Braumuler. — Bibliotheca japonica. Vienne, 1875.

Brauns. — Traditions japonaises sur la chanson, la musique et la danse. Paris 1890, (4° vol. *de la Collection internationale de la Tradition*).

Brozzi (Paglicci). — Teatri e spettacoli dei popoli orientali : Ebrei, Arabi, Persani, Indiani, Cinesi, Giapponesi e Giavanesi (p. 253). Milan, 1887.

Chamberlain (B.-H.). — The classical poetry of the Japanese. Londres, 1880.

Translation of the Kojiki (vol. X, *Suppl. Trans. of As. Soc. of Jap.*).

On the various styles used in Japanese literature (vol. XIV, partie II, *ibid.*).

On the mediæval colloquial dialect of the comedies (vol. VI, p. 357, *ibid.*).

Things Japanese (pp. 22, 102, 412, 415, etc.). 1892.

Chrysanthemum. — Trad. angl. de *kiyôghèn* (pp. 201, 297, 353, 361). Yokohama, 1882.

Dautremer. — The vendetta or Legal Revenge in Japan (vol. XIII, *Trans. As. Soc. of Jap.*).

Dickins (Frederick). — Chūshingura, or *play of the 47 rônins*, introduction by Atkinson. New-York, 1876, et Londres, 1880.

Taketori-monogatari (*trad.*). Londres, 1888.

Diosy (Arthur). — The « Geisha » (*New Far East*), pp. 236, 246, 265.

Dousdebès (Albert). — Tchou-sgin-goura (*trad.*). Paris, 1886.

Drama (A Japanese lyric). — Spectator (nov. 1880, p. 27. Londres.

Dramas (Japanese). — Cornhill Magazine (vol. XXXIV, p. 4191, Londres.

Dubois de Jancigny. — Le Théâtre japonais (*Univers pittoresque*, vol. 46, p. 94, 1850).

Engel. — The music by the most ancient peoples. Londres, 1864.

Faber. — The chinese theory of Music (*Notes and queries on China and Japan*), vol. IV.

Faligan. — La Littérature japonaise (*Revue du Monde catholique*, septembre 1877 et janvier 1878).

Far East (The). — Ed. angl. du *Kokouminn no tomo* (*l'Ami du Peuple*). Trad. de M. Kozaki Nariaki. Années 1896, 1897 et 1898 : articles de Foukoutchi - guèn - Itchiro, Souteta Takashima, Tateki Owada, Hoshida, Tsouboutchi.

Fétis. — La Musique au Japon (*Histoire générale de la musique jusqu'au* XIVe *siècle*), Préf. VI. Paris, 1869.

Florenz (Karl). — Scènes du Théâtre japonais (*Térakoya*). Tōkyō, 1899.

Ga gakou Si mokou (*Coup d'œil sur la musique*) ; en caractères chinois. Tōkyō, 1875.

Gakkoï Kozi. — Comédie sur Kouçounoki. Tōkyō, 1887.

Gausseron (B.-H). Les fidèles rônins (*traduit de* Tamenaga Shounsoui). Paris, 1882.

Gautier (Judith). — La Marchande de sourires, pièce japonaise représentée à l'Odéon, 1888. — Les Musiques bizarres de l'Exposition, Paris, 1900.

Gonse (Louis). — Les Masques japonais (*Le Monde moderne*, décembre 1900, pp. 745-754).

Guimet (Émile) et Régamey (Félix). — Promenades Japonaises, Paris, 1879-1880. — Le Théâtre au Japon, Paris, 1886.

Goun-syo itsi-ran. (Bibliographie), 6 vol. Eddo.

Hansei-Zasshi (The). — vol. XII : *Old japanese plays*, par Tsouboutchi. *On the kiyōghén*, par Y. Haga ; vol. XIII : art. de J. Takakousou sur l'*Ikkakou senninn*, 1897-98, Tōkyō.

Hearn (Lafcadio). — Glimpses of unfamiliar Japan (Tōkyō, 1888).

Hitomi (J.). — Le Théâtre japonais (*Revue des Revues*, 15 octobre 1900, pp. 174-182).

Hoffmann. — Catalogus librorum et manuscriptorum japonicorum. Leyde, 1845.

Bibliotheca japonica: Vienne, 1875.

House. — Daÿ in Japanese Theatre (*Atlantic Monthly*, vol. XXX, p. 257. — *Cornhill Magazine,* vol. XXVI, p. 341). Boston et Londres.

Kagoura no iri aya (*Danses antiques shinntoïstes*). Hirakana, 6 pen. Eddo.

Knott. — Remarks on Japanese musical scales (*Trans. As. Soc. of Jap.*, vol. XIX, p. II. Yokohama.

Kokouminn-no-tomo. — (V. Far-East).

Konamakoura. — Ka bou in gakou ryakou zi (*Histoire abrégée du chant, de la musique et de la danse*) 2 pen. 1887.

Koziki. — Trad. B. H. Chamberlain (*Suppl. au vol. X des Trans. of the Asiatic Soc. of Japan*). Yokohama, 1883.

Krauss (Al.). — La Musique au Japon. Florence, 1878. — Catalogue des instruments de musique japonais du *Musée Krauss*, à Florence, 1878.

Langegg (Junker von). — Alte japanische Dramen. Leipzig, 1863 et 1889.

Lequeux (Alfred). — Le Théâtre japonais. Paris, 1889.

Mac-Clatchie. — Japanese plays versified, *6 plays*. Yokohama, 1879 et Londres, 1890.

Marceron. — Le théâtre en Chine et au Japon (*Le Lotus*, vol. VI, p. 42). Paris, 1887.

Métra (Olivier). — Yedda, ballet japonais.

Meyners d'Estrey. — L'art dramatique au Japon (*Revue générale,* septembre 1890, et *Annales de l'Extrême-Orient et de l'Afrique*, vol. VIII, p. 225).

Miakawa. — Theatricals (*Scribner's Magazine*, octobre 1890). New-York.

Mitford. — Geschichte aus alt Japan, translated by Kohl, I, p. 182, sqq.

Tales of old Japan, p. 149, sqq. Londres, 1871.

Müller (F. W. K.). Einiges über Nô-masken (*T'oung Pao*, mars 1897).

Traduction par Wadagaki, dans le *Hansei Zasshi*, du nô « *Ikkakou sennin* », d'après K. Müller, Berlin, 1896.

Nanjio. — A catalogue of the Chinese translation of the Buddhists in China and Japan. Oxford, 1883.

Nihonghi, trad. W. G. Aston, 2 vol. *(Trans. and Proceedings of the Japan Society)*. Londres, 1896.

Osman Edwards. — Japanese Theatres (*The Studio*, déc. 1899); vol. V, part. II, *Trans. of Jap. Soc.*, 1898-99). Londres.
Plays and playfellows of Japan (1901).

Ouwara Rokoushiro. — La Musique japonaise (*Revue française du Japon*), vol. II, p. 225). Tōkyō, 1893.

Pagès (Léon). — Bibliographie japonaise. Paris, 1859.

Pfarr. — Japanese Theatre. Londres, 1884.

Pfizmaier. — Uber den Text eines Japanischen Dramas. — Traductions. Vienne, 1870-1874.

Piggott. — The Music and musical Instruments of Japan. Londres, 1893. The japanese musical scale (*Trans. Jap. Soc.*, vol. II). Londres, 1896. The Music of the Japanese (*VIIIe Congrès des Orientalistes*). Londres, 1889.

Pilinski (St.). — Mémoire sur la musique au Japon (*Soc. d'Ethn.*, série C, II, p. 317; *Mém. Tart. Indo-Mandch.*, 1878-79, p. 123; *Revue orient. et améric.*, 1879, III, 335).

Puini (Carlo). — Enciclopedia sinico-giapponese. Florence, 1877.

Revue française du Japon. — 1895, novembre : *Astmori*, par A. Arrivet; 1897, septembre et octobre, articles divers. Tōkyō.

Rivaud. — Le Théâtre japonais (*Missions catholiques*, 29 janvier 1897).

Satow (Ernest). — Bibliographie japonaise, dans l'*American Cyclopædia*.

Scidmore. — The japanese Theatre (*Cosmopolitan*, vol. X, p. 685). New-York.

Shibaï Koummō douï. — (*Examen des règles du Théâtre*), Hirakana, 5 pen. Kyōtō.

Shibaï nen daï Ki. — (*Annales du Théâtre*). Japonais en caractères chinois, 20 liv. en 3 pen av. fig. Eddo.

Sun (The). — Masques classés par M. Tateki Owada (1895, p. 136). Tōkyō.

Souyematz. — The identity of the great conqueror Genghis Khan with the japanese hero Yoshitsné. Londres, 1879.

Syle (D^r). — On primitive Music, especially that of Japan (*Trans. As. Soc. Jap.*), V, part. I, pp. 170-179,

Thomas (Albert). — « Les Geishas ». Paris, 1900.

Titsingh. — Annales des empereurs du Japon (Commentaire de Klaproth, pp. 43, 59, 112, 145, 190, 250, 370, etc.). Paris, 1834.

Transactions of the Asiatic Society of Japan (Yokohama et Tōkyō).

Transactions and Proceedings of the Japan Society, V vol. Londres.

Turrettini. — Histoire des Taïra, trad. du chinois (dans l'*Atzoumé Gouza*). Genève, 1874-75.

Valenziani (Carlo). — « Naġa-mitu » *(Antica reprezentazione scenica giapponese)*. Rendiconti dei Lincei, vol. VII, pp. 301-308. Rome, 1891.

La Mort d'Atsmori, traduction. Genève, 1893.

La Spiaggia di Souma, traduction, *Oriente*. Rome, 1894.

Wenckstern. — Bibliographie japonaise.

Wingfield. — Playgoing in Japan *(Murray's Magazine)*. 1887, Londres.

Yen ghinn siki. — Règles traditionnelles des fêtes. Katakana, 50 pen.

TABLE

PREMIÈRE PARTIE
Matzouri et Mystères

	Pages
I. — La religion et les spectacles populaires	11
II. — Les *Matzouri* au Japon	19

DEUXIÈME PARTIE
Drame sacré

I. — L'origine légendaire	39
II. — *Kagoura*	54
III. — Les influences étrangères	59
IV. — Les danses nationales	67
V. — Développement du *Sarougakou*	73
VI. — Le *Nò*	78
VII. — Le *Kiyòghèn*	93
VIII. — Les masques	99
IX. — La langue dramatique	106
X. — Sujets de *Nò* et de *Kiyòghèn*	112

TROISIÈME PARTIE
Drame profane

I. — Naissance du drame vulgaire	146
II. — Les conteurs et l'action dramatique	151

	Pages
III. — *Okouni-Kabouki*.............................	157
IV. — Le théâtre moderne...........................	165
V. — Le théâtre contemporain......................	181

QUATRIÈME PARTIE
Les Procédés littéraires

I. — La technique................................	193
II. — Les sujets...................................	204
A) Pièces historiques...........................	204
B) Pièces de mœurs............................	229
C) L'intrigue et la psychologie du drame.........	238

CINQUIÈME PARTIE
La Pratique du Théâtre

A) La musique...................................	255
B) La disposition matérielle.....................	264
C) La représentation	273

CHALON-SUR-SAONE. — IMPRIMERIE FRANÇAISE ET ORIENTALE DE E. BERTRAND

On a pu remarquer que les nombreuses illustrations qui ornent ce volume n'ont pas toujours un rapport très direct avec le texte.

M. Bénazet avait écrit cette étude pour en faire une thèse de soutenance et M. Bing avait eu l'obligeance de lui prêter des clichés de sujets japonais, afin que son livre se présentât avec plus d'élégance.

Au moment de faire figurer ce travail dans la série des annales du Musée Guimet, nous avons pensé qu'il n'y avait pas lieu de déparer le volume en retirant les illustrations. Elles ne documentent pas toutes le théâtre japonais, mais elles maintiennent l'esprit du lecteur en pleine vie japonaise.

N<small>OTE DE LA</small> D<small>IRECTION</small>.

www.ingramcontent.com/pod-product-compliance
Lightning Source LLC
Chambersburg PA
CBHW060646170426
43199CB00012B/1686